전공국어 국어교육론
개념 - 구조도

CONTENTS

Part 1 화법교육론

- CHAPTER 1   본질 - 정보전달 발표   6p
- CHAPTER 2   설득 연설전략 - 토론   24p
- CHAPTER 3   설득 토의 - 대화   38p
- CHAPTER 4   언어예절 - 면접면담   56p

Part 2 독서교육론

- CHAPTER 1   본질 기능   64p
- CHAPTER 2   과정의 전략   82p
- CHAPTER 3   태도   100p
- CHAPTER 4   텍스트에 대한 이해   108p
- CHAPTER 5   독서 교육   118p
- CHAPTER 6   독서 평가   134p

Part 3 작문교육론 종합   140p

PART 1 화법교육론

CHAPTER 1 본질 - 정보전달 발표

01 성격

화법의 성격

2015 중학 듣기,말하기는 의미 공유의 과정임을 이해하고 듣기,말하기 활동을 한다.
2015 고등2 사회적 의사소통 행위로서 화법과 작문의 특성을 이해한다.

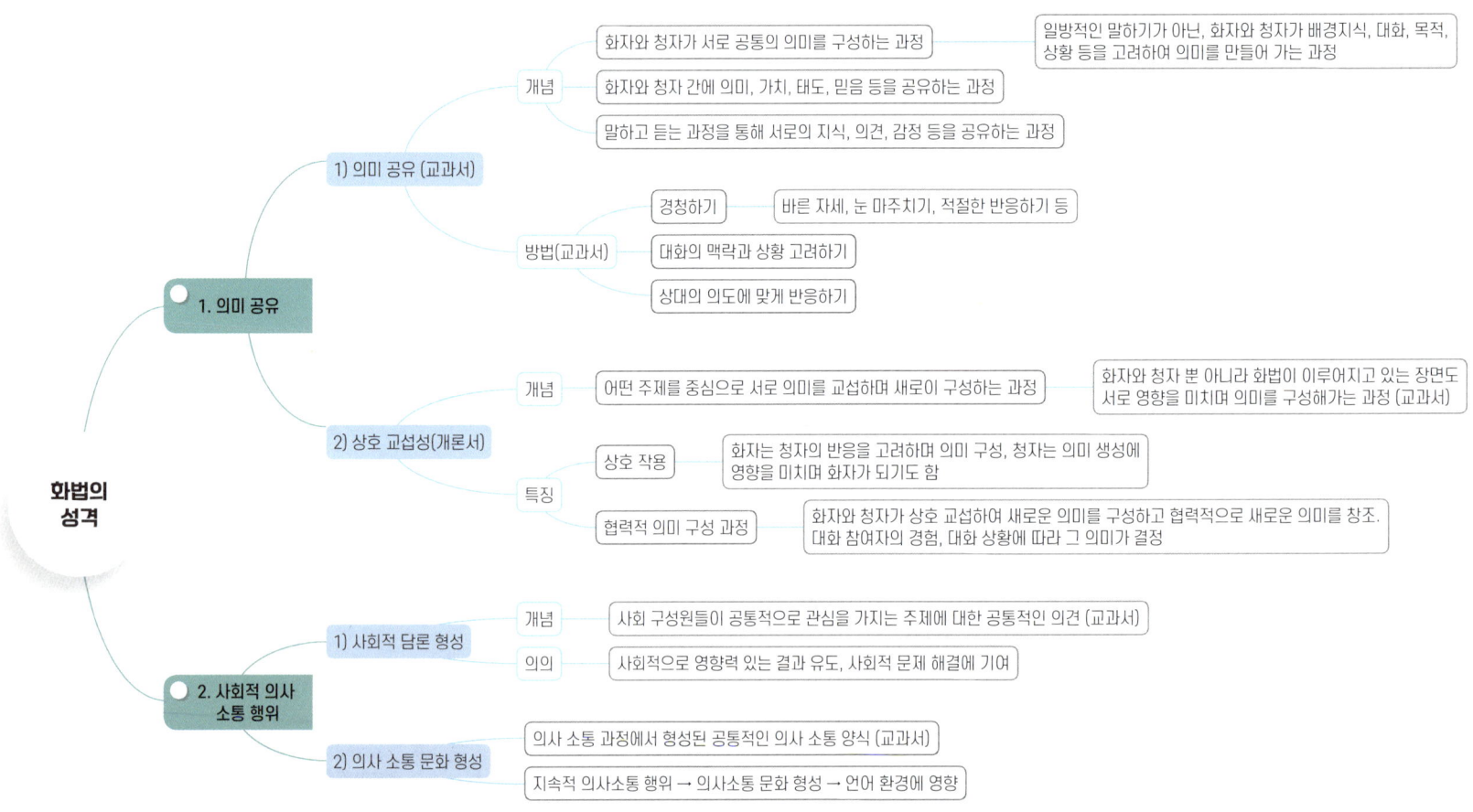

- 화법의 성격
  - **1. 의미 공유**
    - 1) 의미 공유 (교과서)
      - 개념
        - 화자와 청자가 서로 공통의 의미를 구성하는 과정 — 일방적인 말하기가 아닌, 화자와 청자가 배경지식, 대화, 목적, 상황 등을 고려하여 의미를 만들어 가는 과정
        - 화자와 청자 간에 의미, 가치, 태도, 믿음 등을 공유하는 과정
        - 말하고 듣는 과정을 통해 서로의 지식, 의견, 감정 등을 공유하는 과정
      - 방법(교과서)
        - 경청하기 — 바른 자세, 눈 마주치기, 적절한 반응하기 등
        - 대화의 맥락과 상황 고려하기
        - 상대의 의도에 맞게 반응하기
    - 2) 상호 교섭성(개론서)
      - 개념 — 어떤 주제를 중심으로 서로 의미를 교섭하며 새로이 구성하는 과정 — 화자와 청자 뿐 아니라 화법이 이루어지고 있는 장면도 서로 영향을 미치며 의미를 구성해가는 과정 (교과서)
      - 특징
        - 상호 작용 — 화자는 청자의 반응을 고려하며 의미 구성, 청자는 의미 생성에 영향을 미치며 화자가 되기도 함
        - 협력적 의미 구성 과정 — 화자와 청자가 상호 교섭하여 새로운 의미를 구성하고 협력적으로 새로운 의미를 창조. 대화 참여자의 경험, 대화 상황에 따라 그 의미가 결정
  - **2. 사회적 의사 소통 행위**
    - 1) 사회적 담론 형성
      - 개념 — 사회 구성원들이 공통적으로 관심을 가지는 주제에 대한 공통적인 의견 (교과서)
      - 의의 — 사회적으로 영향력 있는 결과 유도, 사회적 문제 해결에 기여
    - 2) 의사 소통 문화 형성
      - 의사 소통 과정에서 형성된 공통적인 의사 소통 양식 (교과서)
      - 지속적 의사소통 행위 → 의사소통 문화 형성 → 언어 환경에 영향

02 기능

화법의 기능 〔2015〕〔고등2〕 화법과 작문 활동이 자아 성장과 공동체 발전에 기여함을 이해한다.

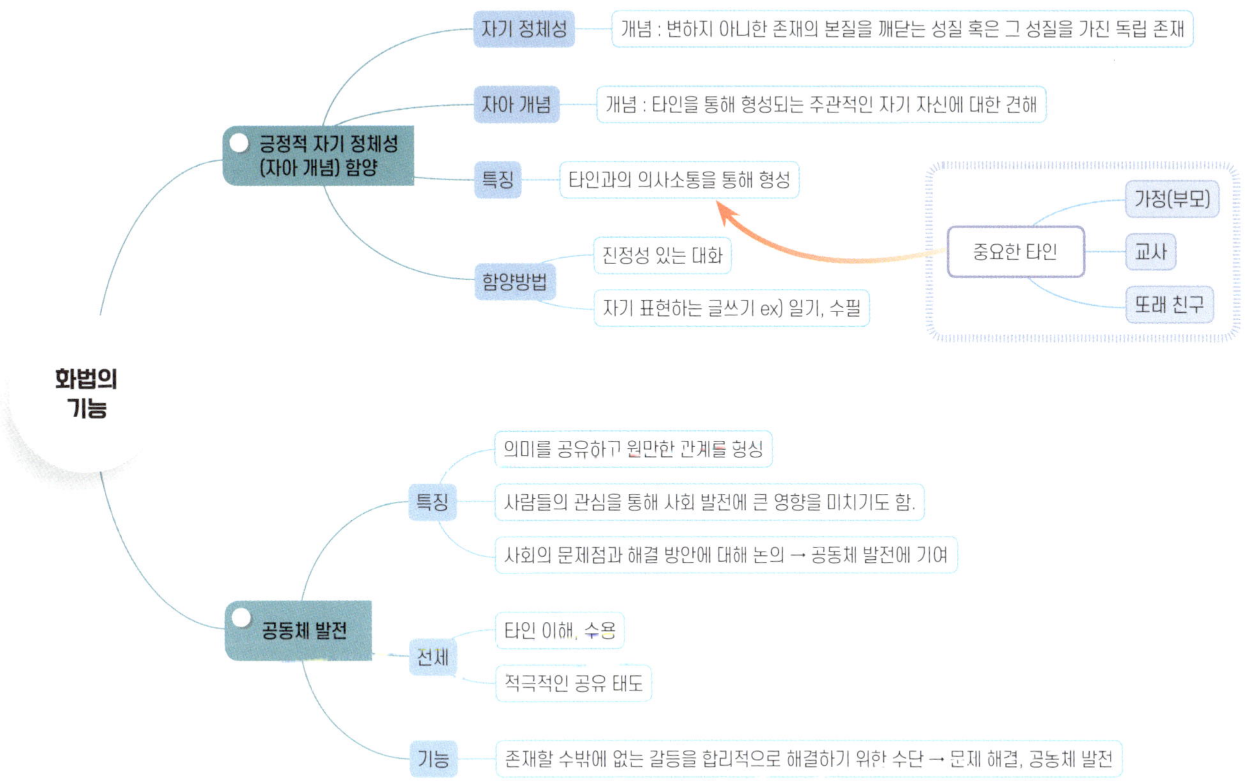

화법의 기능

- **긍정적 자기 정체성 (자아 개념) 함양**
  - 자기 정체성 — 개념 : 변하지 아니한 존재의 본질을 깨닫는 성질 혹은 그 성질을 가진 독립 존재
  - 자아 개념 — 개념 : 타인을 통해 형성되는 주관적인 자기 자신에 대한 견해
  - 특징 — 타인과의 의사소통을 통해 형성
  - 함양방법
    - 진정성 있는 대화
    - 자기 표현하는 글쓰기 ex) 일기, 수필
  - 중요한 타인
    - 가정(부모)
    - 교사
    - 또래 친구

- **공동체 발전**
  - 특징
    - 의미를 공유하고 원만한 관계를 형성
    - 사람들의 관심을 통해 사회 발전에 큰 영향을 미치기도 함.
    - 사회의 문제점과 해결 방안에 대해 논의 → 공동체 발전에 기여
  - 전제
    - 타인 이해, 수용
    - 적극적인 공유 태도
  - 기능 — 존재할 수밖에 없는 갈등을 합리적으로 해결하기 위한 수단 → 문제 해결, 공농체 발전

03 기능과 전략 (1)

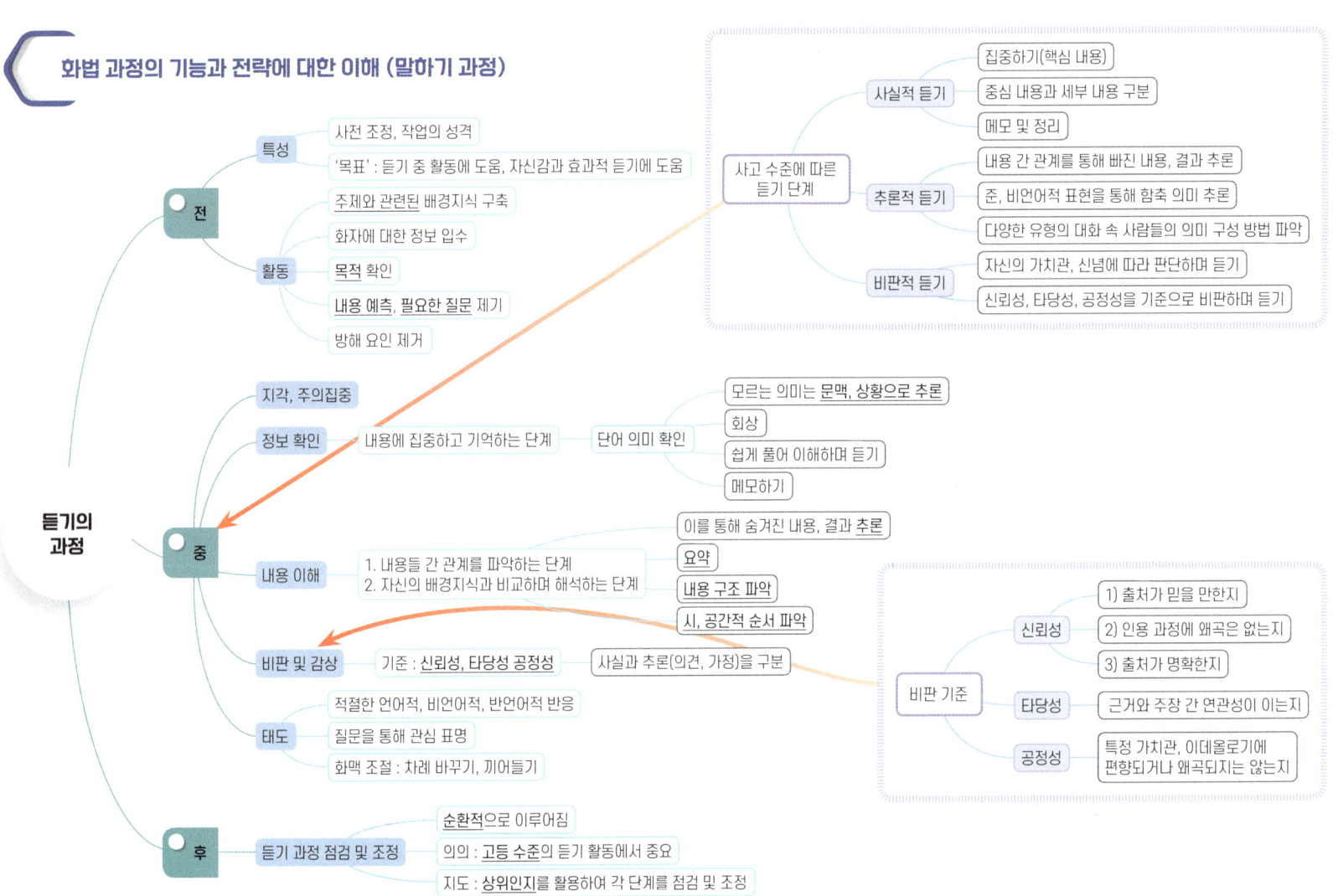

04 기능과 전략 (2)

05 기능과 전략 (3)

화법 과정의 기능과 전략에 대한 이해 (말하기 과정)

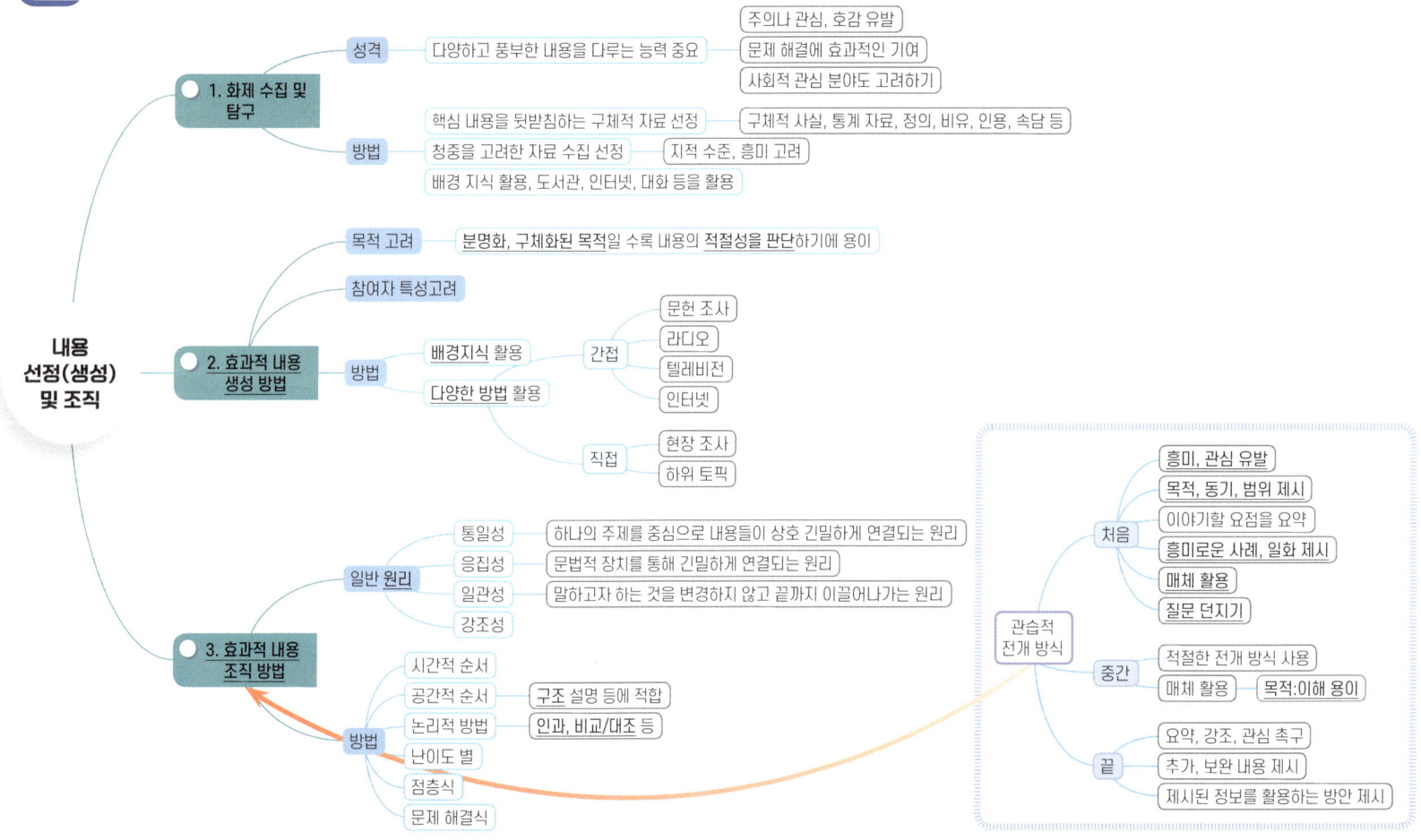

06 기능과 전략 (4)

표현 및 전달   2015 고등2 상황에 맞는 언어적, 준언어적, 비언어적 표현 전략을 사용하여 말한다.

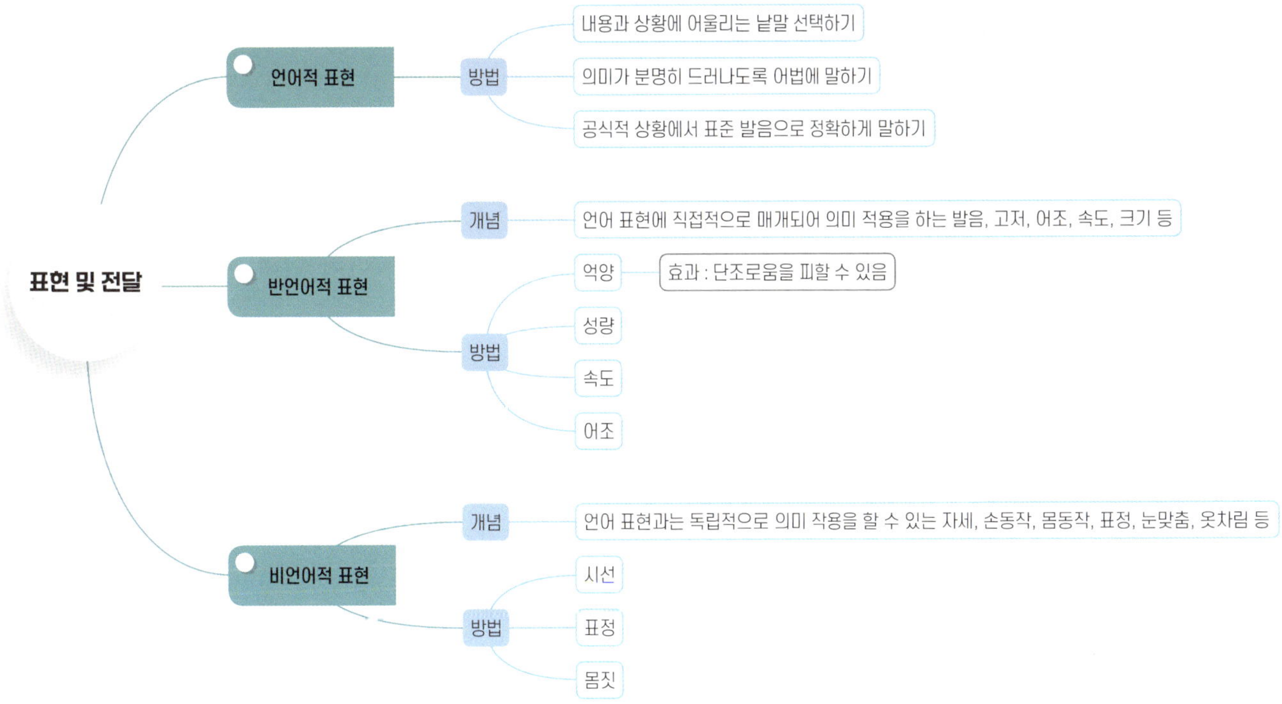

표현 및 전달

- **언어적 표현**
  - 방법
    - 내용과 상황에 어울리는 낱말 선택하기
    - 의미가 분명히 드러나도록 어법에 맞게 말하기
    - 공식적 상황에서 표준 발음으로 정확하게 말하기

- **반언어적 표현**
  - 개념: 언어 표현에 직접적으로 매개되어 의미 적용을 하는 발음, 고저, 어조, 속도, 크기 등
  - 방법
    - 억양 — 효과 : 단조로움을 피할 수 있음
    - 성량
    - 속도
    - 어조

- **비언어적 표현**
  - 개념: 언어 표현과는 독립적으로 의미 작용을 할 수 있는 자세, 손동작, 몸동작, 표정, 눈맞춤, 옷차림 등
  - 방법
    - 시선
    - 표정
    - 몸짓

07 기능과 전략 (5)

표현 및 전달 [2015] [고등2] 상황에 맞는 언어적, 준언어적, 비언어적 표현 전략을 사용하여 말한다.

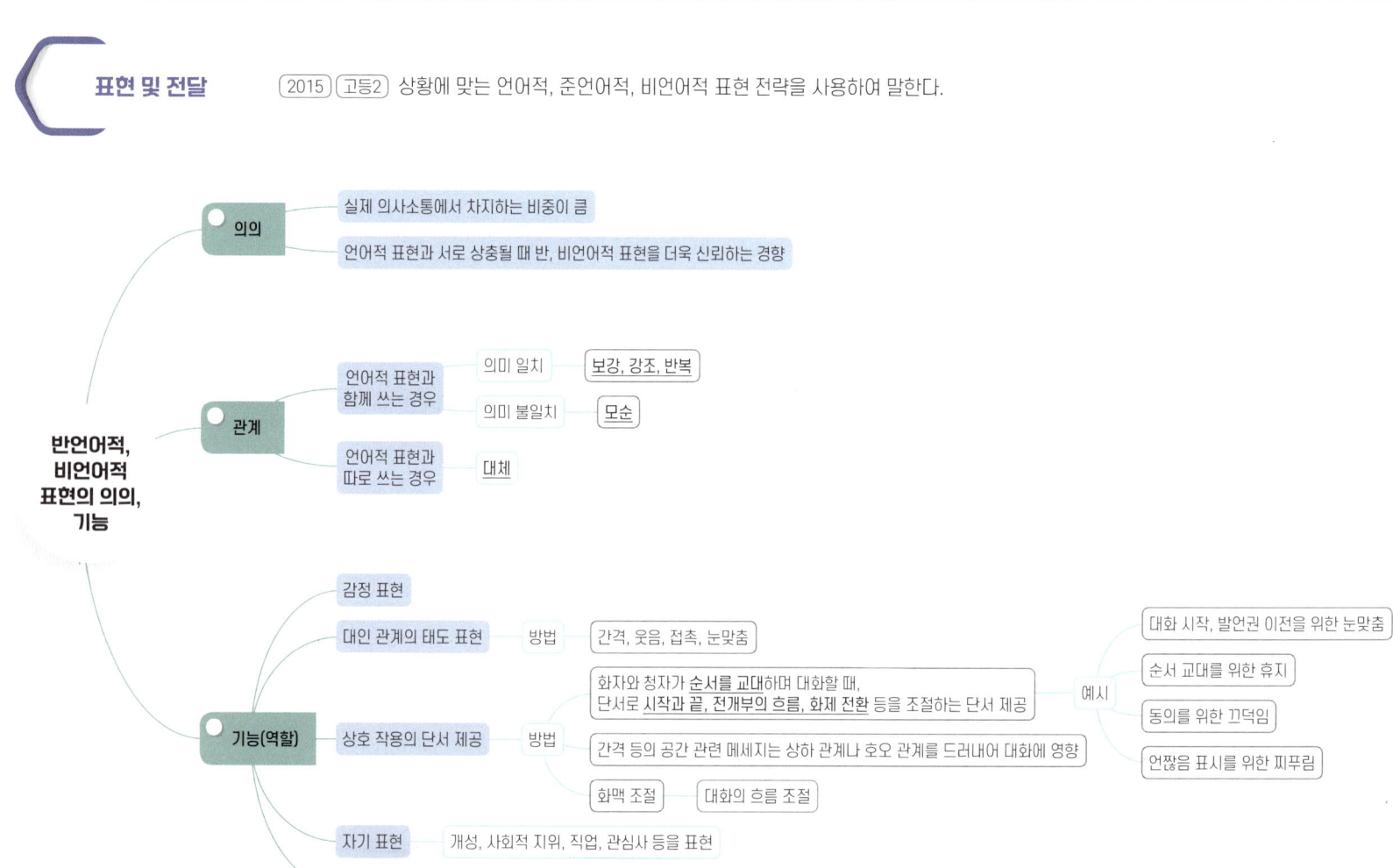

08 의사소통 과정 점검 및 조정

의사소통 과정의 점검 및 조정

[2015] [고등1] 의사소통 과정을 점검하고 조정하며 듣고 말한다.

- **의사소통 과정의 점검 및 조정**
  - **확인, 추론, 비판, 평가, 감상 등을 점검 및 조정**
    - 중요성
      - 고등 수준의 듣기 활동
      - 평행적, 순환적 듣기 과정
    - 지도
      - 사고 수준에 따른 듣기의 과정을, 상위 인지를 활용하여 점검 조정함으로써 듣기 과정에 따른 인지적 활동이 적절한지 점검, 조정하는데 중점
      - 대화 상황을 구성하는 <u>여러가지 요소(화제, 시공간적 배경, 화자, 담화 유형 등)</u>을 고려
  - **생성, 조직, 표현 및 전달 과정을 점검 및 조정**
    - 말하기의 성격
      - 생성, 조직, 표현의 과정으로 이루어져 있음
      - 이를 점검하고 조정하는 <u>상위인 지적 활동</u>이 중요
    - 지도
      - 여러가지 상황에서 말하기에 참여하며 말하기 절차에 따른 담화 구성 및 전달 과정이 적절한지 점검 및 조정
      - 계획단계에서부터 <u>상황적 변인을 고려</u>하여 과정을 거치도록 지도
      - 표현 및 전달 단계에서 준비한 내용을 그대로 전달하는 것이 아닌 <u>청자의 이해 정도나 반응을 고려</u>하며 준비한 내용을 수정 보완하도록 지도

09 화법 태도 (윤리)

화법과 태도

[2015][고등2] 화법과 작문의 사회적 책임을 인식하고 의사소통 윤리를 준수하는 태도를 지닌다.
[2015][중학] 언어 폭력의 문제점을 인식하고 상대를 배려하며 말하는 태도를 지닌다.

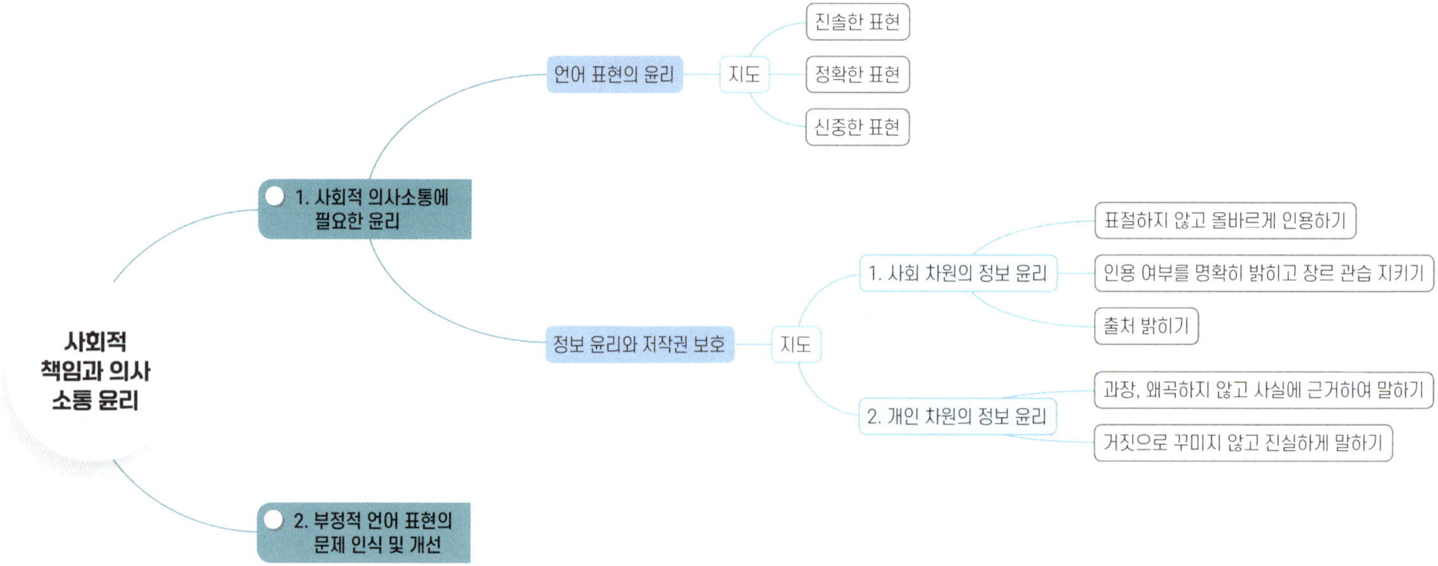

사회적 책임과 의사 소통 윤리

- **1. 사회적 의사소통에 필요한 윤리**
  - 언어 표현의 윤리 — 지도
    - 진솔한 표현
    - 정확한 표현
    - 신중한 표현
  - 정보 윤리와 저작권 보호 — 지도
    - 1. 사회 차원의 정보 윤리
      - 표절하지 않고 올바르게 인용하기
      - 인용 여부를 명확히 밝히고 장르 관습 지키기
      - 출처 밝히기
    - 2. 개인 차원의 정보 윤리
      - 과장, 왜곡하지 않고 사실에 근거하여 말하기
      - 거짓으로 꾸미지 않고 진실하게 말하기
- **2. 부정적 언어 표현의 문제 인식 및 개선**

10 화법 태도 (가치, 진정성)

화법과 태도 [2015] [고등2] 화법과 가치를 이해하고 진심을 담아 의사소통하는 태도를 지닌다.

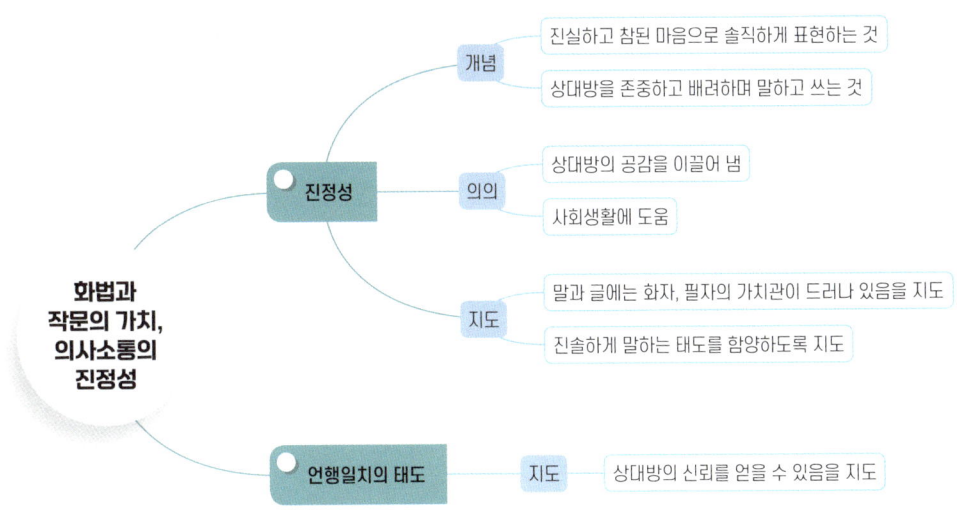

화법과 작문의 가치, 의사소통의 진정성
- 진정성
  - 개념
    - 진실하고 참된 마음으로 솔직하게 표현하는 것
    - 상대방을 존중하고 배려하며 말하고 쓰는 것
  - 의의
    - 상대방의 공감을 이끌어 냄
    - 사회생활에 도움
  - 지도
    - 말과 글에는 화자, 필자의 가치관이 드러나 있음을 지도
    - 진솔하게 말하는 태도를 함양하도록 지도
- 언행일치의 태도
  - 지도
    - 상대방의 신뢰를 얻을 수 있음을 지도

11 화법 태도 (언어 공동체의 담화 관습)

화법과 태도 [2015] [고등2] 언어 공동체의 담화 및 작문 관습을 이해하고 건전한 화법과 작문의 문화 발전에 기여하는 태도를 지닌다.

언어 공동체의 담화 관습 이해

1. 언어 공동체의 담화 관습

- **개념**: 언어 공동체가 공유하는 언어의 규범과 관습
- **특징**: 언어 공동체는 역사, 맥락, 가치, 신념 등을 공유함으로써 그들만의 규범과 관습을 형성
- **의의**
  - 언어 공동체의 담화 관습은 화법과 작문에 영향을 미침
  - 화자, 청자의 태도를 해석하는 기준으로 작용
- **지도**
  - 지켜야 할 여러가지 관습을 알고 화법에 적용할 수 있도록 지도
  - 특정 공동체에 어떠한 담화 관습이 있는지 지도
  - 사회 문화적 상황이 관습과 장르 형성에 어떤 관련이 있는지 지도
- **절차**
  - 청자와 독자가 속한 공동체의 규범과 가치 분석
  - 공동체의 규범, 가치와 자신의 말하기의 관계를 살피기 — 말의 내용이 규범을 옹호하는지, 새로운 문제를 제기하는지

2. 전통적 듣기, 말하기의 문화

- **우리말 문화의 특징**
  - 말을 통한 논리적 전달보다는 자기 수양, 대인 관계, 사회 질서의 유지를 강조
  - 말을 최대한 삼갈 것을 강조
  - 내 주장을 하기에 앞서 타인과의 인간 관계를 강조
  - 말에는 화자의 됨됨이가 함축되어 있음을 강조
- **말이 갖는 힘**
  - 사유의 힘 — 생각을 표현하는 기능
  - 관계의 힘
  - 영혼의 힘 — 품성이 함축되어 있음
  - 마음을 움직일 수 있음
  - 결속의 힘
- **우리말의 담화 관습**
  - 겸양 어법
  - 완곡 어법
  - 관용 표현
- **지도**
  - 비판 없이 수용하는 것은 바람직한 태도가 아님을 지도
  - 현대의 안목에서 재해석하고 새롭게 창조해 나가도록 지도

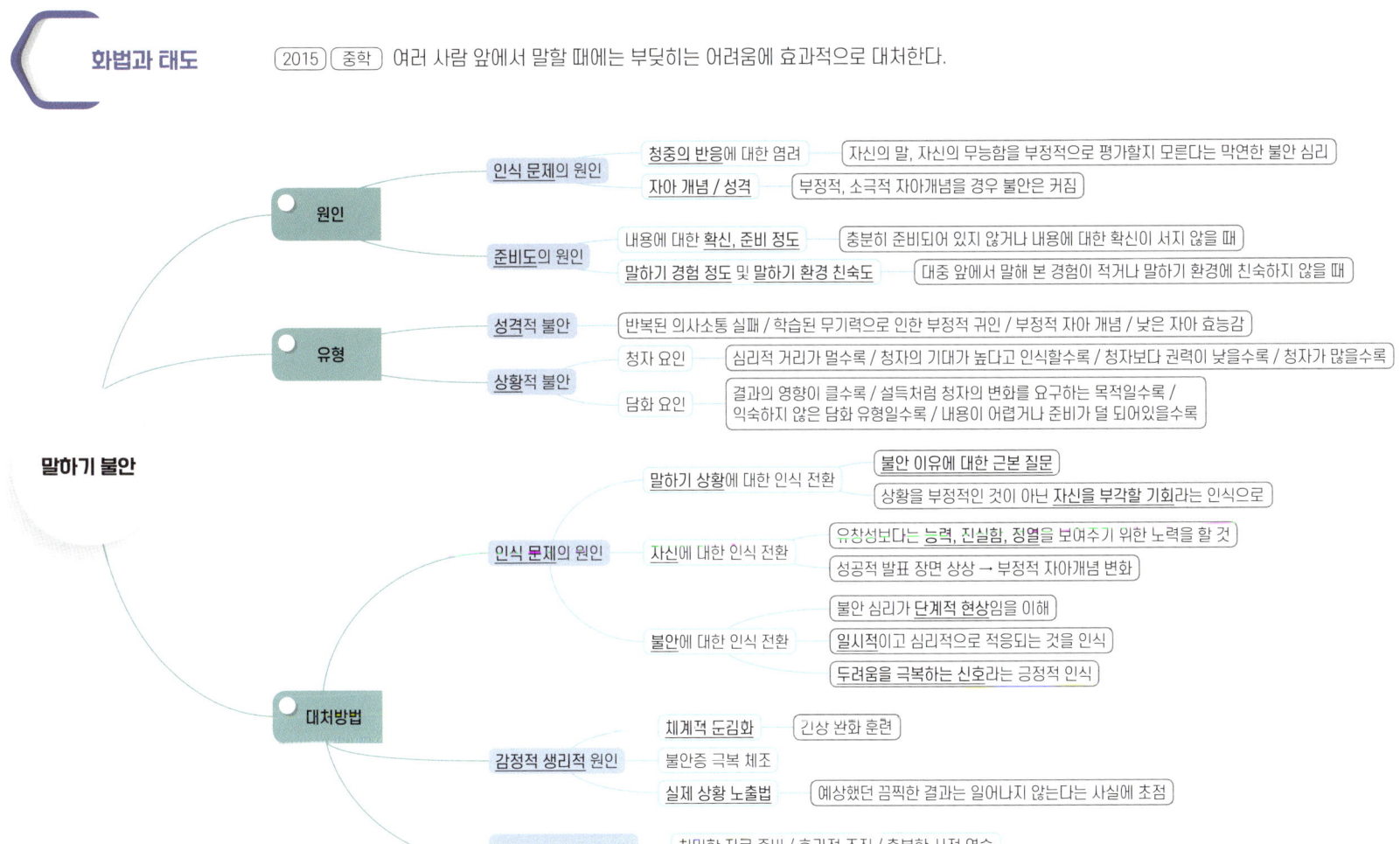

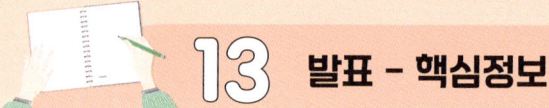

13 발표 – 핵심정보

담화 유형 1 – 정보 전달 (발표)

[2015] [중학] 핵심 정보가 잘 드러나도록 내용을 구성하여 발표한다.
[2015] [고등2] 청자의 특성에 맞게 내용을 구성하여 발표한다.

발표 방법 지도

- 핵심 정보가 잘 드러나도록 내용을 구성하여 발표
  - 핵심 정보가 잘 드러나도록 내용을 구성하여 발표
    - 1) 발표 계획하기
      - 목적 고려
      - 청자 분석
      - 주제 선정
    - 2) 내용 선정하기
    - 3) 내용 구성하기
      - 단계에 맞게 **핵심 정보만 간추려** 말하기
        - * 도입
          - 주제, 목적, 배경 설명
        - * 전개
          - 구체적 예시를 통한 구체적 내용 제시
        - * 정리
          - 요약, 강조, 당부 등
      - 매체 자료 선정
    - 4) 발표하기
      - 발표 예절 지키기
      - 적절한 준, 비언어적 표현
  - 시각 자료를 해석하여 핵심 정보를 도출
    - * 핵심 정보 도출
      - 모든 정보를 나열하는 것이 아닌 **핵심 정보만** 명확하고 간략히 전달
    - * 정보 연결
    - * 새로운 정보 추론
      - ex) 논리적 연계를 통한 인과 **관계를 도출**하거나 **추이를 예측**

> 청자의 **흥미**를 유발하고 **공감**을 유지하며 짧은 시간에 꼭 필요한 **핵심적인 정보**를 이해하도록 전달해야하므로 구성이 **간결**하고 **체계**적이어야 한다.

14. 발표 - 청자 고려 (1)

담화 유형 1 - 정보 전달 (발표)

[2015] [중학] 핵심 정보가 잘 드러나도록 내용을 구성하여 발표한다.
[2015] [고등2] 청자의 특성에 맞게 내용을 구성하여 발표한다.

발표 방법 지도

청자 특성을 고려하여 발표

1. 청자 특성에 맞게 내용을 구성하여 발표
- 전 — 청자 분석
- 중
  - 흥미 유발 — 매체 활용 / 비언어적, 준언어적 표현
  - 청중 반응 반영
- 후 — 효과적인 질의 응답 방법
  - 개인적 질문은 조정하기
  - 확실, 명료하게 대답
  - 답변이 힘든 질문은 인정하기 - 해결하려는 태도 보이기
  - 좋지 않은 질문이라도 존중 — 호의 획득

2. 정보의 수집, 분류, 체계화
- 수집
  - 정확하고 풍부한 내용을 효과적으로 전달하기 위한 과정 필요
  - 다양한 정보 수집 경로와 특성 지도, 목적과 주제에 알맞게 수집하도록 지도
- 분류 — 맥락을 고려하여 선별하기

3. 정보 전달 담화와 글의 일반적 구조와 조직
- 일반적 구조 — 관습적 전개 방식 - 처음 / 중간 / 끝
- 내용 조직 원리 — 통일성 / 일관성 / 강조성
- 목적과 대상에 적합하게 내용 구성하기
  - 필요성 : 목적과 대상에 따라 내용 구성 방법이 달라짐
  - 목적
    - 안내 — 구조보다는 안내 내용을 간략하게 제시
    - 소개 — 정보가 많으므로 체계적으로 조직하기
    - 보고 — 정보 뿐 아니라 배경, 방법, 과정도 제시
  - 대상 특성 (조직 원리)
    - 시간적 순서에 따른 조직
    - 공간적 이동에 따른 조직 — 물리적 구조 설명에 적합
    - 논리적 순서에 따른 조직

15 발표 - 청자 고려 (2)

담화 유형 1 - 정보 전달 (발표)

[2015] [중학] 핵심 정보가 잘 드러나도록 내용을 구성하여 발표한다.
[2015] [고등2] 청자의 특성에 맞게 내용을 구성하여 발표한다.

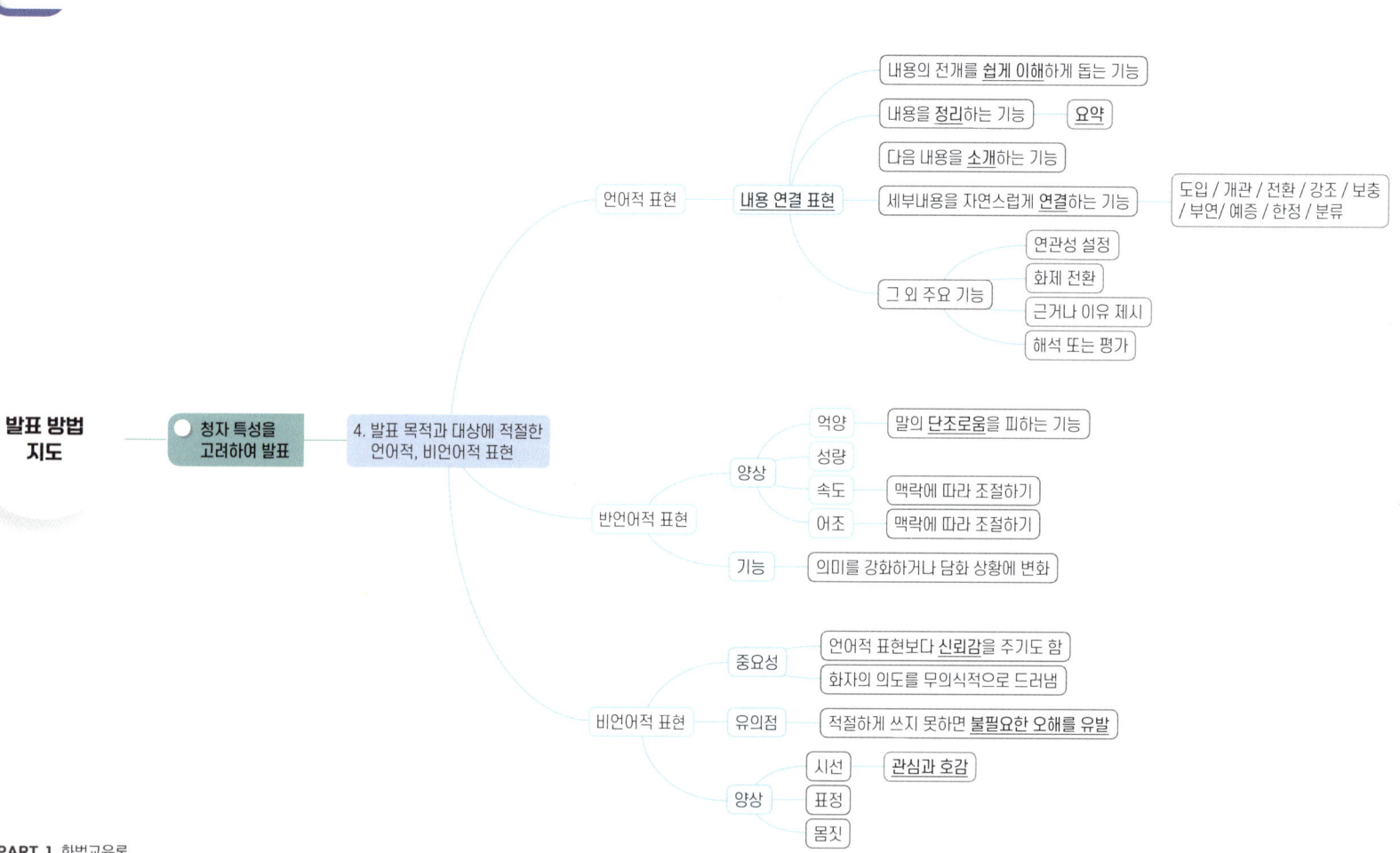

16 발표 - 매체 활용

담화 유형 1 - 정보 전달 (발표)

[2015] [중학] 핵심 정보가 잘 드러나도록 내용을 구성하여 발표한다.
[2015] [고등2] 청자의 특성에 맞게 내용을 구성하여 발표한다.

발표 방법 지도

다양한 매체 자료를 효과적으로 활용하여 청자의 이해를 돕도록 내용 구성

- **개념**: 정보 전달의 <u>매개물</u>로서 음성, 문자를 보완하는 역할
- **의의**:
  - 발표 <u>내용 풍부</u>하게 함, <u>전달 효과</u>를 높임 (화자 측면)
  - <u>기억에 오래</u> 남길 수 있음 (화자 측면)
  - 쉽게 이해할 수 있음 (청자 측면)
  - 내용에 <u>신뢰</u>를 가질 수 있음 (청자 측면)
- **유의점**:
  - 매체 자료 <u>특성</u>과 <u>효과</u>를 살펴보기
  - <u>대상 특성</u>에 맞는 매체 자료 선정하기
  - 원작자의 동의 구하기 / 함부로 <u>변경하지 않기</u> / <u>출처</u> 밝히기
  - 선정한 자료를 언어적 내용과 효과적으로 <u>조합</u> — 양과 순서 조절하기
    - 흥미 유발 / 배경지식 활성화 — 매체 자료 먼저 제시
    - 이해 <u>돕기</u> — 언어적 내용과 매체를 <u>동시에</u>
    - 강조 및 정리 — 설명이 끝난 후

대상 특성에 적합한 매체 자료
- 설명 대상이 <u>구체적인 형태</u>를 가질 경우 — 그림이나 사진
- 대상을 <u>직접 제시</u>할 수 있을 경우 — 실물
- 대상의 크기 등의 이유로 <u>직접 제시하는 것이 불가능</u>할 경우 — 모형
- 대상의 <u>구조</u>를 설명할 때 — 구조도
- <u>음악, 음향</u>과 관련된 경우 — 소리 매채
- 대상의 <u>움직임, 과정 및 절차</u> 등을 설명할 경우 — 동영상

다양한 매체 자료의 유형과 기능
- **표**: 대량의 숫자 정보를 <u>한꺼번에</u> 보여 줄 경우 <u>한눈에 파악</u>하기 쉬움
- **도표**:
  - 막대 그래프 — 항목간 양이나 빈도 차이를 <u>비교</u>할 경우
  - 선 그래프 — 시간에 따른 추이, 두 변수간 상호 <u>관계</u>를 나타낼 경우
  - 원 그래프 — 차지하는 <u>상대적 비중</u>을 나타낼 경우
- 순서도

17 발표 - 듣기

담화 유형 1 - 정보 전달 (발표)
[2015] [중학] 매체 자료의 효과성 판단하며 듣기

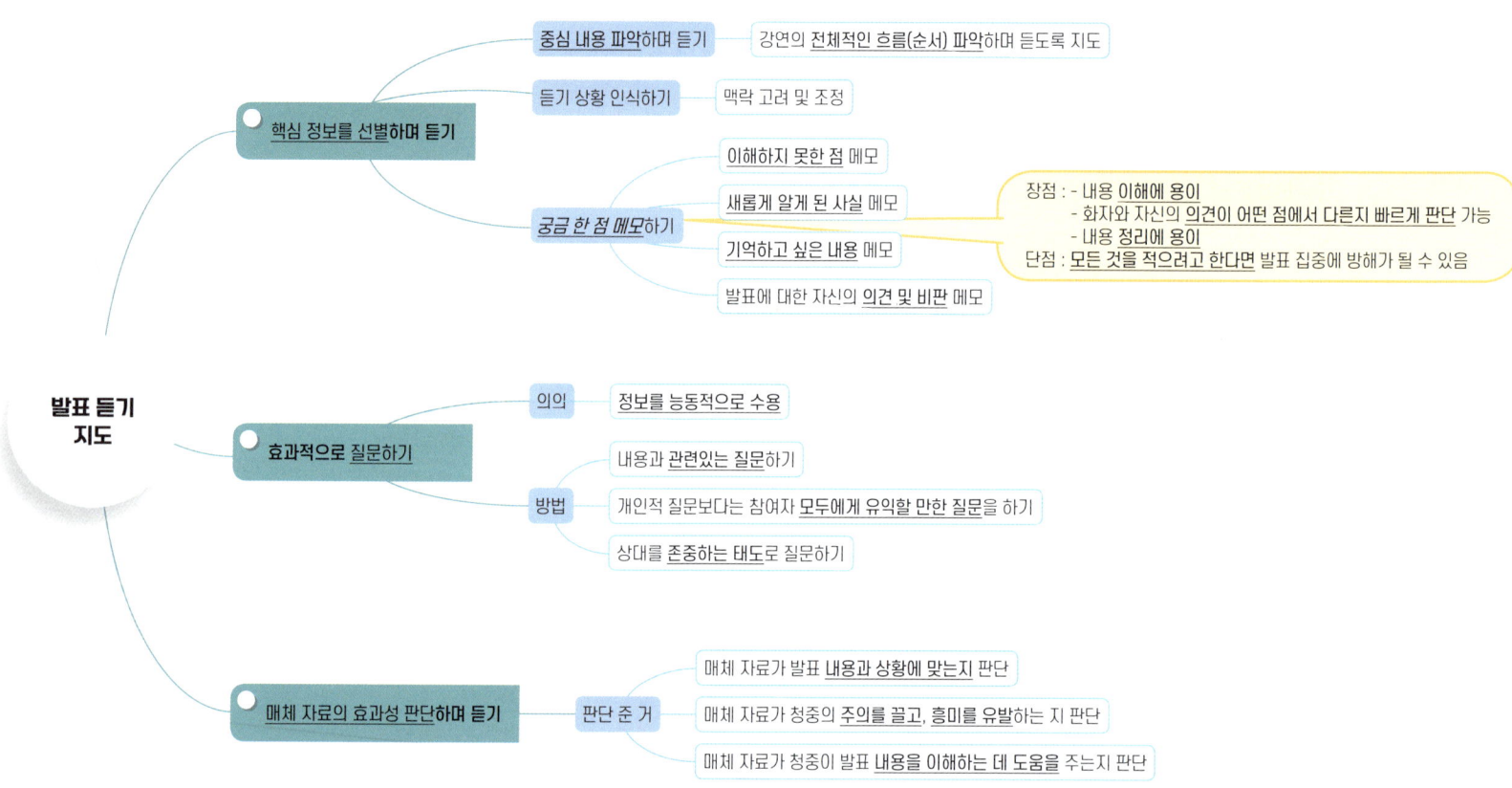

PART 1 화법교육론

CHAPTER 2 설득 연설전략 - 토론

01 설득 구조

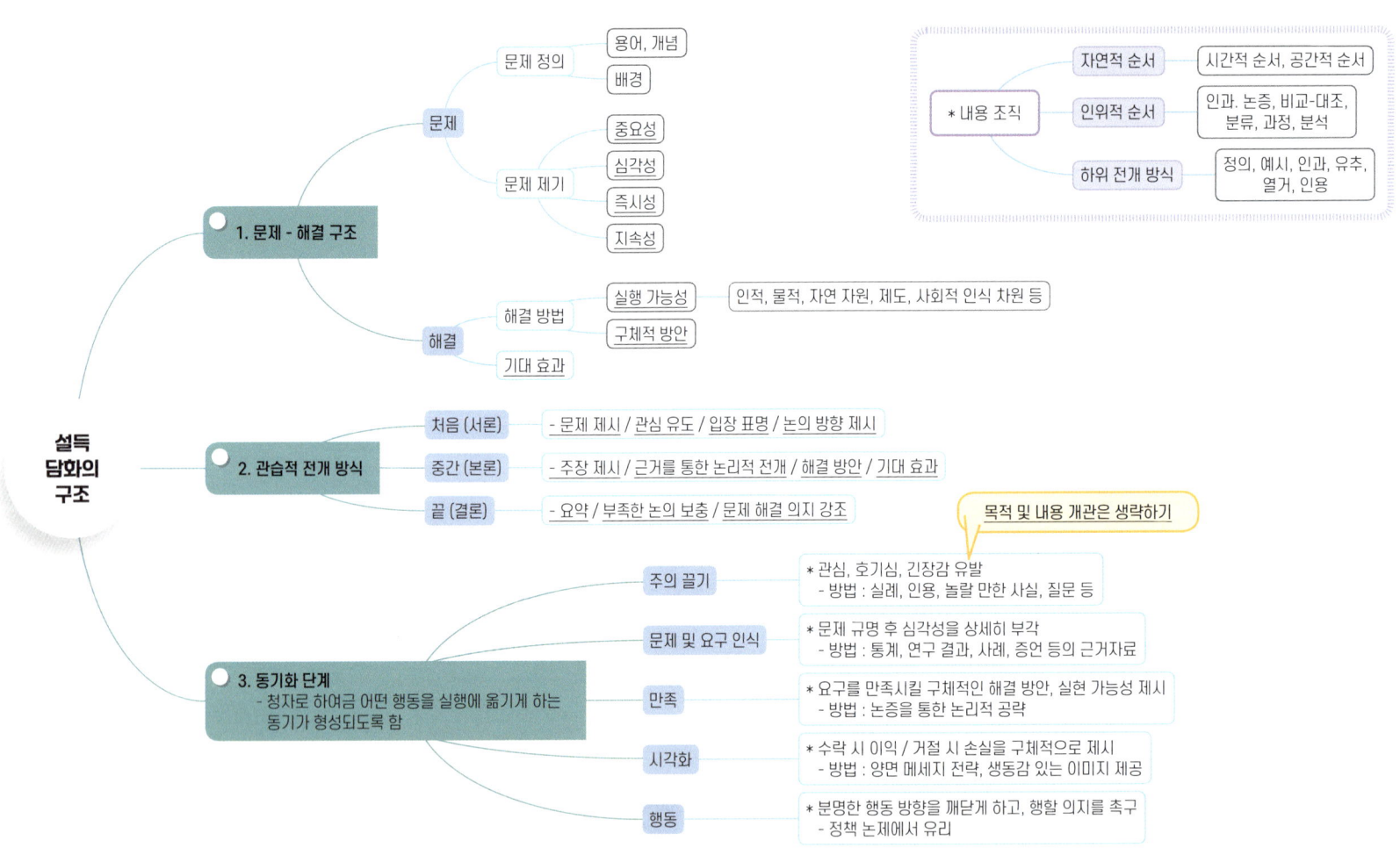

02 설득 구조 청자 분석

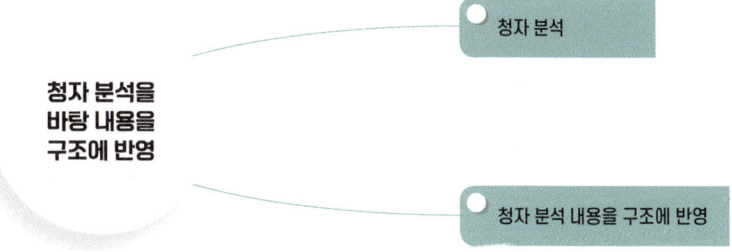

- 청자 분석
- 청자 분석 내용을 구조에 반영

청자 분석을 바탕 내용을 구조에 반영

03 연설전략

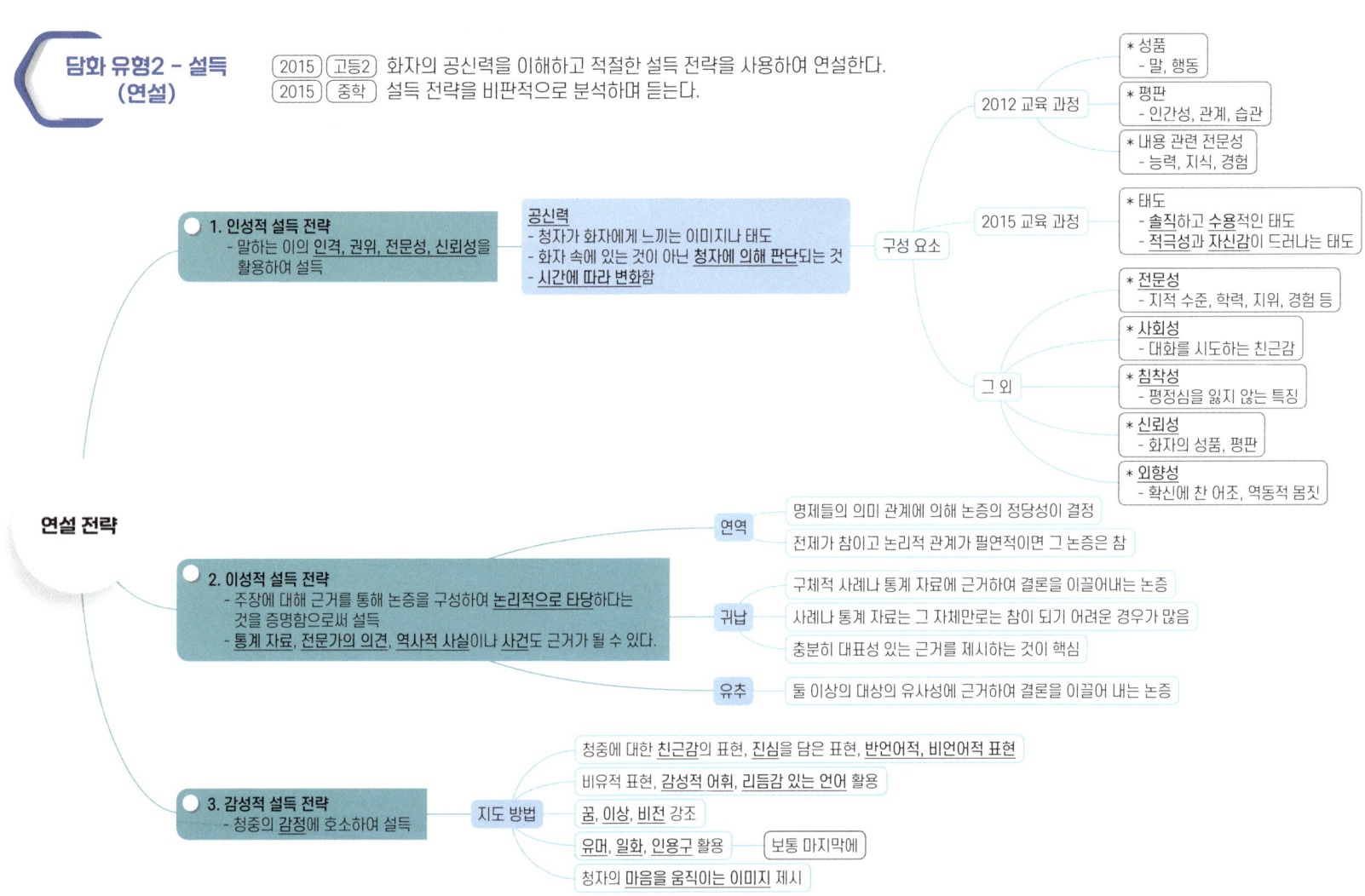

04 연설절차

담화 유형2 - 설득 (연설)

[2015] [고등2] 화자의 공신력을 이해하고 적절한 설득 전략을 사용하여 연설한다.
[2015] [중학] 설득 전략을 비판적으로 분석하며 듣는다.

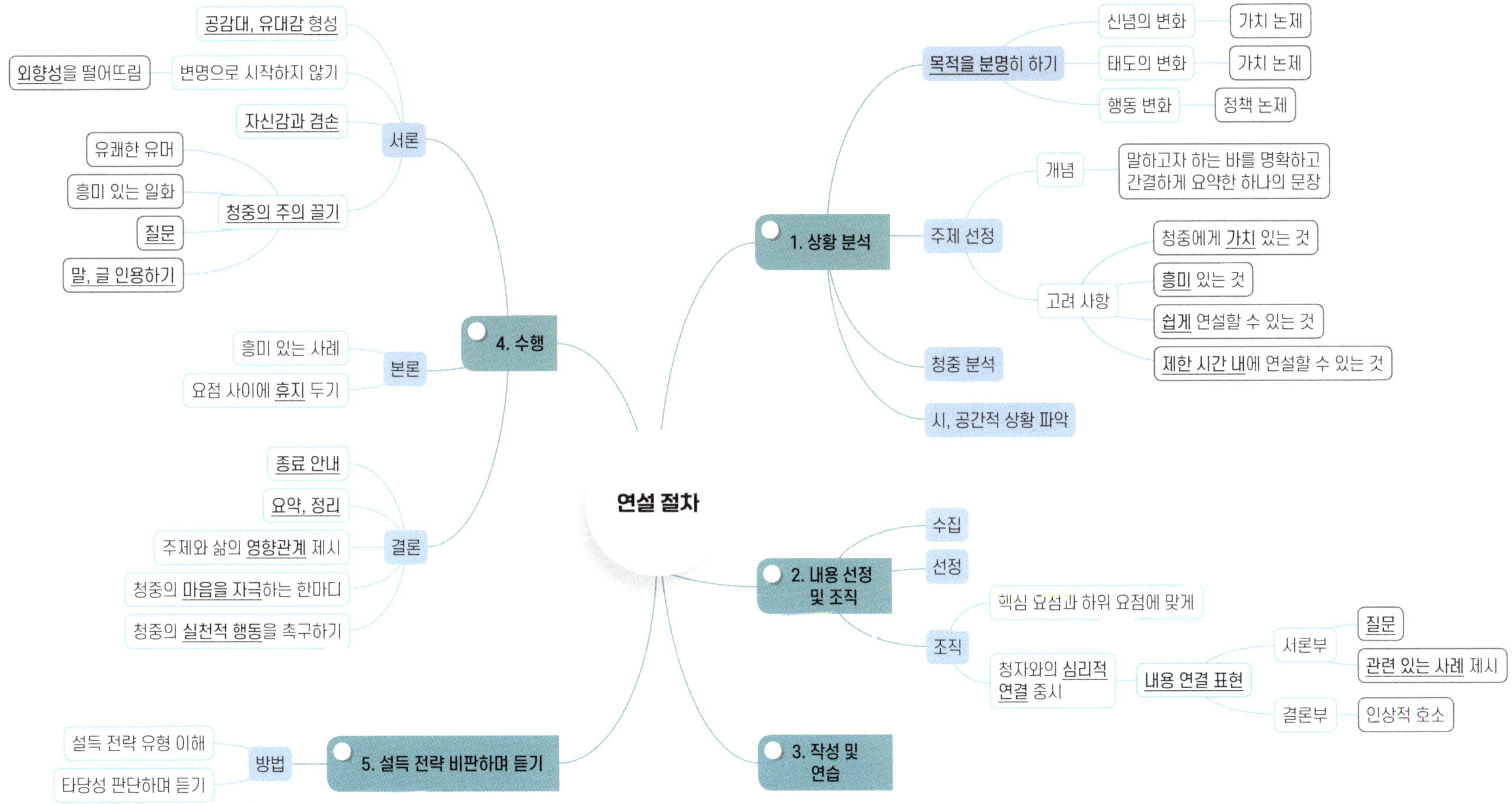

연설 절차

1. 상황 분석
- 목적을 분명히 하기
  - 신념의 변화 — 가치 논제
  - 태도의 변화 — 가치 논제
  - 행동 변화 — 정책 논제
- 주제 선정
  - 개념: 말하고자 하는 바를 명확하고 간결하게 요약한 하나의 문장
  - 고려 사항
    - 청중에게 가치 있는 것
    - 흥미 있는 것
    - 쉽게 연설할 수 있는 것
    - 제한 시간 내에 연설할 수 있는 것
- 청중 분석
- 시, 공간적 상황 파악

2. 내용 선정 및 조직
- 수집
- 선정
- 조직
  - 핵심 요점과 하위 요점에 맞게
  - 청자와의 심리적 연결 중시
  - 내용 연결 표현
    - 서론부: 질문 / 관련 있는 사례 제시
    - 결론부: 인상적 호소

3. 작성 및 연습

4. 수행
- 서론
  - 공감대, 유대감 형성
  - 외향성을 떨어뜨림
  - 변명으로 시작하지 않기
  - 자신감과 겸손
  - 청중의 주의 끌기
    - 유쾌한 유머
    - 흥미 있는 일화
    - 질문
    - 말, 글 인용하기
- 본론
  - 흥미 있는 사례
  - 요점 사이에 휴지 두기
- 결론
  - 종료 안내
  - 요약, 정리
  - 주제와 삶의 영향관계 제시
  - 청중의 마음을 자극하는 한마디
  - 청중의 실천적 행동을 촉구하기

5. 설득 전략 비판하며 듣기
- 방법
  - 설득 전략 유형 이해
  - 타당성 판단하며 듣기

05 토론 (1)

담화 유형2 - 설득 (토론)

2015 중학 토론에서 타당한 근거를 들어 논박한다.
2015 중학 내용의 타당성을 판단하며 듣는다.

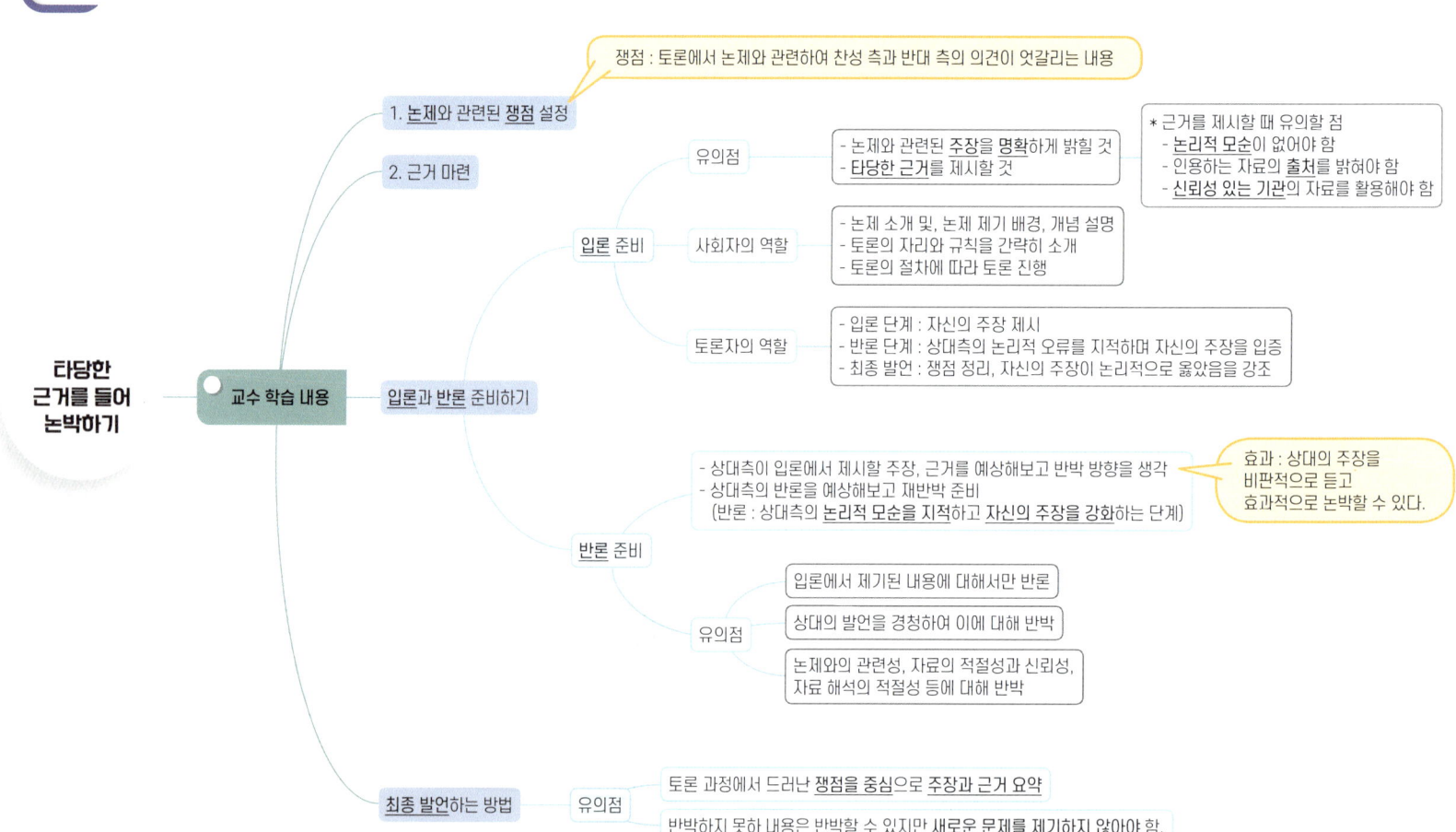

06 토론 (2)

설득 담화 유형2 - 설득 (토론)

[2015] [중학] 토론에서 타당한 근거를 들어 논박한다.
[2015] [중학] 내용의 타당성을 판단하며 듣는다.

타당한 근거를 들어 논박하기
  └ 상대방의 주장과 근거의 신뢰성, 타당성, 공정성 등을 비판적으로 분석

- **신뢰성**
  - 성격
    - 정보나 자료가 믿을만한 지를 판단
    - 주로 근거로 제시하는 자료와 관련
  - 판단
    - 객관적 사실과의 일치 여부
    - 인용 과정에 왜곡이 없는지를 검토
    - 출처가 명확한 지 면밀히 검토

- **타당성**
  - 성격
    - 주장과 근거가 합리적으로 일관성을 갖추고 있는가를 판단하는 것
  - 고려할 점
    - 근거와 주장 간의 연관성이 있는지 판단.
    - 근거로부터 주장을 이끌어내는 과정에 오류가 없는지 판단.
    - 근거로부터 주장을 이끌어내는 과정에 영향을 미치는 다른 정보는 없는지 판단.

- **공정성**
  - 성격
    - 주장이 공평하고 정의로운지를 판단하는 것
  - 판단
    - 담화나 글이 특정 가치관이나 이데올로기 등에 편향되거나 왜곡되지는 않았는지 검토

07 토론 (3)

설득 담화 유형2 - 설득 (토론)

[2015] [중학] 토론에서 타당한 근거를 들어 논박한다.
[2015] [중학] 내용의 타당성을 판단하며 듣는다.

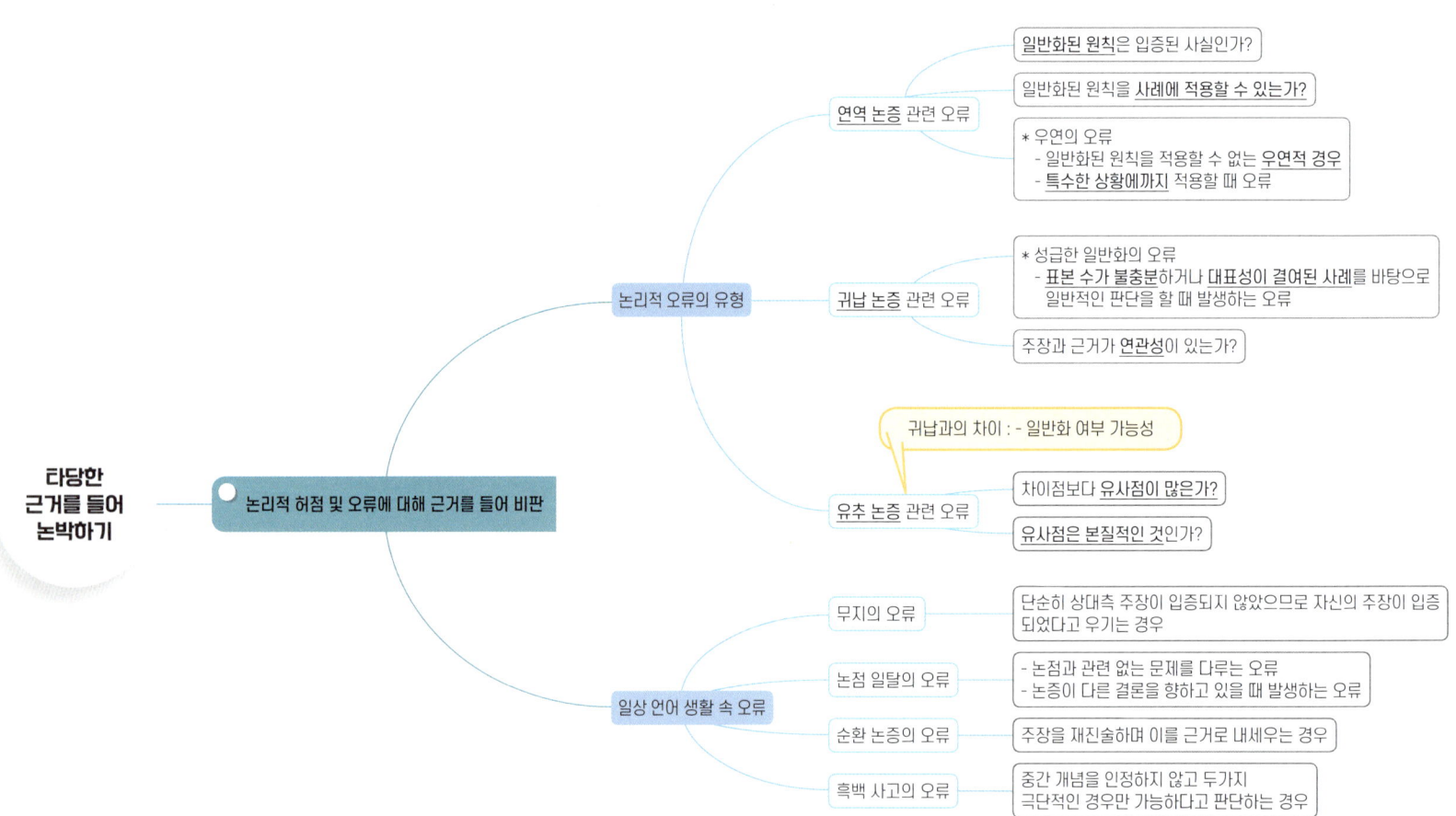

08 토론 (4)

설득 담화 유형2 - 설득 (토론)

[2015] [고등1] 논제에 따라 쟁점별로 논증을 구성하여 토론에 참여한다.

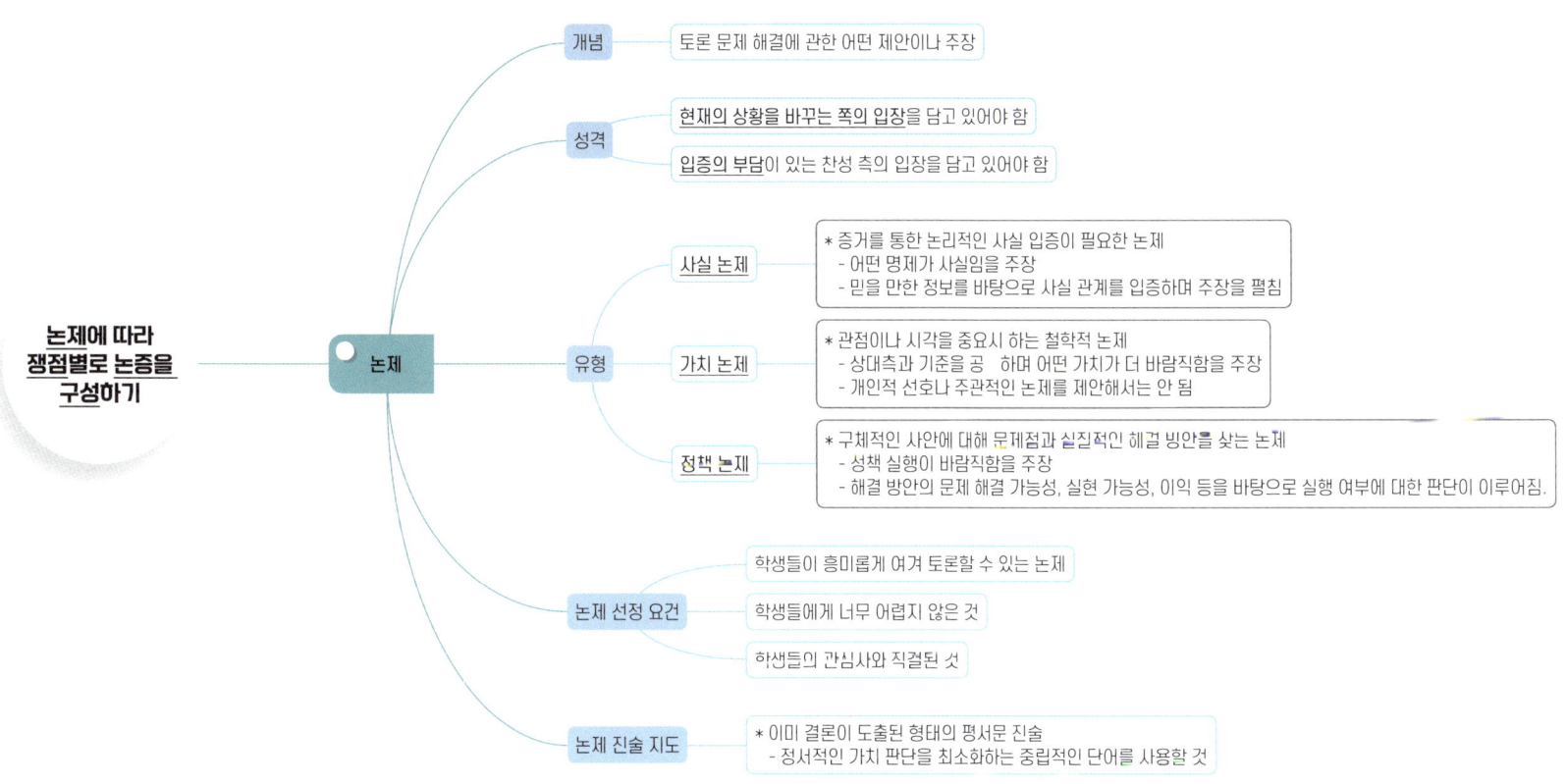

논제에 따라 쟁점별로 논증을 구성하기

- 논제
  - 개념: 토론 문제 해결에 관한 어떤 제안이나 주장
  - 성격
    - 현재의 상황을 바꾸는 쪽의 입장을 담고 있어야 함
    - 입증의 부담이 있는 찬성 측의 입장을 담고 있어야 함
  - 유형
    - 사실 논제
      - * 증거를 통한 논리적인 사실 입증이 필요한 논제
      - 어떤 명제가 사실임을 주장
      - 믿을 만한 정보를 바탕으로 사실 관계를 입증하며 주장을 펼침
    - 가치 논제
      - * 관점이나 시각을 중요시 하는 철학적 논제
      - 상대측과 기준을 공 하며 어떤 가치가 더 바람직함을 주장
      - 개인적 선호나 주관적인 논제를 제안해서는 안 됨
    - 정책 논제
      - * 구체적인 사안에 대해 문제점과 실질적인 해결 방안을 찾는 논제
      - 정책 실행이 바람직함을 주장
      - 해결 방안의 문제 해결 가능성, 실현 가능성, 이익 등을 바탕으로 실행 여부에 대한 판단이 이루어짐.
  - 논제 선정 요건
    - 학생들이 흥미롭게 여겨 토론할 수 있는 논제
    - 학생들에게 너무 어렵지 않은 것
    - 학생들의 관심사와 직결된 것
  - 논제 진술 지도
    - * 이미 결론이 도출된 형태의 평서문 진술
      - 정서적인 가치 판단을 최소화하는 중립적인 단어를 사용할 것

09 토론 (5)

설득 담화 유형2 - 설득 (토론)

[2015] [고등1] 논제에 따라 쟁점별로 논증을 구성하여 토론에 참여한다.

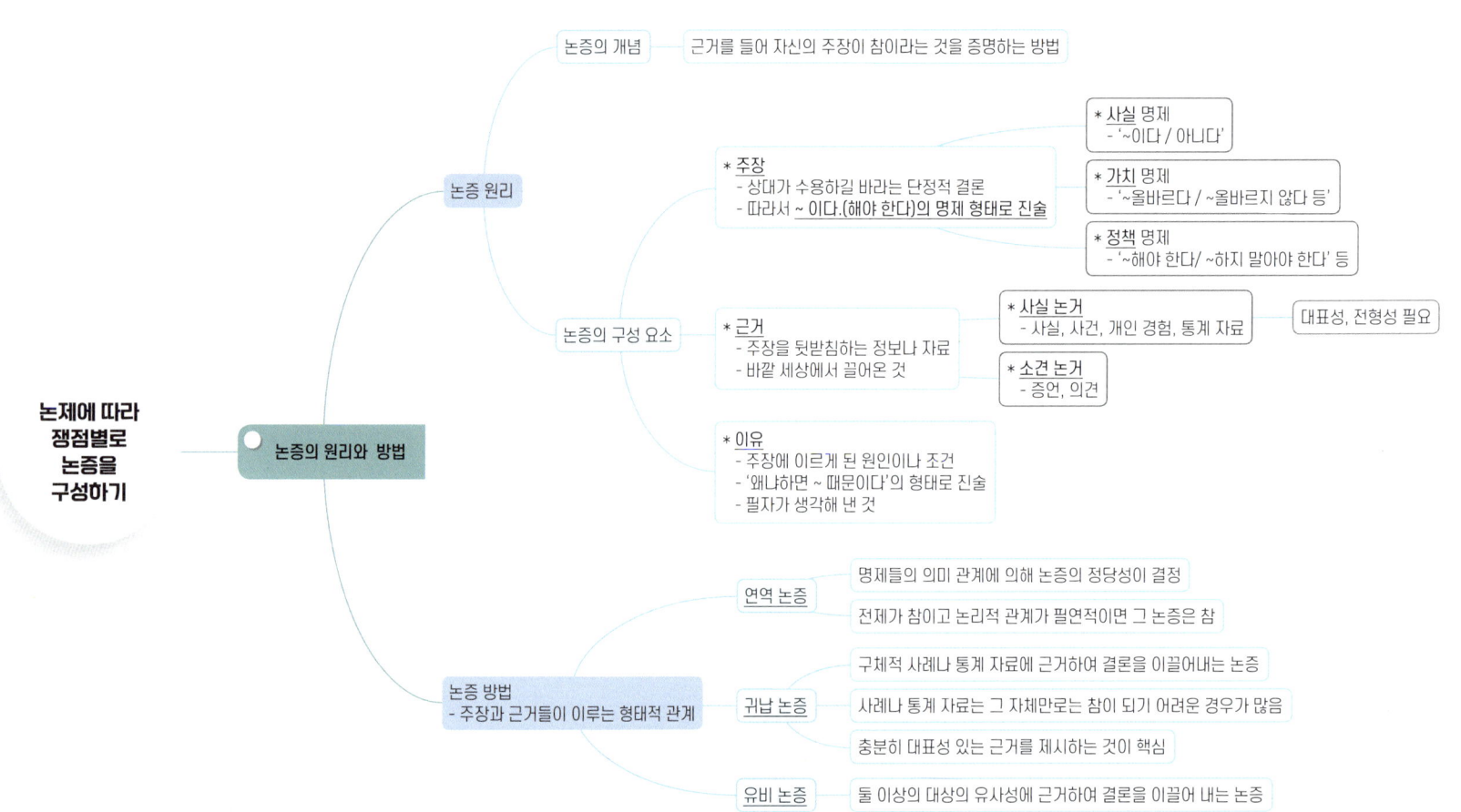

10 토론 (6)

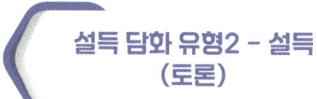

설득 담화 유형2 - 설득 (토론)

[2015] [고등1] 논제에 따라 쟁점별로 논증을 구성하여 토론에 참여한다.

- **필수 쟁점**
  - 개념
    - 쟁점: 찬성과 반대의 입장이 나뉘는, 근거와 관련된 세부 주장
    - 필수 쟁점
      - 논제와 관련하여 반드시 짚어야 할 쟁점
      - 입론에서 제도, 정책 변화를 주장하며 반드시 언급해야 할 쟁점

정책 논제에 따라 쟁점별로 입론 수행

- **정책 논제의 필수 쟁점**
  - 1. 문제 정의
    - 용어 및 개념 정리
    - 역사적, 이념적, 철학적 배경
  - 2. 문제 제기
    - 중요성
    - 심각성
    - 즉시성 — 즉시 해결해야 하는 지의 여부
    - 지속성
  - 3. 해결 방안
    - 실행 가능성 — 인적 / 물적 / 자연 / 사회 제도 / 인식 / 변화 대상의 의지 등
    - 해결성
    - 타 대안 비교
  - 4. 이익 / 비용
    - 이익과 부작용

11 반대신문식 토론 (1)

설득 담화 유형2 - 설득 (토론) [2015] [고등2] 상대측 입론과 반론의 논리적 타당성에 대해 반대 신문하며 토론한다.

CEDA (반대신문식토론)의 단계별 전략 지도

- **개념**: 어떤 논제에 대해 긍정 측과 부정 측이 상대방에게 질문을 하여 상대방의 논지를 반박함으로써 승부를 가리는 토론 유형

- **특징**: 고전적 토론의 입론 단계에서 바로 앞 토론자에 대한 반대 신문을 추가한 것
  - * 입론
    - 자신의 주장에 대한 새로운 논증과 증거 제시하는 단계
  - * 반대 신문 (교차 조사)
    - 상대의 주장과 논거의 적절성을 평가하기 위해, 직접 질의하는 과정
  - * 반론
    - 상대측 입론에 대한 반대 입장을 분명히 드러내어 반박 논증을 구성하여 자신의 논증을 공고히 하는 것
    - **개념**: 상대측의 입론에 대한 반대의 입증을 분명히 나타내며 이에 대한 반박 논증을 구성하여 자신의 논증을 공고히
    - **특성**:
      - 입론 단계에서 주장한 쟁점의 <u>확대와 심화</u>가 이루어짐
      - 기존 쟁점 중 자신의 편에 <u>유리한 것</u>을 선별하여 설득
        - 범위 좁히기

- **구성**:
  - 각 팀은 2인으로 구성
  - 1인당 세 번의 발언 기회
    - 입론
    - 교차 조사
    - 반박
  - 숙의 시간 활용 — 전략 논의
    - 상대방이 말한 내용 확인, 점검
    - 다음 단계에 말할 내용 조정

12 반대신문식 토론 (2)

설득 담화 유형2 - 설득 (토론)

[2015] [고등2] 상대측 입론과 반론의 논리적 타당성에 대해 반대 신문하며 토론한다.

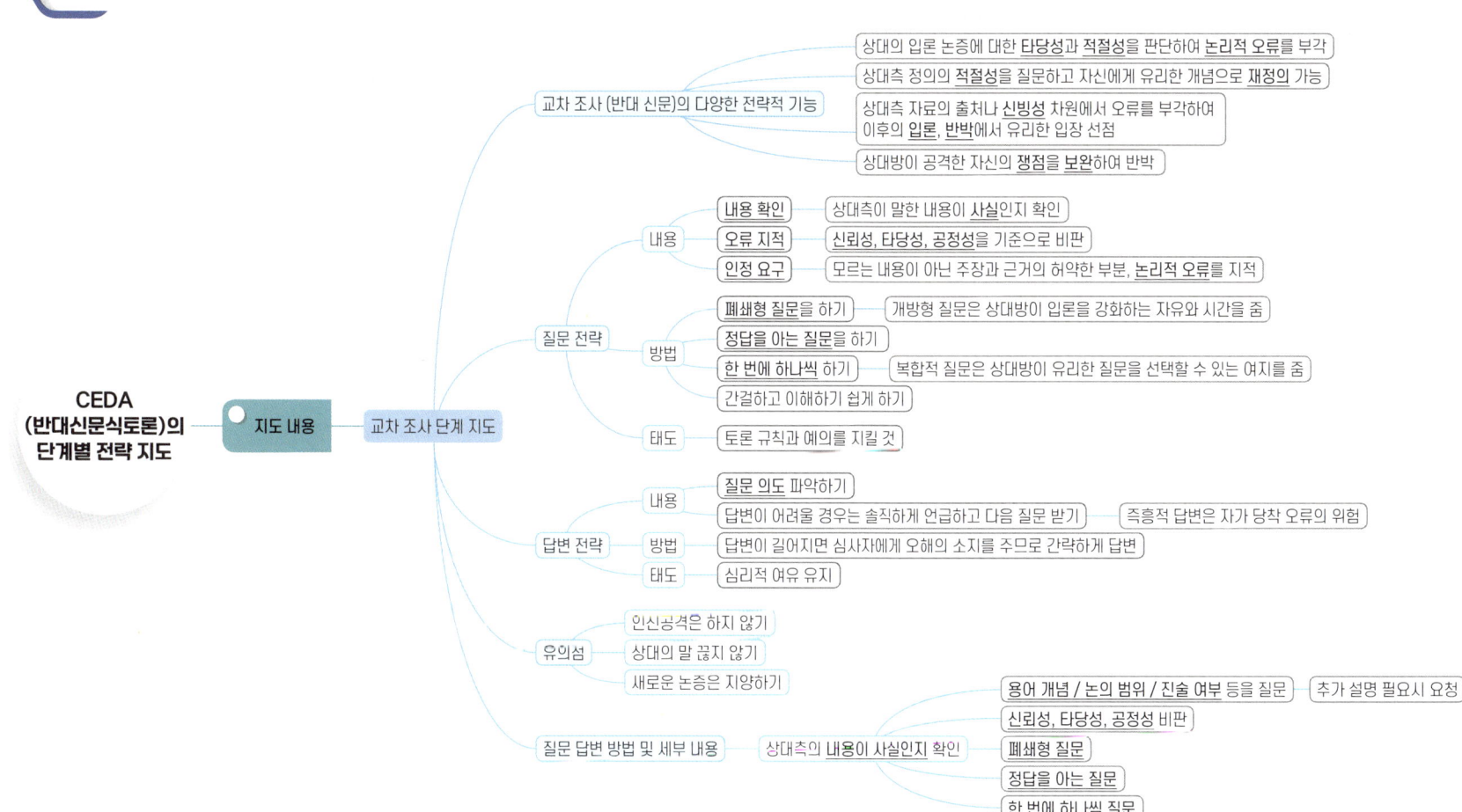

전공국어 국어교육론
개념 - 구조도

PART 1　화법교육론

CHAPTER 3　설득 토의 – 대화

01 토의 (1)

담화 유형2 - 설득 (토의)

[2015] [중학] 토의에서 의견을 교환하여 합리적으로 문제를 해결한다.

토의 : 집단 사고과정의 협력적 문제 해결
토론 : 경쟁적 문제 해결

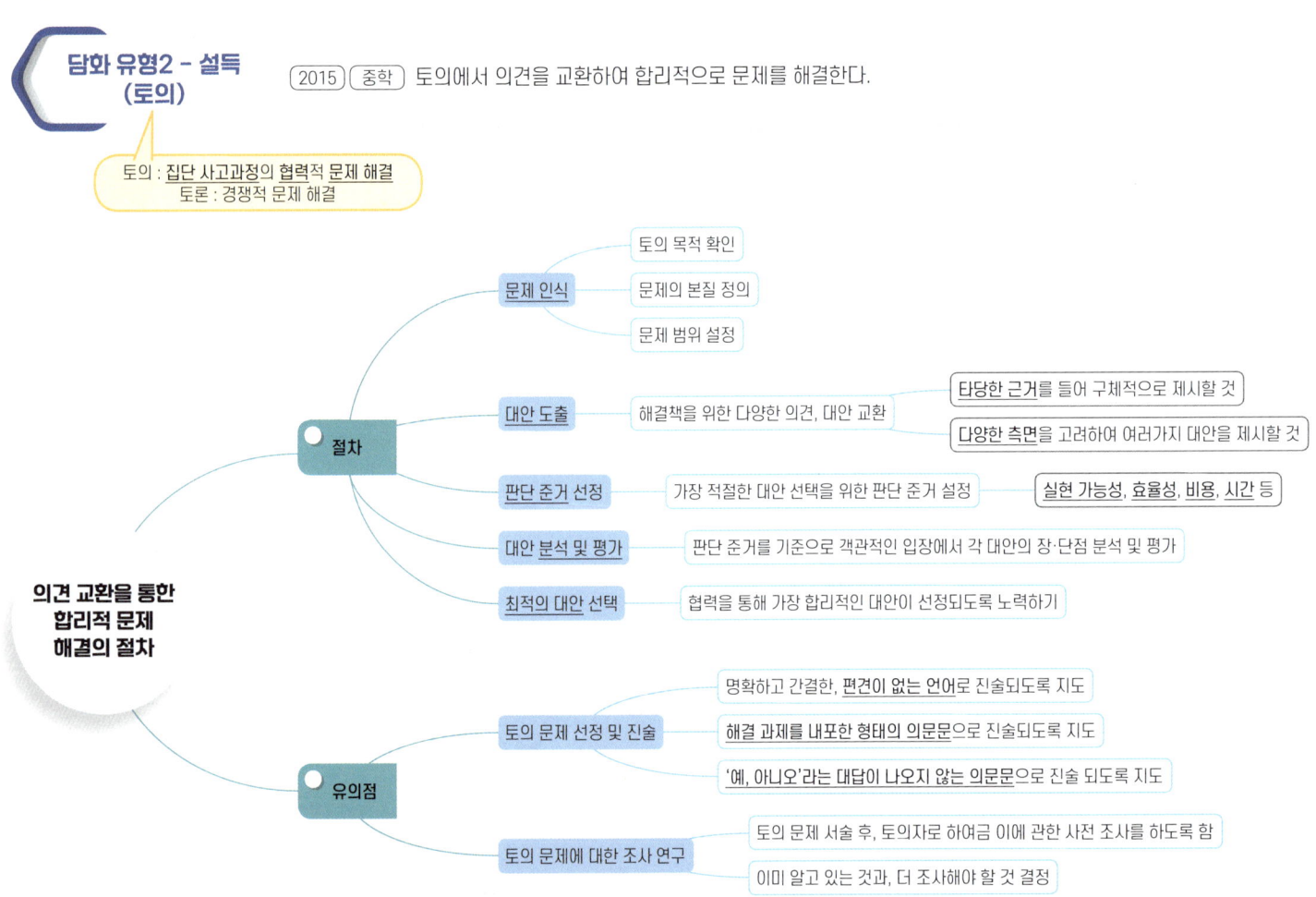

의견 교환을 통한 합리적 문제 해결의 절차

- **절차**
  - 문제 인식
    - 토의 목적 확인
    - 문제의 본질 정의
    - 문제 범위 설정
  - 대안 도출 — 해결책을 위한 다양한 의견, 대안 교환
    - 타당한 근거를 들어 구체적으로 제시할 것
    - 다양한 측면을 고려하여 여러가지 대안을 제시할 것
  - 판단 준거 선정 — 가장 적절한 대안 선택을 위한 판단 준거 설정 — 실현 가능성, 효율성, 비용, 시간 등
  - 대안 분석 및 평가 — 판단 준거를 기준으로 객관적인 입장에서 각 대안의 장·단점 분석 및 평가
  - 최적의 대안 선택 — 협력을 통해 가장 합리적인 대안이 선정되도록 노력하기

- **유의점**
  - 토의 문제 선정 및 진술
    - 명확하고 간결한, 편견이 없는 언어로 진술되도록 지도
    - 해결 과제를 내포한 형태의 의문문으로 진술되도록 지도
    - '예, 아니오'라는 대답이 나오지 않는 의문문으로 진술 되도록 지도
  - 토의 문제에 대한 조사 연구
    - 토의 문제 서술 후, 토의자로 하여금 이에 관한 사전 조사를 하도록 함
    - 이미 알고 있는 것과, 더 조사해야 할 것 결정

02 토의 (2) 참여자

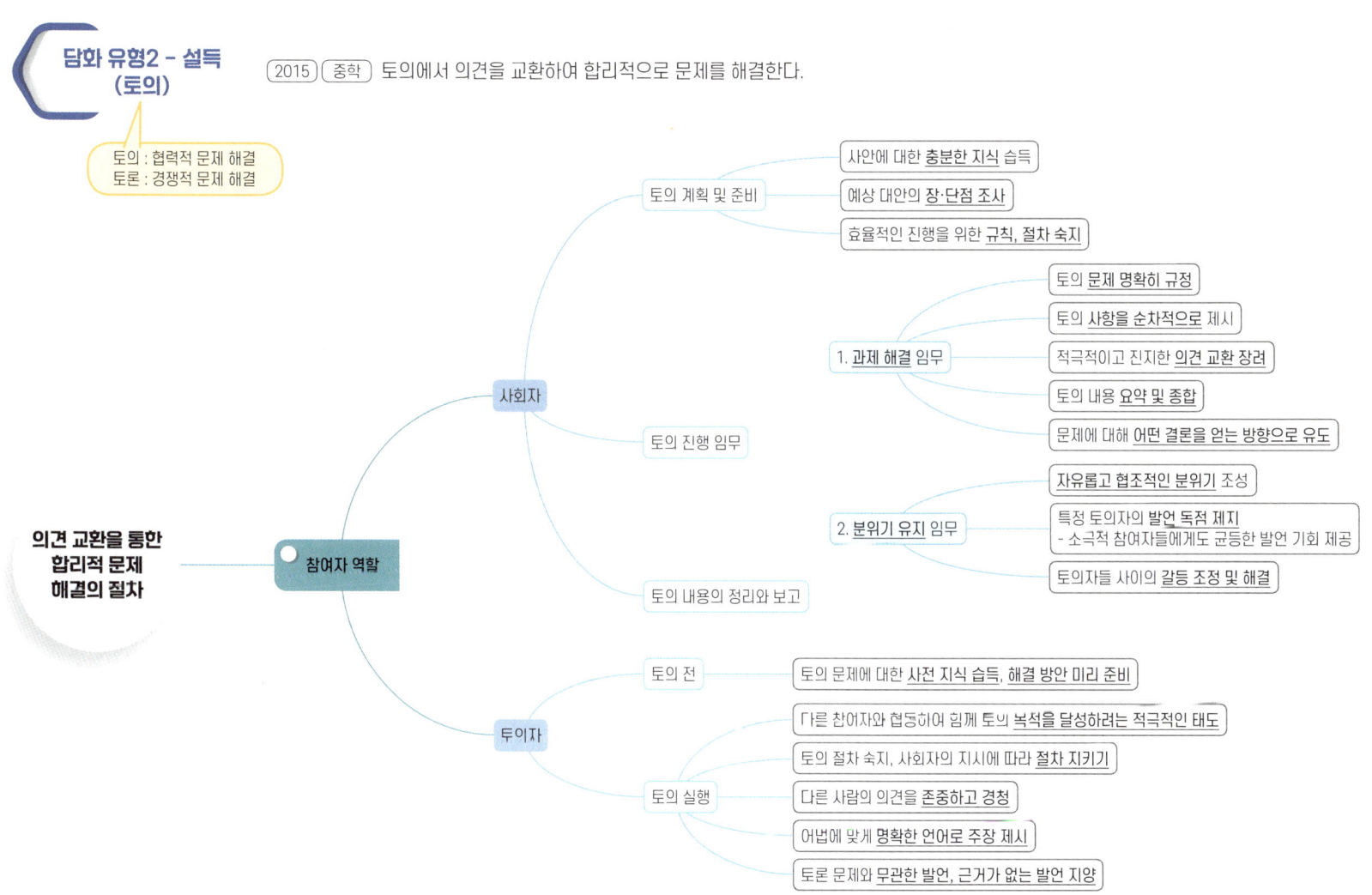

03 토의 (3) 절차와 참여자

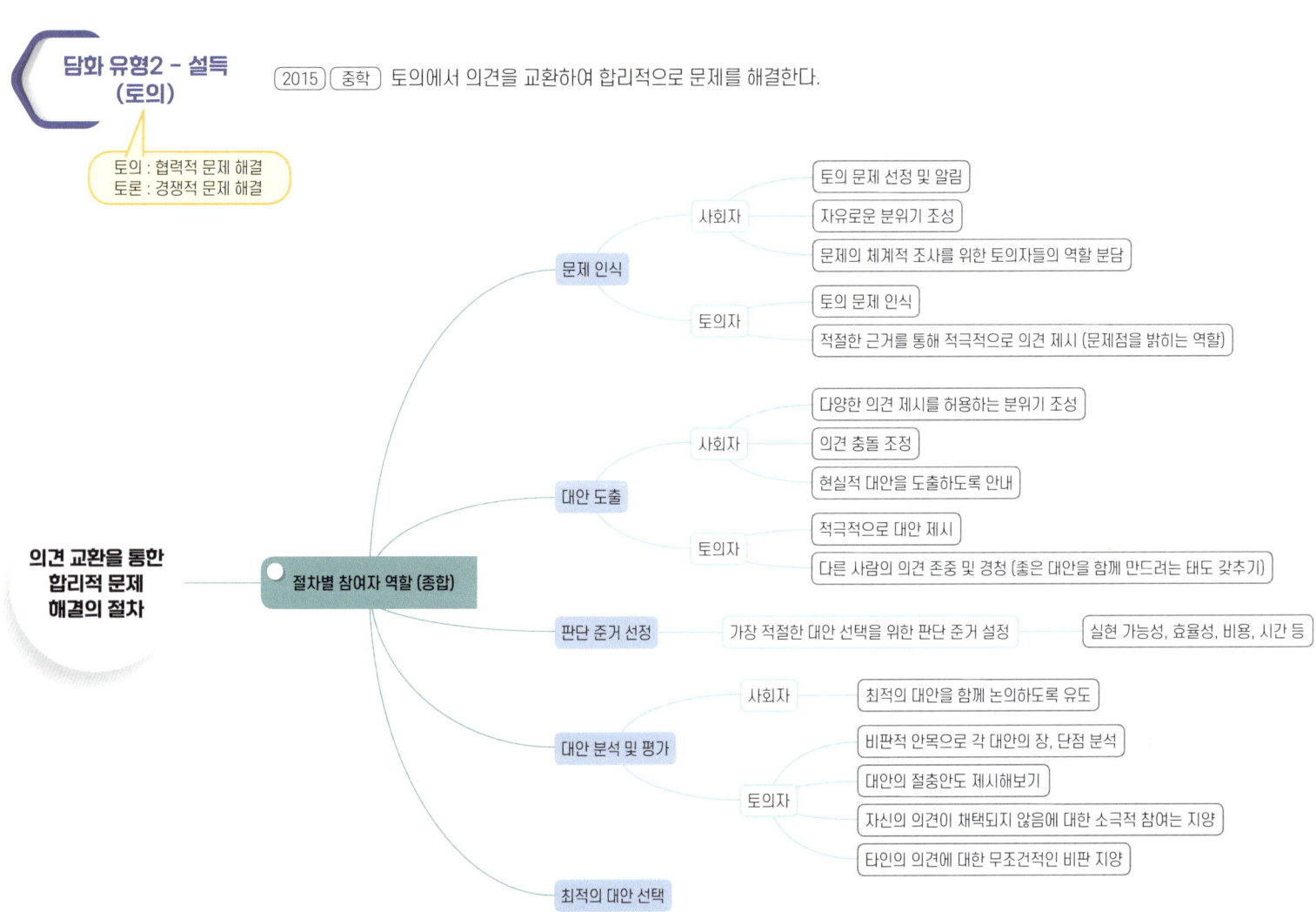

04 토의 (4) 심포지엄

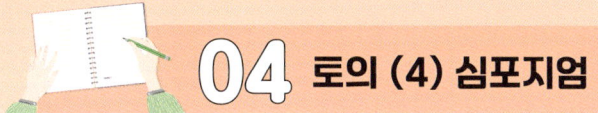

담화 유형2 - 설득 (토의)

[2015] [중학] 토의에서 의견을 교환하여 합리적으로 문제를 해결한다.

토의 : 협력적 문제 해결
토론 : 경쟁적 문제 해결

의견 교환을 통한 합리적 문제 해결의 절차 → 토의 유형 이해 (심포지엄)

- 개념: 4~5명의 발표자들에게 특정 주제를 주고 강연식으로 발표한 후, 청중도 질의 응답 형식으로 진행하는 방식
- 특징: 의사 교환이 거의 없으며, 특정한 결론 도출을 목적으로 하지 않음
- 토의 주제의 성격: 주로 학술적인 담론의 성격을 띤 주제
- 진행 과정: 개별적인 발표나 강연
- 토의 목적: 문제에 대한 이해 (특정한 결론 도출을 목적으로 하지 않음)
- 사회자의 역할: 발표 내용 요약 및 정리
- 청중의 역할: 궁금한 점 질문하기 (패널보다 소극적)

05 토의 (5) 포럼

담화 유형2 - 설득 (토의)

2015 중학 토의에서 의견을 교환하여 합리적으로 문제를 해결한다.

- 토의 : 협력적 문제 해결
- 토론 : 경쟁적 문제 해결

의견 교환을 통한 합리적 문제 해결의 절차

토의 유형 이해 (포럼)

대담 포럼, 강의 포럼, 토론 포럼 중 토론 포럼이 가장 일반적

- **개념**: 어떤 문제에 대해 직접 관련 있는 사람들이 모여 공개적으로 토의하는 방식
- **특징**:
  - 처음부터 청중의 참여로 이루어짐
    - 문제가 전체 구성원과 밀접한 관련이 있거나, 전체의 의견을 수렴할 필요가 있을 때, 구성원들이 자기의 의견을 표현하는 데에 적극적인 경우에 활용
  - 청중으로 인해 진행 방식과 구조가 결정되기도 함
- **토의 주제의 성격**: 처음부터 청중이 참여가 가능한 정책안이나 개발안
- **진행 과정**: 청중과 담당자 간의 직접 토의
- **토의 목적**: 문제-해결 (공동의 이익과 복지에 도달하는 안 채택)
- **사회자의 역할**: 청중과 발표자의 이해관계 조정하기
- **청중의 역할**: 매우 적극적 (공격적으로 질문함)

06 토의 (6) 패널

담화 유형2 - 설득 (토의)

[2015] [중학] 토의에서 의견을 교환하여 합리적으로 문제를 해결한다.

- 토의 : 협력적 문제 해결
- 토론 : 경쟁적 문제 해결

의견 교환을 통한 합리적 문제 해결의 절차

토의 유형 이해 (패널)
- 진행 순서 등이 일반적으로 고정
- 개념 : 시사 문제 등 특히 관심과 경험이 있는 사람을 배심원으로 선정하여 의견을 주고 받는 과정
- 특징 :
  - 서로 다른 의견을 수렴하고 조정하는 수단
  - 시사, 정치, 학술 등 특정 분야의 전문적인 문제를 해결하는 데 사용
- 토의 주제의 성격 : 다양한 결론이 예상되는 시사 문제
- 진행 과정 : 배심원끼리 상호간 직접 토의
- 토의 목적 : 문제-해결 (서로 다른 의견을 조정하는 안 채택)
- 사회자의 역할 : 이견을 조정하는 안 도출해내기
- 청중의 역할 : 포럼보다 소극적 (발표 뒤 의견 개진하기)

07 토의 (7) 회의

담화 유형2 - 설득 (토의)

[2015] [중학] 토의에서 의견을 교환하여 합리적으로 문제를 해결한다.

- 토의 : 협력적 문제 해결
- 토론 : 경쟁적 문제 해결

의견 교환을 통한 합리적 문제 해결의 절차

토의 유형 이해 (회의)

- 개념 — 협의를 통해 의제를 채택하고 참여자들의 동의를 얻어 의제에 관련된 사항을 결정하는 방식
- 특징
  - 개회
  - 전 회의록 낭독 및 임원 보고
  - 의제 선포
    - 동의 — 회의에서 결정을 필요로 하는 의사일정의 한 항목을 제출하는 것
    - 재청 — 동의가 의제로 상정되기 위해 받아야 할 과정
  - 의사 교환
    - 보충 설명
    - 질의 응답
    - 토의
  - 의사 결정
  - 폐회
- 토의 주제의 성격 — 회원의 복지, 규칙, 친목 등의 문제
- 진행 과정 — 회원끼리 상호간 직접 토의
- 토의 목적 — 의사 결정 (해결안과 실행 계획까지 결정)
- 사회자의 역할 — 규칙에 따라 진행
- 청중의 역할 — 적극적 (의견 개진하고 듣기)

08 협상 (1)

담화 유형2 - 설득 (협상)

2015 고등2 협상 절차에 따라 상황에 맞는 전략을 사용하여 문제를 해결한다.
2015 고등1 협상에서 서로 만족할 만한 대안을 탐색하여 의사 결정을 한다.

필요성 : 합리적 조정을 통해 **충돌을 막고 조화로운 관계를 유지**

협상

- **개념**
  - 개인이나 집단 사이에서 이익과 주장이 달라 갈등이 생길 때, **문제를 해결**하기 위해 서로 **타협, 조정**하면서 해결 방법을 찾아가는 의사소통
  - 당사자 간 **근원적 이해**를 증진시키고자 하는 **상호 교섭적** 성격
    - 근원적 이해 — 달성하고자 하는 사항
      - **근원적 이해 차이**는 협상을 성공적으로 이끄는 중요한 이유
      - 협상에서 문제가 되는 것은 문제가 아닌 근원적 이해 차이
    - 상호 교섭 — 상호 작용 / 협력

- **협상 요건**
  - **상황** 조건 — 협상을 필요로 하는 문제가 존재해야 한다.
  - **참여자** 조건 — 경쟁하면서 **협력**하는 관계의 참여자가 있어야 한다.
    - 나의 손해는 지양
    - 서로의 이익 지향
  - **행위** 조건 — 공동의 **목표**를 추구하며 **결과를 이행**해야 한다

- **본질**
  - 상호 의존성 — 구성원에게 영향을 주는 사건이 공동체 모두에게 영향
  - 상호 교섭적 행위 — 구성원 간의 행동 결정에 영향을 끼침

- **딜레마**
  - 참가자 상호 의존성 / 욕구 딜레마
    - 협상의 주체는 최소 둘이어야 성립
    - 욕구 딜레마
      - 협력적 욕구 — **합의**에 도달하고자 하는 욕구
      - 경쟁적 욕구 — 가능한 한 자신에게 유리한 합의를 이끌어내고자 하는 욕구
  - 정보 상호 의존성 / 신뢰 딜레마
    - 서로에 대한 **정보**가 있어야 협상이 이루어짐
    - '대안, 해결책, 복수 대안, 미래 행동과 영향, 특정 대안' 등
    - 신뢰 딜레마 — 상대 신뢰에 대한 선택의 문제
      - 정보의 양, 질에 대한 신뢰 여부는 **점진적으로 정보를 개방함으로써 해결**
  - 결과 상호 의존성 / 목표 딜레마
    - 서로가 합의에 동의해야 협상이 종료
    - 목표 딜레마
      - 실리적 목표 — 협상의 성과
      - 명분적 목표 — 자신감 / 공평성 / 신뢰 관계

09 협상 (2)

담화 유형2 - 설득 (협상)

- 2015 고등2 협상 절차에 따라 상황에 맞는 전략을 사용하여 문제를 해결한다.
- 2015 고등1 협상에서 서로 만족할 만한 대안을 탐색하여 의사 결정을 한다.

협상

딜레마

- **참가자 상호 의존성 / 욕구 딜레마**
  - 협상의 주체는 최소 둘이어야 성립
  - 욕구 딜레마
    - 협력적 욕구 — 합의에 도달하고자 하는 욕구
    - 경쟁적 욕구 — 가능한 한 자신에게 유리한 합의를 이끌어내고자 하는 욕구

- **정보 상호 의존성 / 신뢰 딜레마**
  - 서로에 대한 정보가 있어야 협상이 이루어짐 — '대안, 해결책, 복수 대안, 미래 행동과 영향, 특정 대안' 등
  - 신뢰 딜레마 — 상대 신뢰에 대한 선택의 문제 — 정보의 양, 질에 대한 신뢰 여부는 <u>점진적으로 정보를 개방함</u>으로써 해결

- **결과 상호 의존성 / 목표 딜레마**
  - 서로가 합의에 동의해야 협상이 종료
  - 목표 딜레마
    - 실리적 목표 — 협상의 성과
    - 명분적 목표 — 자신감 / 공평성 / 신뢰 관계

3단계 절차 (교육과정)

- **시작**
  - 문제의 중요성
  - 갈등 원인 분석
  - 문제 해결 가능성 확인

- **조정**
  - 상대의 처지와 관점 이해
  - 구체적 제안이나 대안에 대한 상호 검토
  - 서로 입장 차이를 좁혀 나감

- **해결**
  - 최선의 해결책 제시
  - 타협과 조정 — 합의

10 협상 (3)

담화 유형2 - 설득 (협상)

[2015] [고등2] 협상 절차에 따라 상황에 맞는 전략을 사용하여 문제를 해결한다.
[2015] [고등1] 협상에서 서로 만족할 만한 대안을 탐색하여 의사 결정을 한다.

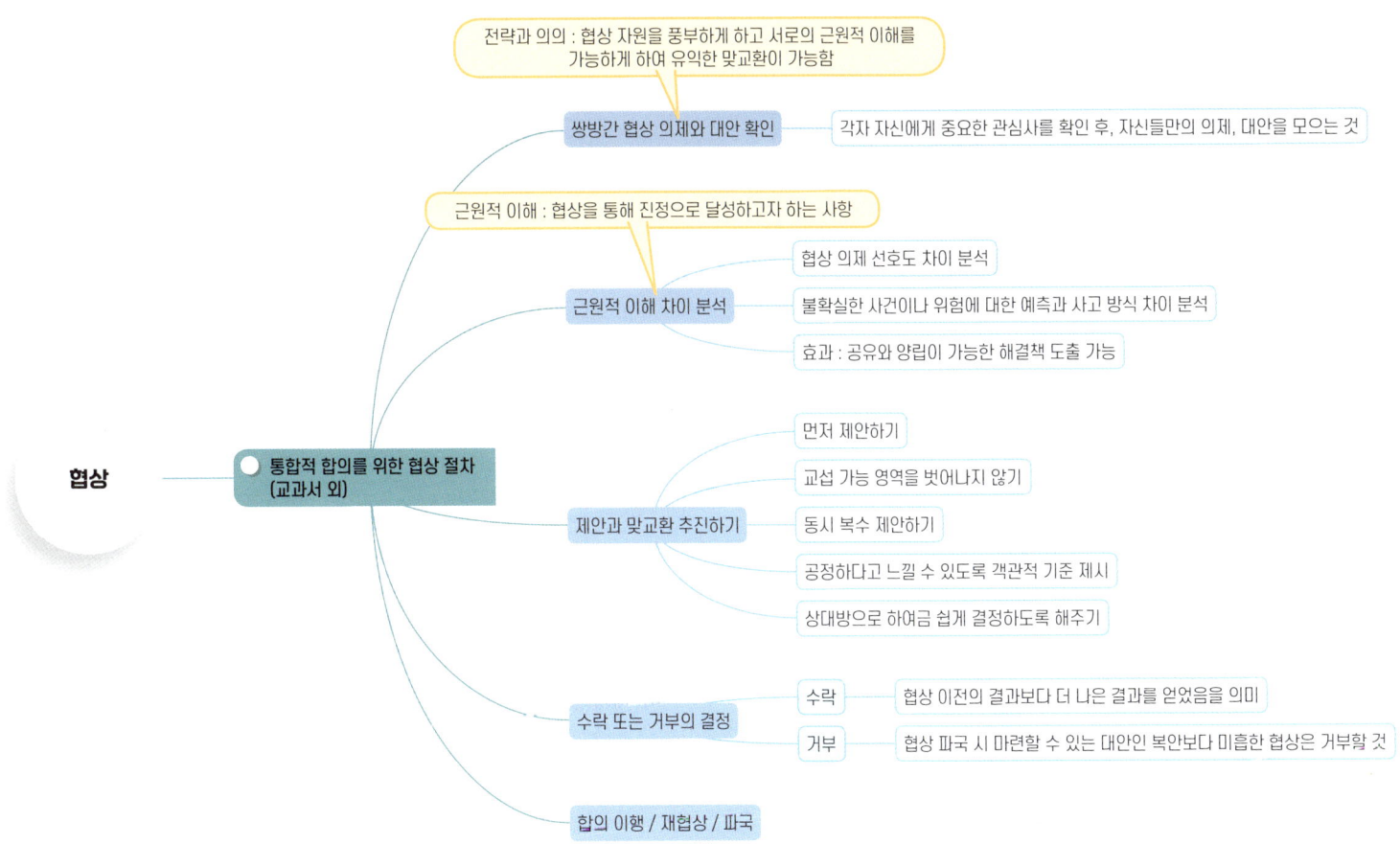

11 대화 (1) 자아개념

담화 유형3 - 친교 및 정서 표현 (대화)

[2015] [고등2] 대화 방식에 영향을 미치는 자아를 인식하고 관계 형성에 적절한 방법으로 자기를 표현한다.

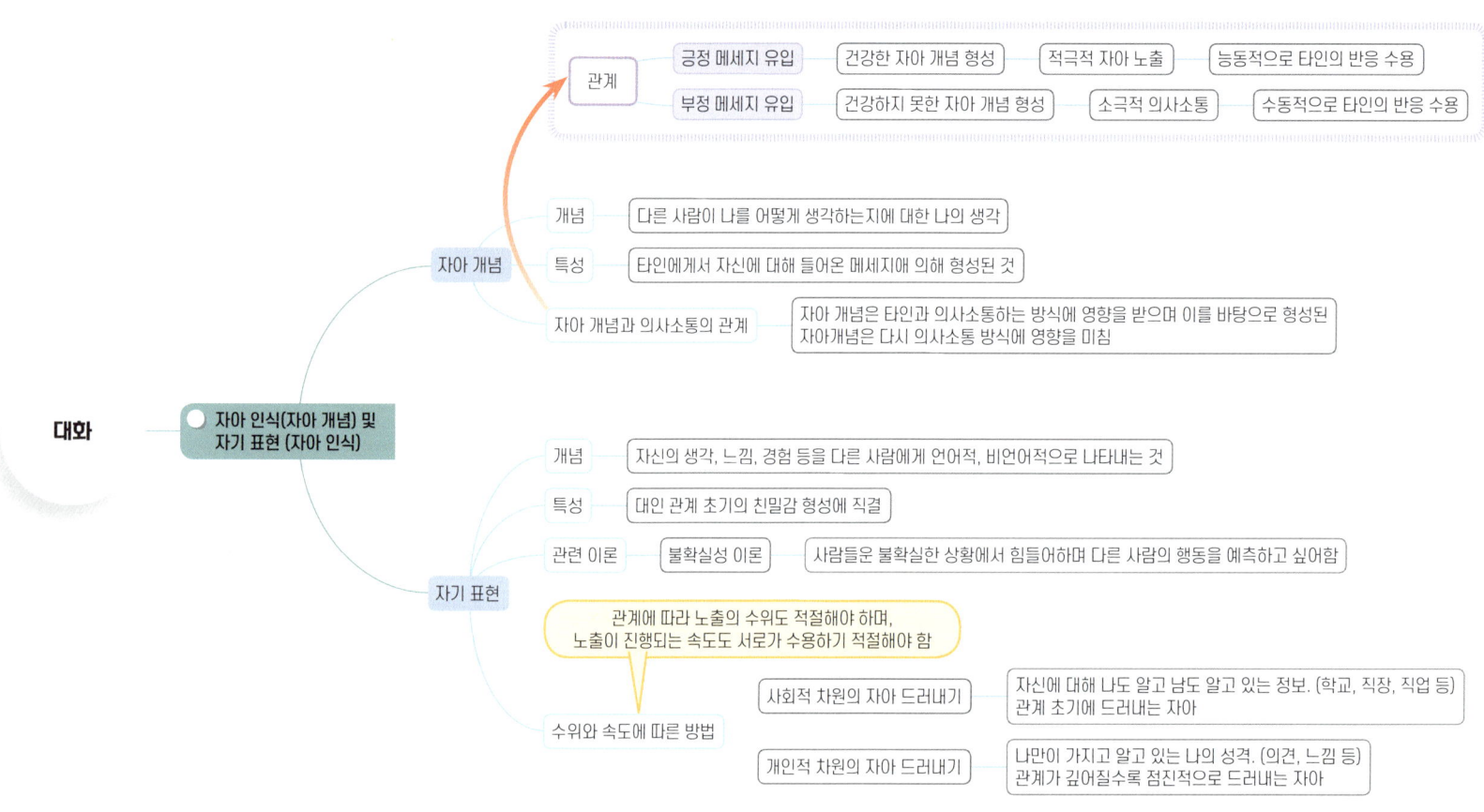

12 대화 (2) 구조

담화 유형3 - 친교 및 정서 표현 (대화)

[2012] [고등1] 대화의 원리를 이해하고 상황과 대상에 맞게 언어 예절을 갖추어 말한다.

13 대화 (3) 순서교대

담화 유형3 - 친교 및 정서 표현 (대화)

[2012] [고등1] 대화의 원리를 이해하고 상황과 대상에 맞게 언어 예절을 갖추어 말한다.

대화의 원리와 언어 예절 지도

- 순서 교대의 원리
  - 화자와 청자의 역할은 고정된 것이 아니라 순환한다.
  - 대화 참여자들의 일반적인 규칙
    - 물음, 설명, 부탁 등 하나의 내용이 일단 끝난 다음에 말한다.
    - 잠시 멈추는 시간이 생기고 상대방이 더 말을 할지 자신이 말을 해도 될지, 판단하기 어렵다면 잠시 대기 후 말을 시작한다.
    - 상대방이 말을 할 때에는 적절히 반응하여 듣는다. — 적절한 경청의 표지, 적극적 반응, 내용 전환 표지 등을 활용
  - 순서 교대 규칙
    - 교체 적정 지점 : 다음 화자를 선택하여 호칭, 시선 등의 신호를 통해 말할 권한을 넘겨주는 지점
    - 교체 적정 지점에서 적용됨.
      - 현재 화자가 다음 화자를 선택하면 다음 화자가 말을 해야 함.
      - 다음 화자를 선택하지 않으면 누구나 다음 화자가 될 수 있으므로, 먼저 나선 사람이 다음 순서에 대한 권리를 획득
      - 다음 화자를 선택하지 않고, 아무도 나서지 않는다면 현재 화자가 계속 말을 이어나갈 수 있다.
  - 지도
    - 발언권 독점시 대화를 진행할 수 없음을 지도
    - 자신의 순서에 침묵하고 있으면 대화를 진행할 수 없음을 지도
    - 자신이 말해야 할 지점을 알지 못하고 끼어들게 되면 대화가 효과적이지 않음을 지도

14 대화 (4) 협력

담화 유형3 – 친교 및 정서 표현 (대화)

[2015] [고등1] 상황과 대상에 맞게 언어 예절을 갖추어 대화한다.
[2015] [고등2] 부탁, 요청, 거절, 사과, 감사의 말을 상황에 맞게 효과적으로 한다.

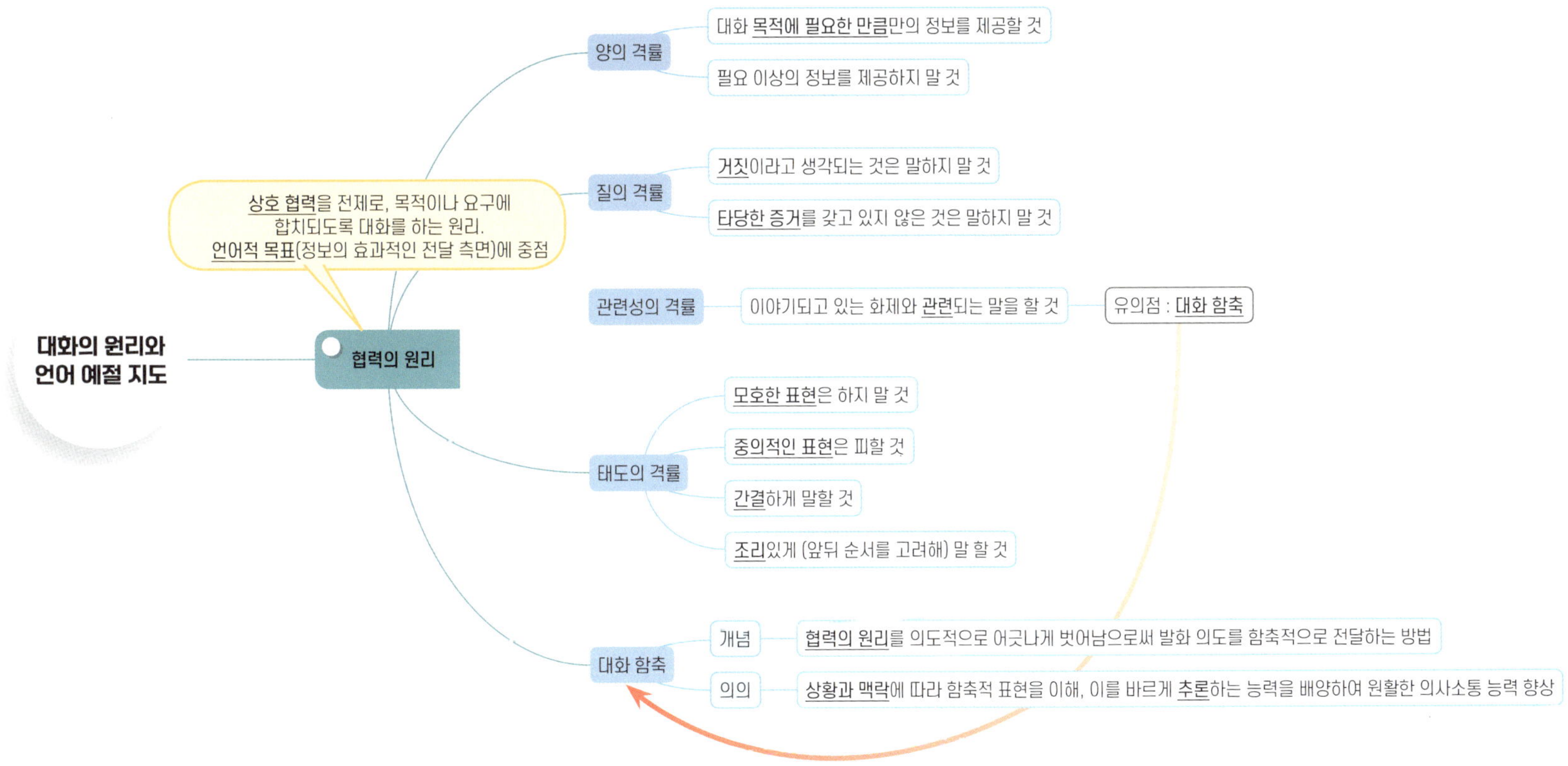

대화의 원리와 언어 예절 지도

- **협력의 원리**: 상호 협력을 전제로, 목적이나 요구에 합치되도록 대화를 하는 원리. 언어적 목표(정보의 효과적인 전달 측면)에 중점
  - **양의 격률**
    - 대화 목적에 필요한 만큼만의 정보를 제공할 것
    - 필요 이상의 정보를 제공하지 말 것
  - **질의 격률**
    - 거짓이라고 생각되는 것은 말하지 말 것
    - 타당한 증거를 갖고 있지 않은 것은 말하지 말 것
  - **관련성의 격률**
    - 이야기되고 있는 화제와 관련되는 말을 할 것 — 유의점 : 대화 함축
  - **태도의 격률**
    - 모호한 표현은 하지 말 것
    - 중의적인 표현은 피할 것
    - 간결하게 말할 것
    - 조리있게 (앞뒤 순서를 고려해) 말 할 것
  - **대화 함축**
    - 개념: 협력의 원리를 의도적으로 어긋나게 벗어남으로써 발화 의도를 함축적으로 전달하는 방법
    - 의의: 상황과 맥락에 따라 함축적 표현을 이해, 이를 바르게 추론하는 능력을 배양하여 원활한 의사소통 능력 향상

15 대화 (5) 공손성

담화 유형3 – 친교 및 정서 표현 (대화)

[2015] [고등1] 상황과 대상에 맞게 언어 예절을 갖추어 대화한다.
[2015] [고등2] 부탁, 요청, 거절, 사과, 감사의 말을 상황에 맞게 효과적으로 한다.

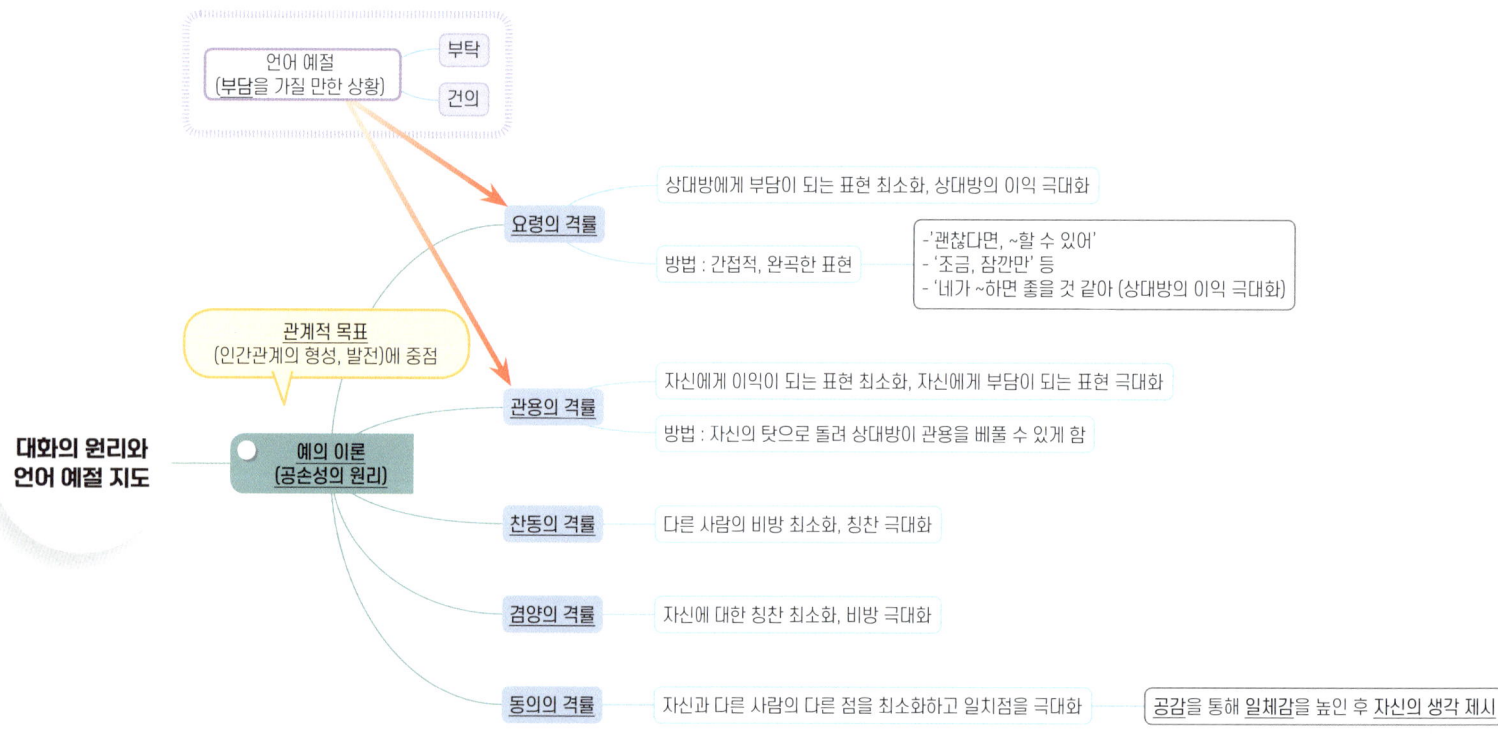

16 대화 (6) 적절한 거리

담화 유형3 – 친교 및 정서 표현 (대화)

[2015] [고등1] 상황과 대상에 맞게 언어 예절을 갖추어 대화한다.
[2015] [고등2] 부탁, 요청, 거절, 사과, 감사의 말을 상황에 맞게 효과적으로 한다.

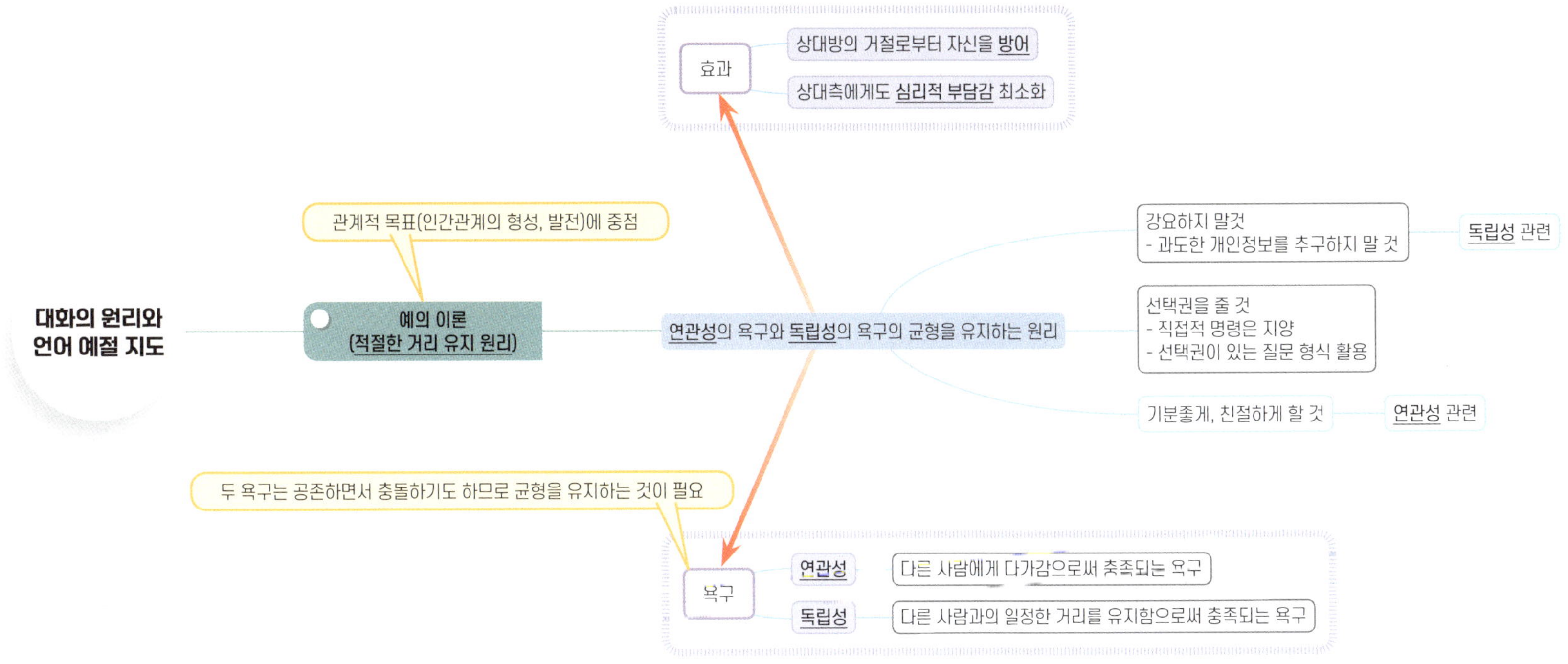

대화의 원리와 언어 예절 지도

- **예의 이론 (적절한 거리 유지 원리)**
  - 관계적 목표(인간관계의 형성, 발전)에 중점
  - **연관성의 욕구와 독립성의 욕구의 균형을 유지하는 원리**
    - 강요하지 말 것
      - 과도한 개인정보를 추구하지 말 것 → **독립성 관련**
    - 선택권을 줄 것
      - 직접적 명령은 지양
      - 선택권이 있는 질문 형식 활용
    - 기분좋게, 친절하게 할 것 → **연관성 관련**
  - **효과**
    - 상대방의 거절로부터 자신을 방어
    - 상대측에게도 심리적 부담감 최소화
  - **욕구**
    - 연관성: 다른 사람에게 다가감으로써 충족되는 욕구
    - 독립성: 다른 사람과의 일정한 거리를 유지함으로써 충족되는 욕구
  - 두 욕구는 공존하면서 충돌하기도 하므로 균형을 유지하는 것이 필요

17 대화 (7) 체면 위협

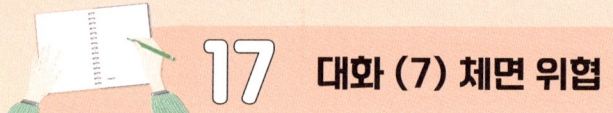

담화 유형3 – 친교 및 정서 표현 (대화)

2015 고등1 상황과 대상에 맞게 언어 예절을 갖추어 대화한다.
2015 고등2 부탁, 요청, 거절, 사과, 감사의 말을 상황에 맞게 효과적으로 한다.

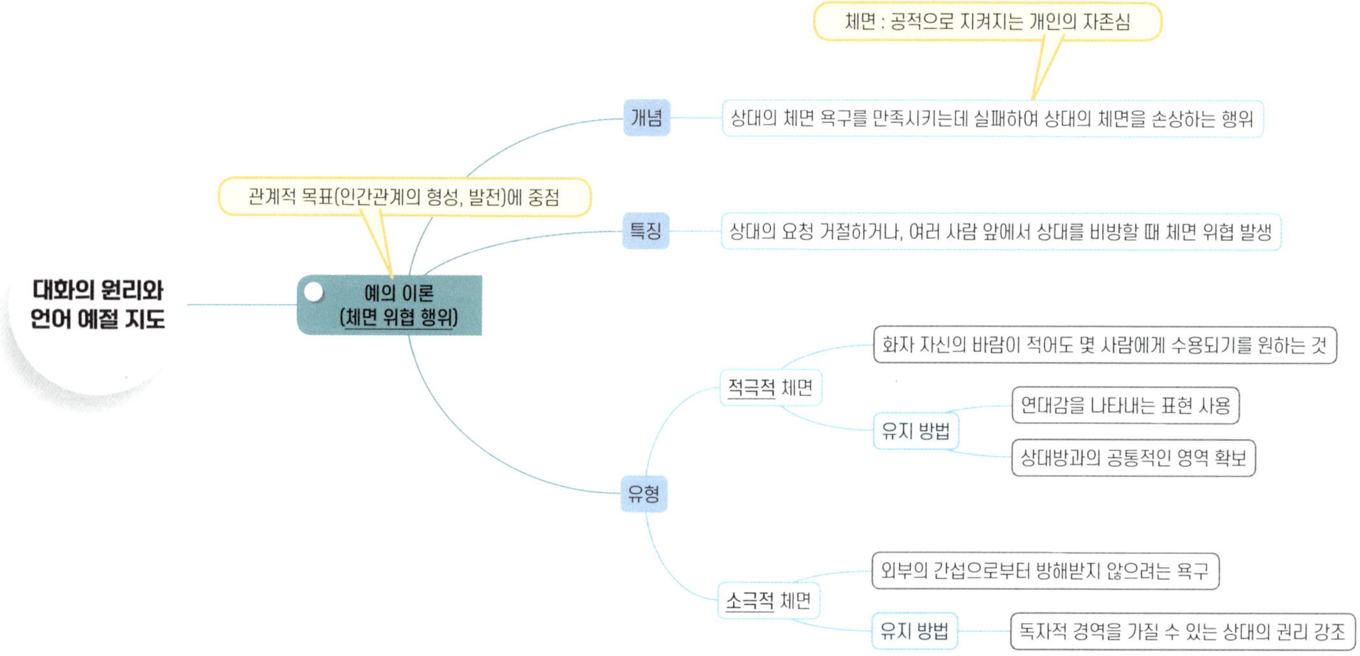

대화의 원리와 언어 예절 지도
└ 예의 이론 (체면 위협 행위)
  ├ 관계적 목표(인간관계의 형성, 발전)에 중점
  ├ 개념 — 상대의 체면 욕구를 만족시키는데 실패하여 상대의 체면을 손상하는 행위
  │   └ 체면 : 공적으로 지켜지는 개인의 자존심
  ├ 특징 — 상대의 요청 거절하거나, 여러 사람 앞에서 상대를 비방할 때 체면 위협 발생
  └ 유형
      ├ 적극적 체면 — 화자 자신의 바람이 적어도 몇 사람에게 수용되기를 원하는 것
      │   └ 유지 방법 ┬ 연대감을 나타내는 표현 사용
      │   └ 상대방과의 공통적인 영역 확보
      └ 소극적 체면 — 외부의 간섭으로부터 방해받지 않으려는 욕구
          └ 유지 방법 — 독자적 경역을 가질 수 있는 상대의 권리 강조

PART 1 화법교육론

CHAPTER 4 언어예절 - 면접면담

01 언어예절

담화 유형3 – 친교 및 정서 표현 (대화)

[2015] [고등1] 상황과 대상에 맞게 언어 예절을 갖추어 대화한다.
[2015] [고등2] 부탁, 요청, 거절, 사과, 감사의 말을 상황에 맞게 효과적으로 한다.

대화의 원리와 언어 예절 지도 → **언어 예절**

- 개념: 상대를 배려하는 마음을 언어로 표현하는 방식이 사회적으로 관습화된 것
- 의의: 관계, 상황 등을 고려하여 적절한 격식을 갖추는 것이 중요
- 다양한 상황
  - 부탁 — 지도 방안
    - 상대방이 부담을 가질 수 있음을 고려하여 공손하게 말하기 — 질문형을 통해 완곡하게 말하기
    - 상대방을 존중하는 태도로 차분하게 말하기
    - 부탁을 들어줄 수 있는 상황인지 살피기
    - 부탁이나 건의하는 까닭을 구체적으로 설명하기
  - 건의 — 지도 방안
    - 상대방이 부담을 가질 수 있음을 고려하여 공손하게 말하기
    - 상대방을 존중하는 태도로 차분하게 말하기 — 인사를 통해 존중 표현하기 / 실현 가능 방안을 제시하며 차분하게 표현
    - 부탁을 들어줄 수 있는 상황인지 살피기
    - 부탁이나 건의하는 까닭을 구체적으로 설명하기
  - 거절 — 지도 방안
    - 체면 위협 행위가 되지 않도록 유의 — 거절의 구체적 이유 제시 / 완곡하고 정중하게 말하기
  - 사과 — 지도 방안
    - 잘못을 구체적으로 밝히고 미안하다는 표현 분명하게 하기
    - 변명이나 상대 탓 하지 않기

02 나 전달법

담화 유형3 - 친교 및 정서 표현 (대화) [2015] [고등2] 갈등 상황에서 자신의 생각, 감정이나 바라는 바를 진솔하게 표현

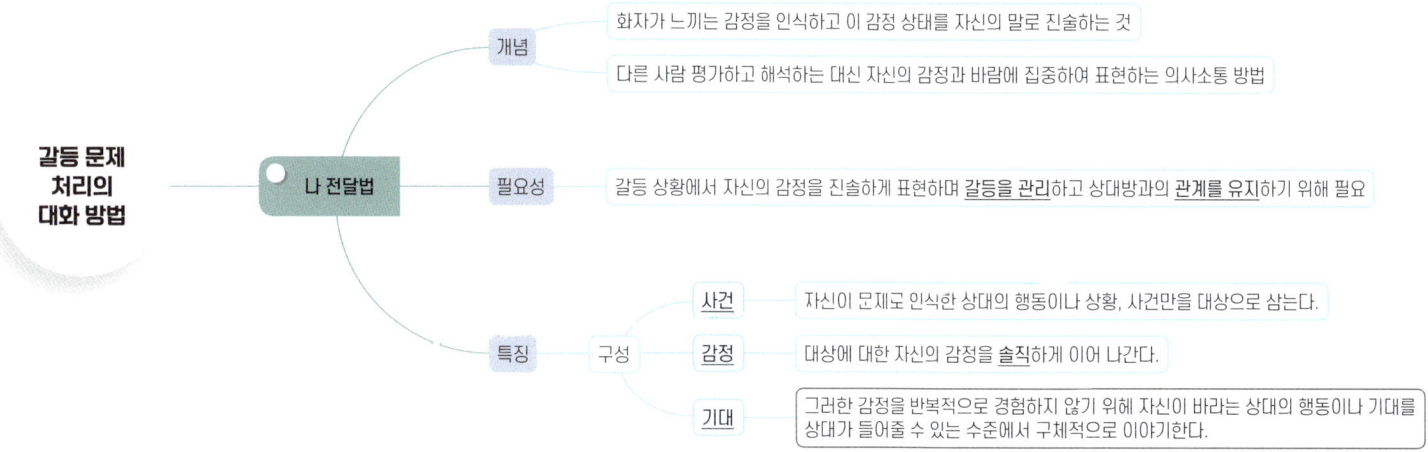

- 갈등 문제 처리의 대화 방법 — 나 전달법
  - 개념
    - 화자가 느끼는 감정을 인식하고 이 감정 상태를 자신의 말로 진술하는 것
    - 다른 사람 평가하고 해석하는 대신 자신의 감정과 바람에 집중하여 표현하는 의사소통 방법
  - 필요성: 갈등 상황에서 자신의 감정을 진솔하게 표현하며 갈등을 관리하고 상대방과의 관계를 유지하기 위해 필요
  - 특징 — 구성
    - 사건: 자신이 문제로 인식한 상대의 행동이나 상황, 사건만을 대상으로 삼는다.
    - 감정: 대상에 대한 자신의 감정을 솔직하게 이어 나간다.
    - 기대: 그러한 감정을 반복적으로 경험하지 않기 위해 자신이 바라는 상대의 행동이나 기대를 상대가 들어줄 수 있는 수준에서 구체적으로 이야기한다.

03 공감적 듣기 (1)

담화 유형3 - 친교 및 정서 표현 (대화)

[2015] [중학] 상대의 감정에 공감하며 적절하게 반응하는 대화를 나눈다.

갈등 문제 처리의 대화 방법

공감적 대화하기

- 효과: 원활한 메시지 소통뿐 아니라 정서적, 대인 관계적 측면에서 긍정적인 기능. (신뢰와 친밀감)
- 목적: 생각과 감정을 깊이 있게 이해

성격

- **개념**
  - 상대의 감정을 깊이 있게 이해하고 상대의 관점에서 문제를 바라보며 협력적으로 소통하기 위한 듣기
  - 상대의 입장에서 감정을 이입해서 들으며 화자의 심리 상태를 파악하고 이에 기초하여 반응을 보이는 것

- **정서적, 대인 관계적 측면에서의 긍정적 기능**
  - 상대의 마음의 문을 열게 함
  - 화자로 하여금 인간적 가치에 대한 존중감을 느끼게 해 줌
  - 둘 사이의 정서적 친밀감 형성에 기여

- **공감적 듣기 기술**
  - 화자의 메시지 의미를 명료화하기 위한 반응 보이기
    - 질문하기 — 경청 후 명확하지 않은 부분 질문
    - 의역하기 — 청자 자신이 이해한 대로 다시 기술
  - 화자에 대한 협조적 반응 보이기
    - 감정에 대해 지지하기
    - 해석하기
    - 칭찬하기
    - 건설적 비평하기

04 공감적 듣기 (2)

담화 유형3 - 친교 및 정서 표현 (대화)   [2015] [중학] 상대의 감정에 공감하며 적절하게 반응하는 대화를 나눈다.

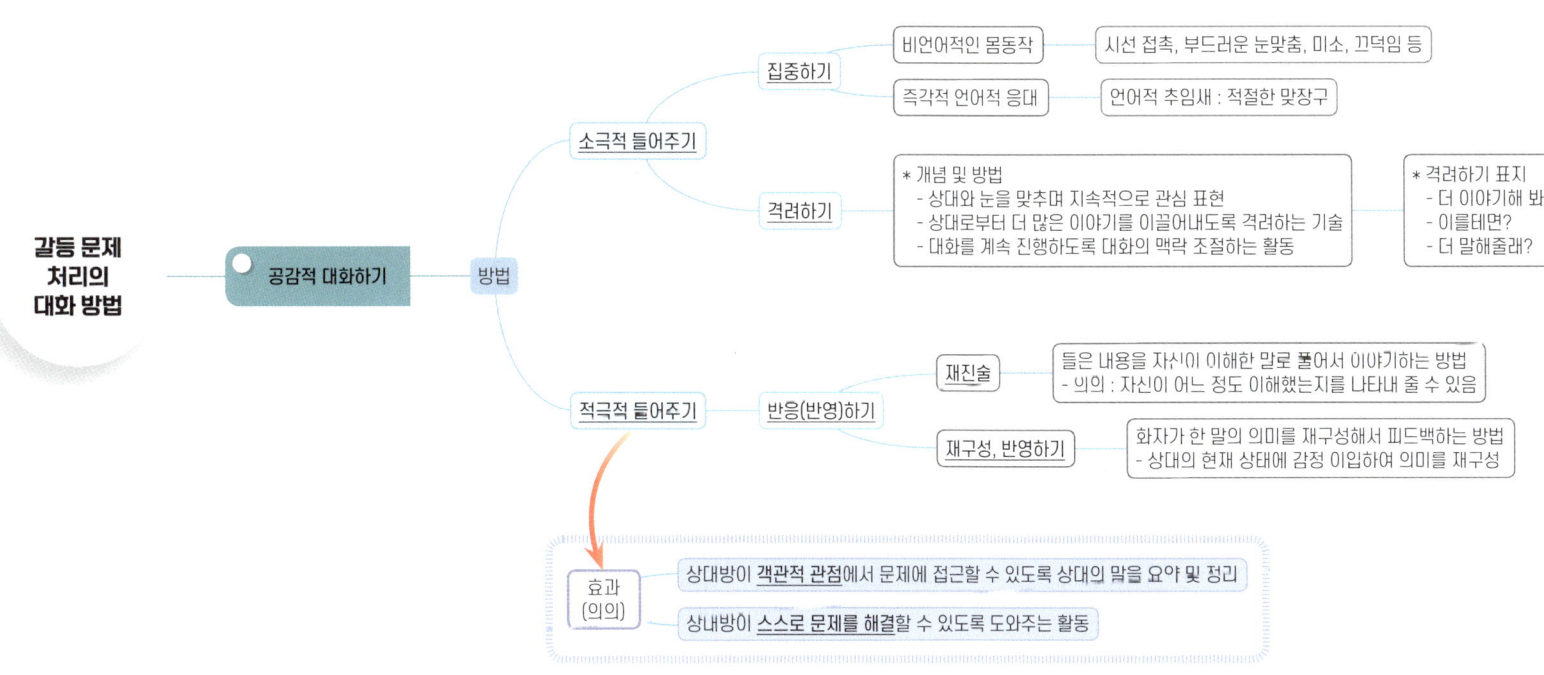

05 면접

담화 유형3 - 친교 및 정서 표현 (면접, 면담)
- 2015 중학: 목적에 맞게 질문을 준비하여 면담한다.
- 2015 고등2: 면접에서의 답변 전략을 이해하고 질문의 의도를 파악하여 효과적으로 답변한다.

면접, 면담

면접의 성격

- **개념**: 일정한 **목적**을 위해서 질문과 응답을 통해 **정보를 수집**하거나 **평가**하기 위한 **공적 대화**의 한 유형

지도

절차별 지도

- **면접 전**
  - 예상 질문 정리, 이에 대한 정확하고 효과적인 답변 준비
    - 지원 단체나 기관이 추구하는 목표, 이념, 인재상 등을 조사 후 자신이 이에 적합한 인재라는 것을 부각할 방법 모색

- **면접 중**
  - 질문의 **의도**를 파악한 후 핵심 내용을 간결하고 효과적으로 답변
    - 질문 의도 파악의 의의 : 면접관은 질문을 통해 **능력, 인성, 잠재력**을 파악하기 때문
  - 요구되는 답변이 사실에 관한 것일 경우 : 구체성과 **객관적인 정보**를 바탕으로 답변
  - 요구되는 답변이 의견에 관한 것일 경우 : 자신의 **주관적인 견해**를 논리적으로 답변
  - 표현 측면 : 언어적, 비언어적, 준언어적 표현
  - 형식 측면 : 결론부터 말하기 / 잘 아는 분야의 사례를 간단명료하게 제시

- **면접 후**
  - 자신의 면접 결과에 대해 스스로 점검, 평가

질문 내용별 답변 전략

- 약점을 묻거나 지적하는 질문 (**심리 압박형** 질문)
  - 의도 : **침착함, 노력, 의지** 등을 파악하기 위함
  - 답변 전략 : 전환적 기술
    - 실패에 대한 간단한 **개요**를 설명
    - 실패를 통해 배운 **교훈** 설명
    - 실패 이후 어떻게 성공, 성취를 이루었는지 **순차적**으로 기술

- 역량이나 전문성을 묻는 질문 (**능력 취재형** 질문)
  - 의도 : 학업, 업무, 단체 활동 등을 수행할 **능력**이 있는지 파악하기 위함 / 지원자의 과거 업무 경험과 지원 업무와의 **연관성**을 파악하기 위함
  - 답변 전략 :
    - 역량이나 전문성에 관련하여 어떤 노력을 했으며 어떤 일을 할 수 있는지 명확히 기술

- 문제 상황을 제시하고 해결 방법을 묻는 질문 (**딜레마 해결형, 열린 자유형** 질문)
  - 의도 : **문제 해결력, 창의성, 인성** 등을 평가하기 위함
  - 답변 전략 :
    - 합리적이고 창의적인 해결방법을 제시하여 **문제 해결력**을 드러냄.
    - 협동심, 열정, 등의 **인성**을 지니고 있음을 함께 나타냄

06 면담 (1)

담화 유형3 - 친교 및 정서 표현 (면접, 면담)

[2015] [중학] 목적에 맞게 질문을 준비하여 면담한다.
[2015] [고등2] 면접에서의 답변 전략을 이해하고 질문의 의도를 파악하여 효과적으로 답변한다.

면접, 면담 → **면담 지도** → **면담 절차**

- **면담 전**
  - 면담 계획 및 준비
    - 면담 **목적** 설정
      ex) 정보 수집, 상담, 설득, 평가 등
    - 면담 목적에 적합한 대상자 선정
    - 지도 내용 :
      - 주제, 면담 대상자와 관련된 정보를 수집하도록 지도
      - 목적과 주제를 고려하여 **관련성**이 높은 자료를 선정하도록 지도

- **면담 중**
  - 면담하기
    - 중요한 내용을 기록할 수 있도록 준비
    - 지도 내용 :
      - 인사 후 면담의 목적을 명확히 밝히도록 지도
      - 간단하고 명확하게 질문하도록 지도
      - 면담자의 답변 내용이 의도에 어긋나거나 불충분할 때에는 **추가 질문**을 하도록 지도

- **면담 후**
  - 면담 내용 정리 및 활용
    - 내용을 정리하며 **목적**을 충분히 이루었는지 분석
    - 면담 계획 내용과 결과를 비교하며 확인할 것
    - 목적과 관련된 정보를 찾아 **재구성**하기
    - **공유**하기

07 면담 (2)

담화 유형3 – 친교 및 정서 표현 (면접, 면담)

[2015] [중학] 목적에 맞게 질문을 준비하여 면담한다.
[2015] [고등2] 면접에서의 답변 전략을 이해하고 질문의 의도를 파악하여 효과적으로 답변한다.

PART 2　　독서교육론

CHAPTER 1　본질 기능

01 독서 문제해결

독서의 본질과 특성

[2015] [중학] 읽기는 글에 나타난 **정보**와 독자의 **배경지식**을 활용하여 **문제를 해결**하는 과정임을 이해하고 글을 읽는다.

독서의 특성 — 인지적 사고과정 (개인적 관점) — 1. 문제 해결

- **성격**
  - **개념**
    - 문제 : 의미를 구성하는 과정에서 직면하는 문제
      - 인지적 문제
        - 모르는 단어
        - 의미가 모호한 문장
        - 주제나 중심 생각이 드러나지 않아 **추론**해야 하는 경우
        - 필자의 주장이 **합리**적이고 **타당**한지 판단하는 경우
      - 개인, 사회적 문제
        - 개인 및 사회 등 특정 외적 문제를 해결해야 하는 경우 (**목적** 관련)
    - 문제 해결 방법(**전략**) : 문제 해결을 위해 동원되는 체계적인 인지 활동
  - 해결 과정의 성격
    - 글을 읽고 의미를 구성하는 과정에서 문제에 직면하고 독서 **목적** 달성을 위해 **최선의 해결책**을 찾아 독서 과정을 조정 → **상위인지**

- **지도**
  - 상위 인지적 인식을 하며 글 읽기 지도
  - 질문을 생성하고 이에 대한 **답**을 찾으며 읽기
    - '왜 이 글을 읽는가?'
    - '이 낱말은 무슨 뜻인가?' → 맥락을 통해 **추론**하거나 사전을 찾아보기
    - '이 부분의 내용은 무엇인가?' → 문단의 **핵심 문장**과 **뒷받침 문장**을 구별하기
    - '필자는 왜 이 글을 썼는가?' → 글 전체에서 중심 문장, 주제문을 찾아 목적 확인

- **의의**
  - 글을 읽고 의미를 구성하는 과정에서 **판단력**을 키울 수 있음
  - 능숙하고 **능동적**으로 글을 읽는 태도를 기를 수 있음

02 의미 구성

독서의 본질과 특성

[2012] [고등1] 글의 의미를 구성하는 사고 과정으로서 독서의 특성을 이해한다.

독서의 특성

인지적 사고과정 (개인적 관점)

2. 의미구성

독해

- **개념**
  - 독자가 자신의 **경험과 지식**, **가치관**, **신념**을 적극적으로 동원하여 **의미**를 추구하는 행위
  - 독자가 자신의 **배경지식**과 **경험**을 바탕으로 글과 **상호 작용**하며 의미를 **구성**하는 능력
- **특성**
  - **능동**적 의미구성
  - 글의 의미는 어느 하나로 **고정**되어 있지 않다는 점을 전제
- **관점**
  - 관점 독서는 글의 의미가 독자에게 그대로 이송되는 것이 아니라 독자가 **배경지식** 등을 활용하여 나름의 의미를 **구성**하는 과정

의미 구성에 영향을 미치는 독자 요인

- **인지적 요인**
  - 지식
  - 경험
- **정의적 요인**
  - **가치관** — 관점
  - **신념** — 대상에 대한 독자의 믿음 〔스키마〕

의의

- 독서는 독자의 **스키마**를 바탕으로 글의 의미를 **능동**적으로 만들어내는 과정이므로 이에 적극적일수록 글에서 많은 것을 얻을 수 있음
- 글의 내용을 보다 구체적으로 **이해**할 수 있고, 오랫동안 **기억**을 유지할 수 있음

지도

- 독자의 경험, 지식, 신념 (스키마) 등을 적극적으로 동원하여 **능동**적으로 읽어야 한다는 점 인식
- 글의 의미는 하나로 **고정**되어 있지 않다는 점 인식
  - 독자에 따라 **이해**가 다를 수 있다는 점 인식
  - 새로운 해석을 가능케 하는 **자료**, **근거**를 제시하여 이전과는 다른 그럴듯한 해석이 가능하다는 점 인식

03 사회적 상호작용

독서의 본질과 특성

[2015] [고등1] 읽기는 읽기를 통해 서로 영향을 주고 받으며 소통하는 사회적 상호작용임을 이해하고 글을 읽는다.

독서의 특성

- **사회적 상호작용 (사회, 문화적 관점)**

  독자는 읽기를 통해 자신이 속한 사회 맥락을 이해함으로써 사회에 참여하고 구성원과 영향을 주고받음

  - **3. 사회적 상호작용**
    - **관점**
      - 독서는 특정한 **상황** 속에서 실행되는 **사회적인 행위**
      - 글에 대한 이해 방식과 반응은 독자를 둘러싼 **사회적 관계**와 **문화**의 영향을 받는다.
      - 독서의 성격 : **비판**적이고 **사회 참여**적
    - **개념**
      - 상호 작용 : **독자**와 글뿐 아니라 독해에 관여하는 **기능 요소**들이 동시에 결합하는 것
      - 과정 : **구체적 상황**과 **사회 문화**적 맥락 속에서 글, 독자의 **스키마** 그리고 **다른 구성원**들이 **상호 작용**하며 **의미**를 만들어가는 **역동**적인 사고과정
      - 독서의 사회성 : **사회**적 존재이며 **역사**적 존재인 독자가 구체적인 **이념**적 지향과 **상호 텍스트**성을 지니고 있는 글을 이해하고 **내면화**하는 과정
    - **의의**
      - 1. 사회적 이슈에 관한 글 읽기
      - 2. 자신의 **구체적 상황**이나 **사회 문화**, **역사**적 배경을 고려하여 그 문제에 대한 자신의 **생각**을 형성
      - 3. 타인과 **공유** 및 **여론** 형성
    - **절차와 강조점**
      - 사회적 상호 작용의 절차
        - 1. 삶의 문제를 다루는 글 읽기
        - 2. 글쓴이의 대안 찾기
        - 3. 자신의 **구체적 상황**이나 **사회 문화**, **역사**적 맥락을 고려하여 자신의 **의견**을 정리
        - 4. 공유 및 소통
        - 5. 문제 해결을 위한 **최적**의 **대안** 찾기
      - 강조점
        - **사회 문화적 기능 강조**
          - 사회 문화적 요인이 독서에 영향을 미침을 알기
          - 읽기 행위가 갖는 사회 문화적 기능 알기
        - **담화 공동체의 대화와 협의**
          - 글의 의미는 독자를 둘러싸고 있는 **담화 공동체**의 **대화**와 **협의**를 통해 구성됨
          - 독자는 독서를 통해 **공동체**의 일원이 되어가는 동시에 글에 대해 **반응**함으로써 사회에 **영향력**을 행사
          - 독자는 독서를 하며 **소통** 행위에 능동적으로 참여할 것

04 독서 모형(상향식)

독서의 본질과 특성

독서 과정 모형

독서의 특성 — 독서 과정 모형 — 1. 상향식 모형
- 전제
  - 언어 단위를 토대 — 작은 언어 단위 → 큰 언어 단위
  - 해독을 통한 의미 구성을 강조 — 문자로 표현된 의미를 알아야 회상과 재조직을 거쳐 추론, 평가, 감상이 가능
  - 계기적, 선조적(순차적) — 문자 지각 → 음성 기호 전환 → 단어 의미 획득 → 통사론적, 의미론적 규칙 적용 → 의미를 완전히 파악
- 장점
  - 초보 단계의 독자에게 유효 — 문자 판독에서 음운론적, 형태론적 규칙만 터득하고 있다면 자동적으로 의미 구성 가능
  - 해독 → 의미 구성 과정을 명시적, 순차적으로 잘 보여줌
- 단점
  - 동일한 문자로 이루어진 무의미 단어와 의미 단어 중, 의미 단어가 더 빨리 인식되는 과정을 설명할 수 없음
  - 무의미 단어라도 음운 체계가 성립되지 않은 단어는 느리게 인식 (독자의 지식이 작용)되는 과정을 설명할 수 없음
  - 단어 지각 과정에서 문장의 통사 구조 효과(문법적 순서)나 의미의 효과(의미상의 인접성)를 간과
  - 맥락에 따른 중의성 해결은 설명 불가 — 맥락을 고려하지 않기 때문

05 독서 모형(하향식)

독서의 본질과 특성

독서 과정 모형

독서의 특성 — 독서 과정 모형 — 2. 하향식 모형

- **전제**
  - 독서에 어떠한 요인이 영향을 미치는가에 관심
  - 배경지식이나 경험(스키마)를 근거로 글의 내용을 예측하며 의미를 구성하는 과정
  - 기대와 경험에 좌우되는 독서
    - 주어진 글에 관한 가정 세우기
    - 그 과정에 대한 진위를 확인하기 위해 글의 작은 부분들을 사용하는 과정
  - 독자의 능동적 역할 강조 (배경지식)
    - 스키마 — 가정과 추측을 가능하게 하는 주요 요소
    - 사전 예측 → 장기기억 → 의미 예측
    - 독자는 의문을 제기하며 답을 찾아가는 문제 해결자
    - 자신의 배경지식에 근거하여 의미, 형태에 대한 가정을 세우고 글의 부분들을 통해 예측을 확인

- **관점**
  - 독자 중심 모형
    - 필요한 만큼의 언어 자료 수용 / 배경지식과 맥락으로 부터 얻는 정보를 최대한 활용하는 적극적 주체
    - 언어의 이해는 가정, 추측에서 시작됨 새 정보는 배경지식과 상호작용

- **의의**
  - 전략 중심 읽기 교육 — 스키마 활성화 전략
    - 배경지식을 보충하거나 관련 지식을 떠올리는 전략
    - 미리 훑어보고 예측하거나 질문을 만들어보는 등의 전략
  - 독자 중심 읽기 교육 — 배경지식 위주의 정보 처리 과정이 중시되어 추측이나 추론 활동 강조
  - 구성주의적 읽기 교육과 연계 — 의미는 독자와 맥락에 의해 구성

- **한계**
  - 미숙한 독자의 독서 과정을 설명하는 데에는 어려움
  - 실제로는 비효율적인 경우도 많음 (ex) 이해하기 어려운 글, 안내문, 법령집, 고어체 등)

06 독서 모형(상호작용식 모형)

독서의 본질과 특성

독서 과정 모형

독서의 특성
- 독서 과정 모형
  - 3. 상호작용식 모형
    - 관점
      - 부분에서 전체로 의미를 구성(상향)하는 한편 배경 지식이나 경험을 적절히 활용(하향)하는 독해 과정
        - 가정과 추측 - (하향)
        - 언어(음운, 문자)의 확인 - (상향)
      - 상호 작용
        - **독자**와 글 사이에 일어나는 일반적인 상호 작용 + **기능 요소**들이 동시에 결합하는 상호작용
        - 하향식 모형 — 독자의 <u>목적</u>과 <u>기대</u> → 글의 이해에 중요한 영향
        - 상향식 모형 — 글에 주의를 집중 → 자신의 <u>스키마</u>를 끌어드림
    - 의의
      - 언어 기호에 기반한 보편 타당한 개방성
      - 언어 기호와 맥락을 함께 효율적으로 활용할 수 있는 지도법
      - 모형과 지도법
        - 상향식 — 텍스트 중심 지도
        - 하향식 — 독자 중심 지도
        - 상호작용식 — 과정 중심 지도 (종합적 읽기 지도) - <u>전략</u>을 융통성있게 적용
    - 한계
      - 단순 절충 모형인지 새로운 모형인지 모호
      - 독서가 올바로 이루어지지 않았을 때 원인이 어디에 있는지 특정하기 어려움
      - 지식 자원이 있어도 적절하게 인출하지 못하는 독자의 상황 설명에 어려움
      - <u>초인지</u>를 간과

CHAPTER 1 본질 기능

07 과정 중심 독서 (1)

독서의 본질과 특성 — 과정 중심 독서

독서의 특성
- **과정 중심 독서**
  - 성격: 각 독해의 과정에서 요구되는 독해 기능과 전략을 이해하고 활용하는 방법을 중심으로 하는 독서
  - 절차
    - 읽기 전
      1. 목적 확인하기
      2. 배경지식 활성화하기
         - 연상하기
         - 경험 떠올리기
      3. 훑어보기를 통한 예측하기 — 표지들을 활용하거나 도입부를 빠르게 읽으면서 내용 예측
         - 미리보기
           - 제목, 목차, 삽화, 자료 등을 미리 살펴보는 것
           - 내용을 대략적으로 파악하는 데 유용
           - 배경 경험이나 지식을 떠올릴 수 있음 — 관심 유발
         - 훑어읽기 — 요점을 신속히 알아내기 위해 전체 텍스트를 빠르게 읽는 방법 (통독)
      4. 질문 만들기
    - 지도 방법
      - 읽기 전 활동은 전체 내용에 대한 **틀**을 잡기 위한 활동
      - 내용, 형식에 대한 **배경 지식** 활성화 / **어휘** 학습 / **목적** 분명히 하기 등을 지도
      - **결론**, **표지**, **핵심 단어**를 미리 찾아서 보기 / 글 전체적으로 **훑어보기** / **예측**하기 / **질문** 만들기 등

  - (비교) **결과 중심 독서**: 독서 후 얻게 된 결과를 중시
    ex) **요약**을 제대로 할 수 있는지, **주제**를 파악하고 있는지 등

- **주요 토픽**

08 과정 중심 독서 (2)

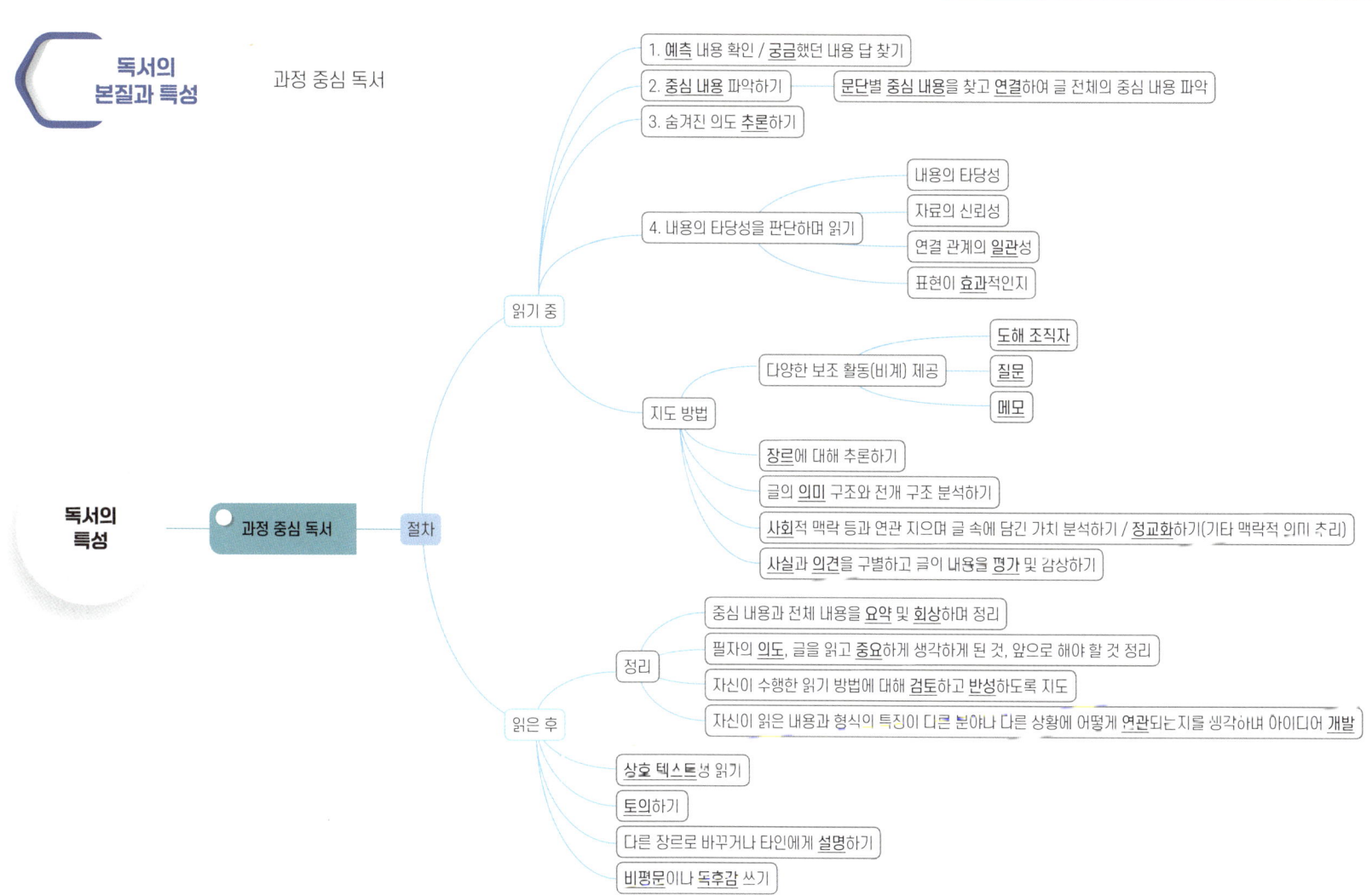

09 상황에 맞는 독서 방법

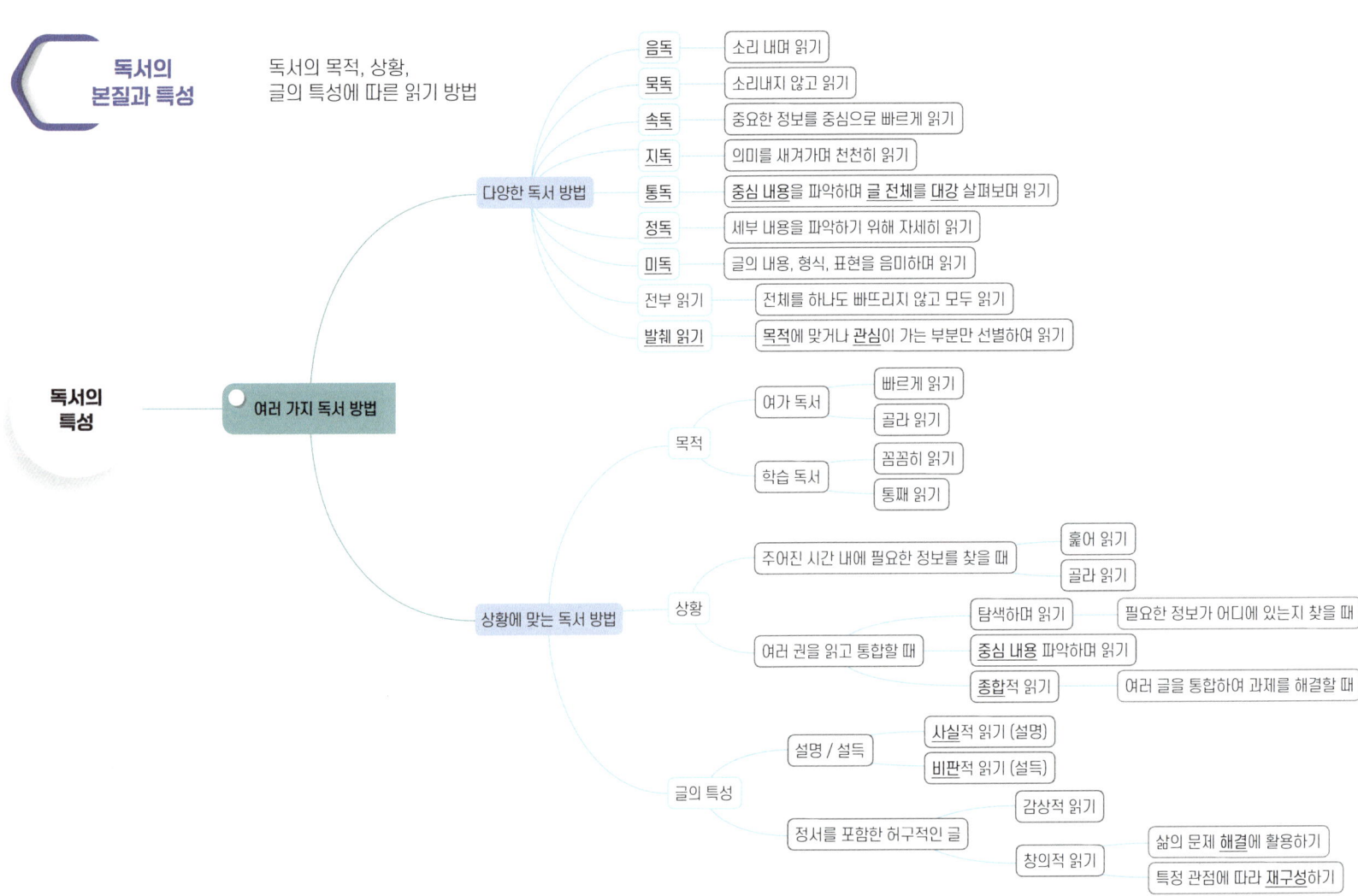

10 텍스트 (1)

독서의 본질과 특성

2015 고등2 글에 드러난 정보를 바탕으로 중심 내용, 주제, 글의 구조와 전개 방식 등 사실적 내용을 파악하며 읽는다.

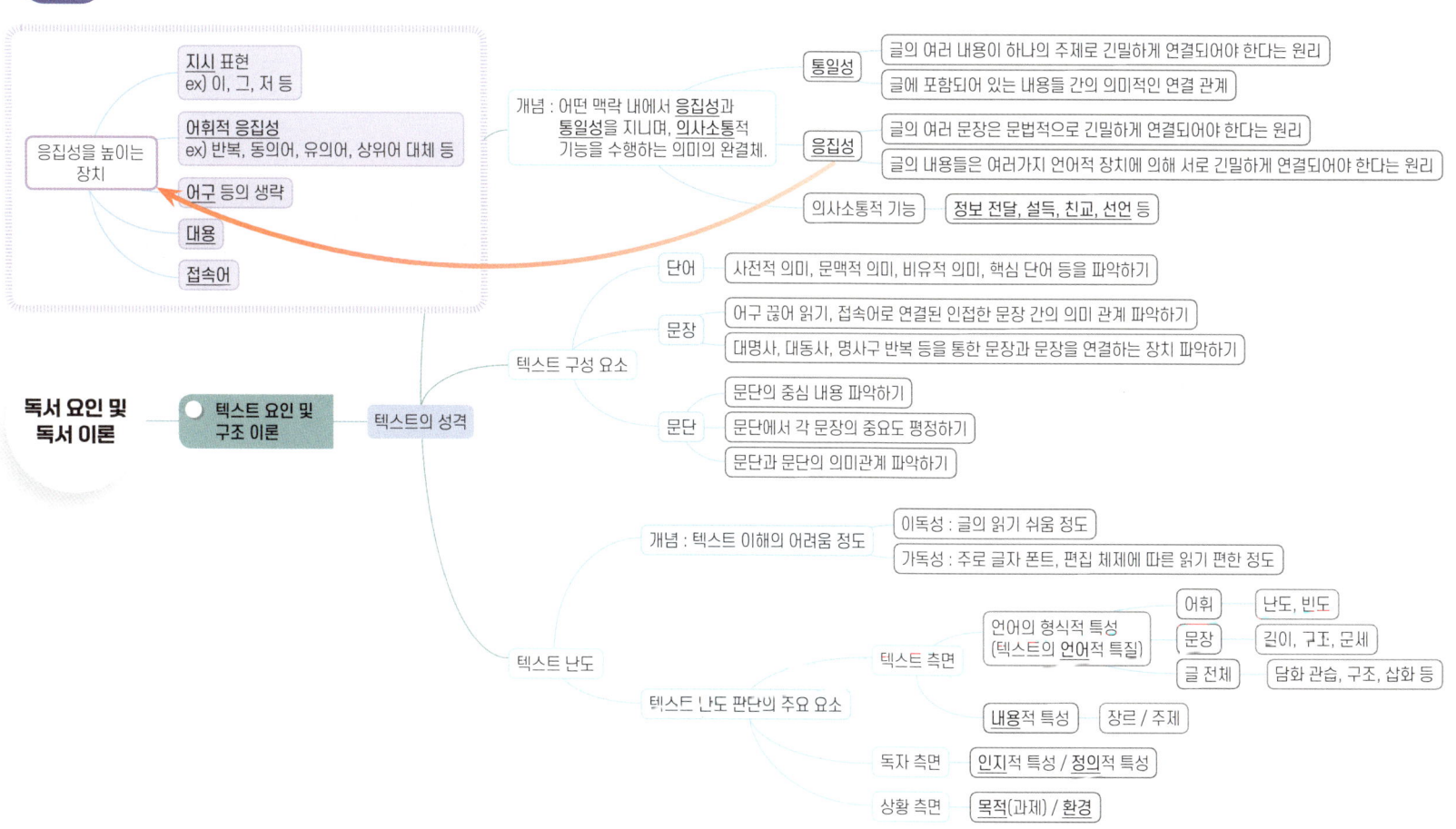

11 텍스트 (2)

독서의 본질과 특성

[2015] [고등2] 글에 드러난 정보를 바탕으로 중심 내용, 주제, 글의 구조와 전개 방식 등 사실적 내용을 파악하며 읽는다.

독서 요인 및 독서 이론

텍스트 요인 및 구조 이론

- **표지**
  - 개념: 내용 연결 관계를 명시함으로써 글의 의미구조를 드러내는 언어 요소
  - 기능: 의미 구조나 내용 예측, 이미 파악한 내용 확인

- **텍스트 구조**
  - **개념**
    - 주요 개념들을 효과적으로 전달하기 위해 정보를 조직, 전개하는 방식
    - 명제 또는 문장들의 체계적인 연결 관계의 망 혹은 글의 의미를 드러내는 기본 개요
    - (텍스트의 의미는 구조를 바탕으로 구성 '텍스트 구조 = 의미 구조')
  - **텍스트 구조의 위계**
    - 미시 구조: 문장 내 또는 명제 내, 문장의 연결 관계
    - 거시 구조: 둘 이상의 내용 단락으로 이루어진 글 전체의 연결망 (글 전체의 주제 파악 가능)
    - 상위 구조: 같은 유형의 글에서 나타나는 구조의 공통된 특성이나 전형적인 구조
    - 의의:
      - 회상과 이해에 도움
      - 내용을 빠르고 정확하게 파악
      - 글 전체를 구조적으로 이해
  - **지도**
    - **설명적 글 구조 유형 (상위 구조 유형)**
      - 기술 구조 (주제-한정) (핵심-상술)
        - 한 화제에 대해 하나의 특성, 종류, 배경을 제시하여 그 화제에 대해 더 많은 세부 정보를 제공
        - 관련 담화 표지: '예컨대, 이를테면, 가령' 등
      - 집합 구조 (나열, 병렬)
        - 한 화제에 대해 여러 특성, 종류, 배경이 제시되는 구조
        - 관련 담화 표지: '그리고, 더구나, 더불어, 첫째, 둘째, 셋째' 등
      - 인과 구조
        - 내용 사이의 인과적 관계에 초점이 모이는 구조
        - 관련 담화 표지: '왜냐하면 - 때문이다', '그래서' 등
      - 문제/해결 구조
        - 내용적으로 문제와 해결의 관계
        - 관련 담화 표지: '-위하여, -도록' 등
      - 비교/대조 구조
        - 두 가지 이상 사물의 유사점이나 차이점이 진술되는 구조
        - 관련 담화 표지: '비교, 대비' 등의 개념어
        - 의미 관계쌍으로 되어 있어 정보 처리에 효율적
    - **지도 방법**
      - 도해 조직자 지도
        - 개념: 텍스트 구조를 시각적으로 재구성한 것
        - 의의:
          - 중심 내용을 조직화하는 데에 용이
          - 내용 예측, 사전지식 활성화, 요약, 기억 등에 용이

글의 형식적 특성을 파악하기 위한 절차
1. 중요도 평정을 통해 문단의 중심 내용 요약
2. 표지에 유의하여 문단 간의 관계 파악

12 스키마 (1)

독서의 본질과 특성

[2015] [중학] 읽기는 글에 나타난 정보와 독자의 배경지식을 활용하여 문제를 해결하는 과정임을 이해하고 글을 읽는다.

독서 요인 및 독서 이론

독자 요인 및 스키마 이론

스키마의 성격

- **개념**
  - 독자의 과거 반응 및 경험의 능동적 조직
  - 독자의 기억 속 저장된 지식
  - 독자의 머릿속 지식이 일정한 단위(**체계**적)로 묶여서 저장되어 있는 구조 (**구조화**된 스키마)
  - ※ 관련 지식의 **인출**에도 도움

- **유형**
  - **형식 스키마**
    - 개념: 텍스트 유형이 가진 **관습**적 구조와 이에 대한 필자, 독자의 지식 (텍스트의 **상위** 구조와 관련)
    - 기능
      - 이해
        - 글 정보 간 **관련성**과 **순서** 예측에 용이
        - 글 내 개념 간의 **관계**를 쉽게 파악하여 의미 **구성**에 용이
      - 회상: 내용 **기억**에 용이
    - 특징
      - 텍스트 명제 자체의 내용을 이해하기에는 상대적으로 **추상**적
      - **전이성**이 높아 여러 유형의 학습 자료에 적용 가능
      - **내용** 스키마 활성을 촉진함
  - **내용 스키마**
    - 개념: 글, 화제, 사건, 사물에 대한 지식
    - 기능: 특정 화제에 대한 **새로운** 메시지의 해석을 **구조**화하도록 기능
    - 특징
      - 내용 이해에 있어 **형식** 스키마보다 우선
      - **전이성**이 낮아 여러 유형의 학습 자료에 적용하기에는 상대적으로 부족
  - **언어 스키마**
    - 개념: 개별 단어와 글 속에 포함된 단어 간의 관계에 대한 지식

13 스키마 (2)

C 독서의 본질과 특성

[2015] [중학] 읽기는 글에 나타난 정보와 독자의 배경지식을 활용하여 문제를 해결하는 과정임을 이해하고 글을 읽는다.

독서 요인 및 독서 이론 → **독자 요인 및 스키마 이론** → **스키마 기능 및 독서 지도**

- **특징**
  - 독자는 스키마를 활용하여 글의 정보를 **이해**하고 **추론**하거나 이후 내용을 **예측**하도록 도움
  - 글의 내용이 기존의 스키마와 일치할 경우, 기억에도 용이 → **선별적 기억도 촉진**

- **기능**
  1. 정보의 **선별적** 기억
     - 필요한 정보를 선택적으로 받아들여 내용을 **재편집**하고 **요약**
     - 중요한 정보와 그렇지 않은 정보를 **구별**하고 중요한 정보에 더 많은 주의를 집중
  2. **추론** 기능
     - 추론을 통해 글에 명시되지 않은 정보를 찾아주는 기능 (사건 전개 예측 포함)
  3. **이상적 지식 구조 형성** 기능
     - 정보를 수용하기 위한 이상적인 지식 구조를 형성
     - 교육적 시사점
       - 읽기 전 배경지식 활용을 위해 학생들의 스키마를 환기하도록 안내
       - 배경 지식으로 동원하여 글 내용을 적극적으로 해석할 수 있도록 준비
  4. 수많은 정보들을 일관성 있는 형태로 **재구성**하는 기능
     - 이해 수준에 영향을 미치는 기능
     - 교육적 시사점: 자료 선정 및 구성 시 글 전체 내용을 일관성있게 포섭할 수 있는 높은 수준의 개념, 구조를 제시
  5. 정보 탐색에서 탐색의 **순서**와 **절차**를 제공

14 맥락 (1)

독서의 본질과 특성

[2015] [고등1] 읽기는 읽기를 통해 서로 영향을 주고받으며 소통하는 사회적 상호 작용임을 이해하고 글을 읽는다.

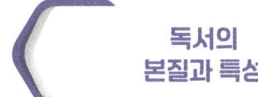

- 독서 요인 및 독서 이론
  - 맥락 요인 및 사회적 상호작용 이론
    - 맥락 요인
      - 개념
        - 독자가 글을 읽는 것을 둘러싸고 있는 환경
        - 글과 독자를 제외한 읽기 이해에 영향을 미치는 모든 요인
      - 유형
        - 사회 문화적 맥락
          - 모든 읽기에서 거의 고정적
          - 필자, 독자에게 영향을 미치는 가치 기반
          - 특성
            - 필자, 독자가 속해있는 사회집단의 문화, 제도
            - 필자, 독자가 속해있는 사회집단의 시대적 관습, 과제
          - 지도
            - 자신이 속한 독서 관련 문화세도 점검, 바람직한 지향점을 고려해보도록 지도
            - 자신이 다른 이의 독서 환경이 되어 영향을 미칠 수 있다는 점 지도
        - 상황 맥락
          - 특성
            - 자신이 다른 이의 독서 환경이 되어 영향을 미칠 수 있다는 점 지도
            - 독서 목적, 과제, 독자, 독서의 시간과 장소 등
            - 독해를 수행하는 시점에서 그 상황을 특정 짓는, 가변적인 물리적, 심리적 맥락
          - 지도
            - 상황 맥락을 점검 및 조정하도록 지도
            - 독자로서 자신에 대한 인식과 자기 점검, 평가를 수행하도록 지도

15 맥락 (2)

 독서의 본질과 특성

[2015] [고등1] 읽기는 읽기를 통해 서로 영향을 주고받으며 소통하는 사회적 상호 작용임을 이해하고 글을 읽는다.

독서 요인 및 독서 이론 — 맥락 요인 및 사회적 상호 작용 이론 — 사회적 상호 작용 이론
- 성격
  - 독자가 자신이 속한 사회 문화적 맥락 속에서 다른 구성원과 상호 작용하며 의미를 만들어 가는 과정
  - 읽기란 사회적, 역사적 존재인 독자가, 구체적 이념과 **상호 텍스트성**을 지닌 글을 이해하고 **내면화**하는 것
- 강조점
  - 사회 문화적 요인과 읽기 행위가 갖는 사회 문화적 기능을 강조
    - 사회 문화적 맥락이 이해에서 상대적으로 가장 중요한 역할
  - 글의 의미는 독자를 둘러싼 **담화 공동체**의 대화와 **협의**를 통해 구성
    - 독자가 글과의 소통 행위에 능동적으로 참여하도록 지도
    - 독자는 글을 읽으며 공동체의 일원이 되어 가며, 반대로 글을 읽고 반응하며 사회에 **영향력**을 행사

16 맥락 (3)

독서의 본질과 특성

[2015] [고등1] 읽기는 읽기를 통해 서로 영향을 주고받으며 소통하는 사회적 상호 작용임을 이해하고 글을 읽는다.

독서 요인 및 독서 이론

- **사회 문화적 모형**
  - 사회적 구성주의 이론
    - 담화 공동체의 의미 구성 강조 — 독자의 의미 구성 행위에 영향을 미치는 주 요인은 **담화 공동체**
    - 담화 공동체의 해석 **관습**에 따른 텍스트 이해 강조 — 독자는 담화 공동체의 해석 관습과 **전략**을 바탕으로 독해 수행
  - 사회적 상호작용 이론
    - 읽기는 학생들이 공동체의 일환이 되어가는 과정 — 글이 독자에게 미치는 사회 문화적 기능 중시
    - 소집단의 의미 구성 강조 — 교수 학습 상황에서 교사 및 학생 간의 **대화** 강조

- **맥락 중심 접근 독서 교육 지도**

- **맥락 중심의 독서 교육적 의의**
  - 공동체 참여 중심 독서
    - 공동체가 텍스트에 **합의**한 의미를 인식하고 독자는 이를 중심으로 텍스트 해석
    - '이해'는 사회적, 역사적 존재인 독자가, 구체적 이념과 상호텍스트성을 지닌 글을 내면화하는 것
  - 소집단 대화 중심 독서 지도
    - 소집단 **토**의 중심 독서 — 각자가 생각한 의미를 토의를 통해 텍스트 이해
    - 소집단 **탐구** 중심 독서 — 소집단 별로 탐구 과제를 분담하여 텍스트의 의미를 탐구하고 공유
    - 다양한 타자와의 대화 중심 독서 — **다양**한 타자와의 대화나 **여러** 텍스트를 함께 읽고 이해
  - 텍스트에 대한 맥락적 해석 지도
    - 읽기 목적과 효과에 대한 판단 및 텍스트 의미 재조정 지도 — 언어적 단서를 바탕으로 필자 등을 **추측**
    - 추측 내용의 태도나 **신념**에 대해 생각해보고 텍스트에 대한 **입장**을 세워 나가도록 지도
  - 텍스트에 대한 **메타**적 관점 설립 유도
    - 특정 텍스트가 쓰이게 된 **의도**에 대한 **의문**을 생성하도록 지도
    - 필자의 의도, 사회적 의도 등을 사회 문화적 **상황**과 관련지어 **추론**하도록 지도

전공국어 국어교육론
개념 - 구조도

PART 2 독서교육론

CHAPTER 2 과정의 전략

01 독서 전 예측

독서 과정의 기능 및 전략

[2015] [중학] 독자의 배경지식, 읽기 맥락 등을 활용하여 글의 내용을 예측한다.

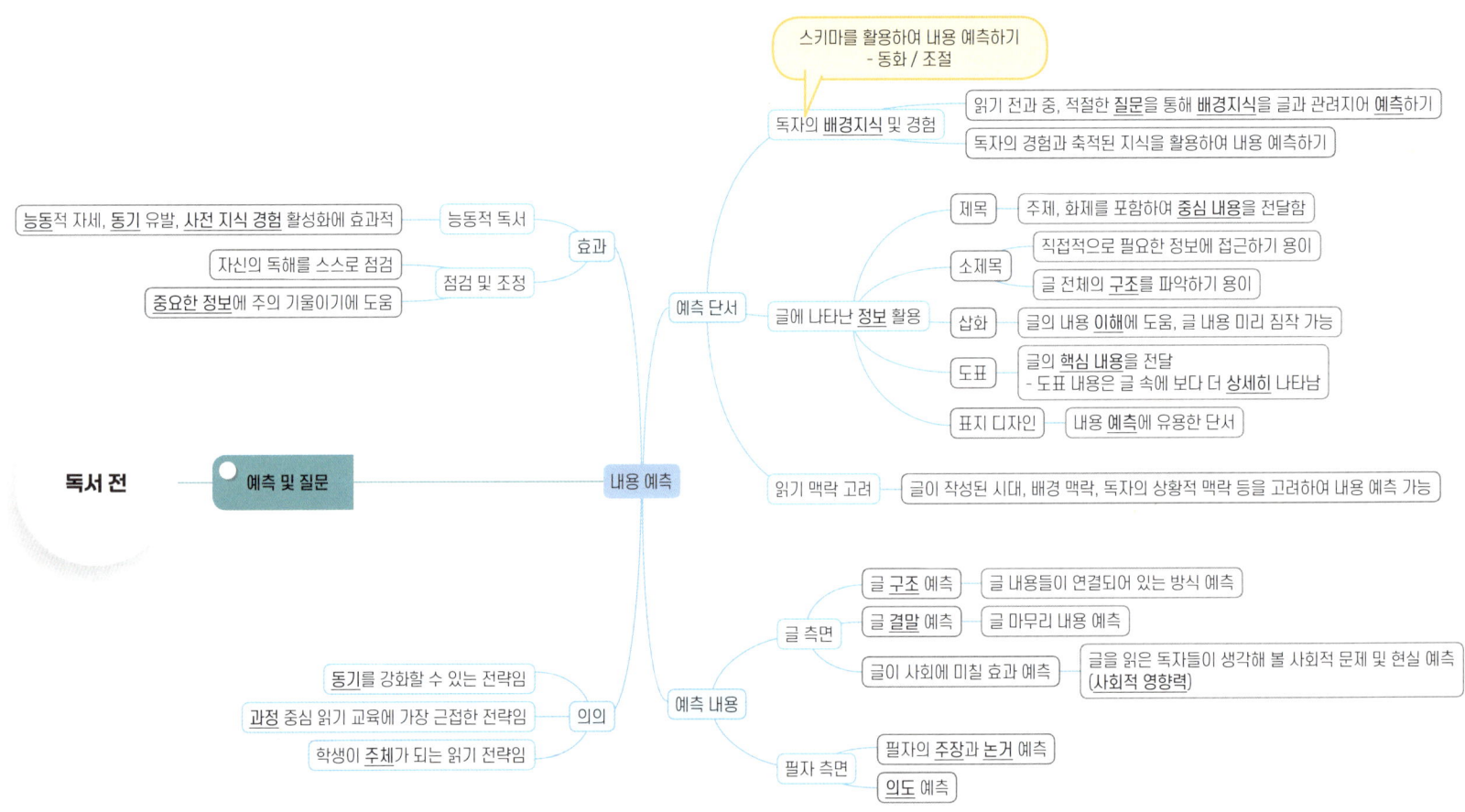

02 독서 전 질문 (1)

독서 과정의 기능 및 전략

[2015] [중학] 독자의 배경지식, 읽기 맥락 등을 활용하여 글의 내용을 예측한다.

독서 전 — 예측 및 질문 — 질문하기
- 성격
  - 특징
    - 전, 중, 후 모든 과정에 걸쳐 사용하는 읽기 전략
    - 과정과 이해 정도를 스스로 점검하는 **초인지**적 읽기 전략
    - 글과 독자가 **상호 작용**하는 과정
- 효과(의의)
  - 글에 대한 **이해력** 증진
  - 글, 필자, 독자, 맥락 등을 고려함으로써 글을 깊이 있게 이해
  - **중심 내용**에 주의를 기울이게 함
  - 자신의 이해도 **점검**
  - 흥미와 동기 유발
  - 나름대로의 해석이 가능 — (읽기는 글의 의미를 **필자**가 나름대로 구성하는 행위)

03 독서 전 질문 (2)

독서 과정의 기능 및 전략

[2015] [중학] 독자의 배경지식, 읽기 맥락 등을 활용하여 글의 내용을 예측한다.

독서 전 — 예측 및 질문 — 질문하기 — 지도

- **전**
  - 1) **목적** 관련 질문 — 목적을 분명히 하여 글을 전략적으로 읽을 수 있음
  - 2) 내용 예측 관련 질문 — 제목, 표지, 사진, 글쓴이 등에 대한 정보를 바탕으로 질문 가능
  - 3) **배경지식 활성화** 질문 — 글 내용과 종류를 예측하는 질문을 통해 배경지식 점검

- **읽기 과정 관련 — 중**
  - **중요한** 내용이 무엇인지 질문
  - 빠진 내용(**추론**) 질문
  - **비판**적 이해를 위한 질문
  - 예측한 것이 맞는지, **배경지식**을 활성화하는 질문

  * 기능
  1) 중요 내용, 더 알고 싶은 내용, 이해 정도 관련 질문 가능
  2) 모르는 단어, 핵심 단어의 의미 **확인** 질문으로 정확한 이해 가능
  3) **더 알고자** 하는 내용에 대한 질문으로 지식 확대
  4) 중요 내용 확인 및 정리
  5) 자신의 이해도를 **스스로 점검**

- **후**
  - 글의 중심 내용, 주제, 줄거리를 **정리**하는 질문 — 맥락 전반에 관한 질문 가능 / 내용, 주제, 표현 등을 정리하는 데에 도움
  - 읽은 글에 대한 적용에 대한 질문 — 의도와 목적을 학인하고 글이 소통될 만한 **맥락** 고려 가능

- **대답 내용 관련**
  - 질문의 답을 어디에서 찾을 수 있는지 관련 질문
    - 글 관련 — 중심 내용, 인상 깊은 내용 정리
    - 독자 자신 관련 — 새롭게 알게 된 내용
  - 필자 관련 질문 — 의도 및 목적 관련
  - **맥락** 관련 질문 — ex) 이 글을 어떤 사람에게 추천할 수 있을까? (독자 관련)

- **질문 수준 관련**
  - 사실적 사고를 요하는 질문 — 글에 답이 명시 되어 있는 사실에 해당
  - 추론적 사고를 요하는 질문 — 답이 사실적 정보들 사이에 빠진 정보를 채워 넣는 과정과 관련
  - 비판 평가적 사고를 요하는 질문 — 사실적, 추론적 사고를 토대로 글의 내용에 대한 다양한 판단을 돕는 질문

04 독서 중 사실적 독해

2015 고등2 글에 드러난 정보를 바탕으로 중심 내용, 주제, 글의 구조와 전개 방식 등 사실적 내용을 파악하며 읽는다.

- **독서 중 (독서 방법)**
  - **사실적 독해와 하위 전략**: 글에 드러난 정보를 바탕으로 글의 중심 내용, 주제 파악
    - **성격**
      - **개념**
        - 글에 드러난 정보를 종합하여 글의 표면적 의미를 파악하는 것
          - 글에 드러난 정보 : 단어, 문장, 문단 등
        - 글에 드러난 정보를 확인하고 그들 사이의 의미 관계를 파악하는 것
          - 동의, 반의, 상/하위, 대등, 인과, 병렬 관계 등등
          - 담화 표지를 통해 의미 관계 파악 가능
            - 글의 전개와 구조 암시
    - **사실적 독해 학습**
      - **중심 내용 파악**
        - 글의 화제와 중심 되는 진술 내용 파악하기
          - 화제 먼저 찾고 그에 관한 글 전체에 나타난 핵심 내용 파악
        - 문단 간의 관계 파악하기 — 전개 방식 및 구조와 관련됨
    - **사실적 독해의 기본 기능**
      - 중요도 평정 — 일정한 글의 의미단위를 대상으로 중요한 정도를 판단하는 행위
    - **중심 내용 파악 지도**
      - **의의**: 독해의 가장 중요한 부분. 필자의 의도를 파악하는 읽기의 중추 활동
      - **절차**
        - 문단의 중심 내용 요약
        - 문단 간의 관계 고려
          - 표지 : 내용의 연결 관계를 명시하며 글의 의미 구조를 드러내는 언어 요소

05 독서 중 사실적 독해 글 구조

독서 과정의 기능 및 전략

[2015] [고등2] 글에 드러난 정보를 바탕으로 중심 내용, 주제, 글의 구조와 전개 방식 등 사실적 내용을 파악하며 읽는다.

독서 중 (독서 방법) — 사실적 독해와 하위 전략 — 글의 구조와 전개 방식 이해 및 지도

- 관습적 전개 방식
  - 설명문
    - 머리말: 설명 대상, 설명 방법, 글을 쓴 이유
    - 본문: 대상에 대한 설명
    - 맺음말: 요약, 마무리
  - 논설문
    - 서론: 문제 제기, 글의 동기, 목적
    - 본론: 주장과 근거
    - 결론: 주장 요약, 강조

- 글의 종류에 따른 전개 방식
  - 개념: 필자가 자신이 전하고자 하는 바를 효과적으로 전달하기 위해 구조화한 방법
  - 관습적 전개 방식: 화자, 글쓴이가 자신의 생각을 나타낼 때 관습적으로 굳어진 배열 방식

- 텍스트 구조
  - 개념
    - 주요 개념을 효과적으로 전달하기 위해 정보를 조직하고 전개하는 방식
    - 글의 의미를 드러내는 기본 골격 및 개요 — 텍스트 구조 = 의미 구조
  - 텍스트 구조 위계
    - 미시 구조: 문장 내, 명제 내, 문장의 연결 관계
    - 거시 구조: 문단의 연결망, 단락의 연결망, 글 전체의 연결망 — 텍스트의 총괄적인 의미, 주제를 드러냄
  - 상위 구조
    - 개념
      - 같은 유형의 글에서 나타나는 구조의 공통된 특성
      - 특정 장르를 떠올릴 때 연상되는 의미의 틀
    - 의의
      - 회상, 이해에 도움
      - 글 전체를 구조적으로 이해
  - 담화 표지어
    - 개념: 연결 관계를 명시해주는, 글의 의미 구조의 특성을 드러내는 언어 요소
    - 기능: 의미 구조 예측 및 확인
  - 지도 방법
    - 도해 조직자 지도
      - 개념: 글 구조를 시각적으로 재구성한 것
      - 의의
        - 글의 내용 구조 재인에 용이
        - 중심 생각 조직화
    - 글 형식 파악 절차
      - 문단의 중심 내용 요약 — 중요도 평정을 통해
      - 문단 간 관계 고려 — 표지에 유의하며 파악

06 독서 중 사실적 독해 요약

독서 과정의 기능 및 전략

[2015] [중학] 읽기 목적이나 글의 특성을 고려하여 글 내용을 요약한다.

- **독서 중 (독서 방법)**
  - **사실적 독해와 하위 전략**
    - **요약하기**
      - 개념 — 글의 요점이나 중심 내용을 찾아 간추리는 것
      - 특성
        - 텍스트의 미시적인 세부정보로부터 중요한 것과 중요하지 않은 것을 판단한 뒤 의미적 연관성을 고려하여 떠올리는 인지 작용 — 중요도 평정
        - 중요도 평정, 중심 내용과 세부 내용 구분, 내용들의 관계 파악 재조직 등 여러 독해 기능들이 종합적으로 동원
      - 의의
        - 전체적인 구성과 맥락 속에서 글을 분석하고 종합하여 글 전체의 내용을 아우르는 활동
        - 내용 이해와 의미 구조 파악을 통해 기억을 도와줌
      - 지도 (요약하기 규칙)
        - 삭제 — 중요하지 않거나 중복되는 정보 등을 삭제하는 것
        - 대체 — 구체적인 개념이나 세부 정보를 나타내는 단어들이 여러 개 나올 경우, 그 단어들을 포괄하는 단어로 바꾸는 것
        - 선택 — 문단의 중심내용을 분명하게 드러내는 문장이 있을 때, 그 문장을 선택하여 요약하는 방법
        - 재구성 — 문단의 중심 문장이 분명하게 드러나지 않을 경우 중심 내용을 다시 구성하여 새 문장을 만들어 내는 것

07 독서 중 추론적 독해

독서 과정의 기능 및 전략

[2015] [고등2] 글에 드러나지 않은 정보를 예측하여 필자의 의도나 글의 목적, 숨겨진 주제, 생략된 내용을 추론하며 읽는다.

- **독서 중 (독서 방법)**
  - **추론적 독해와 하위 전략**
    - 추론적 독해 지도
      - 추론하기
        - 특성
          - 독자가 알고 있으리라 생각하는 정보는 생략
          - 보통의 독자는 거의 자동적으로 처리
        - 방법
          - 배경지식과 경험을 떠올려 내용과 관련짓기
          - 지시어나 접속 표현 등의 **담화 표지**를 단서로 정보 추론
          - 글에 드러난 **어휘**나 **문맥**을 단서로 생략된 내용을 추론
          - 사회 문화적 맥락, 표현 방법 등을 바탕으로 의도, 목적, 숨겨진 주제 추론
        - 고려할 요소
          - 글의 표면적 단서인 **담화 표지** — 연결어, 어미, 접속어 등
          - 문맥 고려 — 글 전체와 맥락 고려
          - 독자의 배경지식과 경험 (스키마) 고려
        - 추론 유형
          - 교량적 추론
            - 의의: 글을 통일성있게 이해하기 위해 필수적으로 요구되는 추론
            - 특성
              - 독서 목표와 관련된 것으로, 의미의 모호성을 해결하기 위함이 목표
              - 후방 추론 — 현재의 정보를 이전의 정보와 연결하므로 추론 방향이 후방적
          - 정교화 추론
            - 의의
              - 글의 통일성을 형성하는데 필수적인 것은 아닌 추론
              - 필자가 제시하지 않은 빠진 정보를 이해하고 제시된 정보 이상으로 세부 사항을 덧붙이는 인지 작용
              - 텍스트 이해 시, 주로 예측이나 추측과 관련
            - 특성
              - 전방 추론 — 현재 정보에 대해 앞으로 전개될 것에 대한 예측을 하는 방향으로 일어남
              - 기억과 이해에 효과적
              - 세부 사항을 지나치게 추론하면 이해도가 감소되기도 함

08 독서 중 비판적 독해 내용

2015 고등2 글에 드러난 관점이나 내용, 글에 쓰인 표현 방법, 필자의 숨겨진 의도나 사회 문화적 이념을 비판하며 읽는다.

- **독서 중 (독서 방법)**
  - **비판적 독해와 하위 전략**
    - **글 내용 비판 (내용 측면)**
      - **타당성**
        - 개념: 제시하고 있는 주장, 의견, 근거가 **합리**적이고 **일관성**을 갖추고 있는가를 판단하는 것
        - 방법:
          - 잘못된 정보가 있는지, 객관적 사실에 입각한 것인지 등을 판단
          - 주장이 타당한 근거에 의해 뒷받침되고 있는지, 논리적 타당성이 있는지 판단
      - **공정성**
        - 개념: 어느 한쪽에 치우치지 않고 균형적으로 접근하고 있는가의 문제
        - 방법:
          - 특정 가치관이나 이데올로기 등에 편향되거나 왜곡되지는 않았는지 검토
          - 공정성 판단 능력이 부족하면 필자의 주장에 현혹 되어 무조건적으로 동 화될 가능 성이 있음
      - **자료의 적절성**
        - 개념: 사용된 자료가 글의 주장이나 설명하는 내용에 **적합**하며 필요한 정보 수준으로 **구조화**하여 제시되어 있는가를 판단
        - 방법:
          - 자료가 글의 주장이나 설명 내용에 **적합**한지의 여부
          - 자료가 필요한 **형태**로 제시되었는가의 여부
          - 자료가 필요한 **위치**에 제시되었는가의 여부
          - 자료가 **필요**한 **정보 수준**으로 제시되고 있는가의 여부
      - **자료의 정확성 (신뢰성)**
        - 개념: 정보나 자료가 믿을만한지를 판단
        - 방법:
          - 객관적 사실과의 일치 여부
          - 인용 과정에 **왜곡**이 없는지 검토
          - **출처**가 명확한지 검토

09 독서 중 비판적 독해 형식

독서 과정의 기능 및 전략

[2009] [고등2] 글의 구성 및 표현의 적절성과 효과를 비판한다.
[2015] [고등2] 글에 드러난 관점이나 내용, 글에 쓰인 표현 방법, 필자의 숨겨진 의도나 사회 문화적 이념을 비판하며 읽는다.

- **독서 중 (독서 방법)**
  - **비판적 독해와 하위 전략**
    - **글 구성 및 표현 방식의 적절성 비판 (형식 측면)**
      - 성격: 글을 비판적으로 읽는다는 것은 내용뿐 아니라 형식, 표현 방식도 평가하며 읽는다는 것을 내포
      - 판단 준거
        - **구성**의 적절성
          - **의도**를 효과적으로 드러내기 위해서는 글 구성이 짜임새 있게 잘되어야 함
          - 글의 전개 방식, 구조적 특성 등
          - 구성 장치들이 내용을 전달하는 데 효과적으로 작용하는지를 비판적으로 검토
        - **표현**의 적절성
          - 독자로 하여금 효과적인 표현에 대해 새로운 관심을 갖게 하거나 글 읽기에 **흥미**를 느끼게 함
          - 표현 방식을 분석하고 그 효과를 평가하기
            - 단어 사용의 적절성 여부
            - 문체, 길이, 정서법, 비문 여부, 문장 호응 관계 등
            - 수사적 장치 (은유, 직유, 비교/대조, 과장, 예시 등)
    - **필자의 생각, 가치관, 이념 비판 (이념 측면)**
      - 개념: 필자의 생각, 가치관이나 배경이 되는 사회 문화적 이념 비판
      - 특성: 직, 간접적으로 나타난 있는 필자의 가치관을 파악하고 그러한 가치관이 우리 사회가 본능적으로 추구해 온 가치관과 합당한지 비판
      - 활동
        - 글에서 공감하거나 반박할 부분 찾기
        - 공감이나 반박의 **이유** 말하기
        - 다른 사람의 생각과 **비교**하기

10 독서 중 비판적 독해 매체

독서 과정의 기능 및 전략

[2015] [중학] 매체에 드러난 다양한 표현 방법과 의도를 평가하며 읽는다.
[2015] [고등1] 매체에 드러난 필자의 관점이나 표현 방식의 적절성을 평가하며 읽는다.

- **독서 중 (독서 방법)**
  - **비판적 독해와 하위 전략**
    - **매체의 비판적 수용**
      - 매체에 드러난 글쓴이의 관점이나 표현 방법의 적절성 평가
        - 방법
          - 매체에 드러난 글쓴이의 **관점** 평가
          - 매체에 드러난 **표현 방법** 평가
        - 매체 자료에 특정한 관점과 가치가 반영된 경우
      - 매체 자료의 의미를 비판적으로 분석하고 평가
        - 생산자의 **의도**를 파악하며 읽기
        - 매체 내용이 대상이나 개념에 적절한지 판단하며 읽기
        - 자료가 글 내용을 이해하는 데 도움이 되는지 판단하며 읽기
      - 점검 항목
        - 매체 자료의 출처와 생산자
        - 매체 자료 내용의 사실성
        - 매체 자료 생산자의 관점
        - 드러난 정보와 누락된 정보
        - 매체 자료 내용과 관련된 이해 관계
    - **매체 특성을 고려한 비판적 수용**
      - 신문
        - 특성: 정보의 흐름이 일방적
        - 비판적 수용: 관점, 편집 방향이 서로 다른 여러 신문을 비교하며 읽기
      - 라디오
        - 특성: 정보의 흐름이 일방적이나 일반인의 의견 제시가 일부 가능하기도 함
        - 비판적 수용: 어떤 입장과 관점에서 사건을 다루는지 파악하여 비판적으로 수용하기
      - 텔레비전
        - 특성: 사건 등을 어떤 각도에서 보여주느냐에 따라 전혀 다르게 전달, 사실과 달라질 수도 있음
        - 비판적 수용: 한정된 시간 안에 담을 수 있는 정보 양의 한계가 있으므로 텔레비전에만 의존하지 말고 비판적으로 수용할 것
      - 인터넷
        - 특성: 여러 계층의 생산자의 정보를 얻을 수 있지만 부정확한 정보, 잘못된 정보, 올바르지 못한 정보도 많음
        - 비판적 수용
          - 자신에게 필요한 정보 선별하기
          - 신뢰성 있는 정보를 가려낼 수 있는 안목 키우기

11 독서 중 감상적 독해

독서 과정의 기능 및 전략

[2015] [고등2] 글에서 공감하거나 감동적인 부분을 찾고 이를 바탕으로 글이 주는 즐거움과 깨달음을 수용하며 감상적으로 읽는다.

독서 중 (독서 방법)

- **감상적 독해와 하위 전략**
  - **감상적 독해의 성격**
    - **주요 개념**
      - **공감**
        - 타인의 의견, 생각, 느낌에 대해 자기도 동일하거나 비슷하게 느끼는 것
        - 타인의 삶에 대한 이해와 연관됨
      - **동일시**
        - 독자가 선택한 모델의 양식을 본떠 자아를 형성하려는 의식적인 노력
        - 정서적 동일시 : 대상을 통해 환기되는 정서와 자신의 정서를 같은 것으로 유지하는 것
      - **내면화**
        - 글에 나타난 가치, 규범, 태도, 사고, 지식 등을 자신의 것으로 수용하는 것
        - 내면화를 성찰의 계기로 삼아 성장할 수 있다는 의의가 있음
  - **감상적 독해 방법**
    - **감동 주는 이유 알기**
      - 자신의 삶을 성찰하는 데에 많은 도움
      - 글과 자신의 경험을 비교하며 경험을 확장
      - 글쓴이의 감정을 헤아리고 공감하며 정서적 반응 심화
    - **감동 주는 부분을 찾아 서로 비교**
      - 공동체까지 더욱 폭넓게 이해하는 계기
      - 느낌과 해석의 다양성, 가치 부여의 다양성을 경험
    - **감동받은 부분을 내면화**
      - 줄거리나 주제에 정서적으로 반응하기
      - 등장인물과 자신을 동일시하기
      - 작가가 사용한 함축과 비유적 언어 이해하고 음미
    - **지도시 유의점**
      - 글이 주는 감동 내용은 모든 글 유형에서 발견할 수 있음
      - 감동 내용은 독자와 상황에 따라 다를 수 있음을 인식

12 독서 중 창의적 독해 (1)

독서 과정의 기능 및 전략

[2015] [고등2] 글에서 자신과 사회의 문제를 해결하는 방법이나 필자의 생각에 대한 대안을 찾으며 창의적으로 읽는다.
[2015] [고등1] 삶의 문제에 대한 해결 방안이나 필자의 생각에 대한 대안을 찾으며 읽는다.

독서 중 (독서 방법) — **창의적 독해와 하위 전략**

- **창의적 독해의 성격**
  - 개념: 글에 제시된 글쓴이의 생각을 넘어서서 새로운 의미를 형성하는 것
  - 특징
    - 글쓴이의 생각을 독자 자신의 관점에 따라 **재구성**하는 것
    - 기존의 생각을 넘어서 새로운 의미를 만들어 내는 것
  - 유의점
    - 창의적 결과 산출 및 창의적 사고 과정 강조
      - 독자는 지속적으로 정보를 새로운 상황에 **적용**할 것인가를 생각하고 **새로운 결과**를 산출하는 데에 이용
      - 결과보다는 창의적 사고 과정을 강조
      - 결과 산출 **목적**을 분명히 할 것
    - 텍스트 의미와 정서적 반응의 통합 — 정서적 반응은 창의적 관여를 용이하게 함
    - 고등 수준의 읽기 — 새로움에 이르기 위해서 **상상력**을 발휘하는 고등 수준의 읽기가 필요

- **창의적 독해 방법**
  - 주제, 관점에 대해 자신의 생각을 **논리적으로** 구성
    - 의의
      - 필자의 생각을 넘어선 자신만의 생각을 구성하는 것이 중요
      - 배경지식을 활용하고 독자의 **재구성**이 가능 — 글 속 내용과 생각을 넘어섬
    - 지도 및 유의점
      - 독자의 생각은 기존의 생각을 디딤돌로 하여 그것을 비판하고 넘어서는 과정에서 생겨날 수 있음
      - **새로운** 측면에서 접근해보기
  - 글에서 자신과 사회의 문제를 **해결**하는 방법 찾기
  - 필자의 생각을 **보완**, **대체**할 수 있는 방안 찾기
    - 문제를 다룬 글이나 책 **찾아 읽기**
    - 글쓴이가 제기한 **문제 확인**하기
    - 글쓴이의 관점과 **해결 방안** 파악하기
    - 글쓴이의 해결 방안을 보완, 대체할 방안 찾기
      - 동료들과도 **공유**
      - 무조건적인 수용은 지양하기

13 독서 중 창의적 독해 (2)

독서 과정의 기능 및 전략

[2015] [고등2] 글에서 자신과 사회의 문제를 해결하는 방법이나 필자의 생각에 대한 대안을 찾으며 창의적으로 읽는다.
[2015] [고등1] 삶의 문제에 대한 해결 방안이나 필자의 생각에 대한 대안을 찾으며 읽는다.

독서 중 (독서 방법) — 창의적 독해와 하위 전략 — 창의적 독서와 관련을 맺고 있는 활동

- **정서적 반응 촉진 활동**
  - 재구성 시 작가의 의도를 넘어 창의적 결과를 산출하는 데 도움
  - **능동적** 자세 견지
  - 동료와의 활동을 통해 이해 능력 신장

- **배경 지식 활성화**
  - 예비 독서 계획
    - 읽을 글의 핵심 단어, 구절 등을 선정 후 그에 대한 반응 말해보기
    - 읽기 목적 스스로 세워보기
  - **사전 읽기**를 위한 쓰기 활동
    - 읽을 텍스트에 대해 **질문**하고 그 답을 간단히 써보는 활동

- **예측**
  - 글의 **이해**와 의미 획득에 용이
  - 사실적 정보를 근거로, 더 발전된 정보를 창조적으로 **구성** 및 **예측**함으로서 창의적 읽기를 촉진

- **수평적 사고**
  - 제시된 문제를 여러가지 각도에서 다르게 만들어보며 새 아이디어를 생성하는 활동

- **비판적 읽기**
  - 사실과 의견을 구분, 함축적 의미 파악, 논리적 오류 발견
  - 더 강한 동기 형성

- **유추**
  - 이미 알고 있는 지식으로 부터 **새로운 사실**을 알아가는 과정 중 하나
  - 읽을 글의 핵심을 제시하고 어떤 것을 유추할지 질문함으로써 유추 활동 촉진

14 독서 후 주제 통합

독서 과정의 기능 및 전략

[2015] [중학] 동일한 화제를 다룬 여러 글을 읽으며 관점과 형식의 차이를 파악한다.
[2015] [고등2] 동일한 화제의 글이라도 서로 다른 관점과 형식으로 표현됨을 이해하고 다양한 글을 주제 통합적으로 읽는다.

독서 후

- **상호텍스트적 읽기 (주제 통합 독서)**
  - **상호 텍스트성**
    - 개념: 내용과 형식 면에서 비슷하거나 두 개 이상의 글이 서로에 대해 가지는 관련성
    - 필요성
      - 필자에 따라 관점과 내용이 다른 글 읽기 활동
      - 대상에 대해 <u>이해</u>하거나 <u>관점</u>을 뚜렷하게 세우기 위해 여러 글을 참조하여 읽을 수 있는 능력 필요
    - 절차
      - 1) 대상은 같으나 관점과 내용은 서로 다른 글 읽기
      - 2) 각각의 글에 나타난 관점과 내용의 차이를 비교
        - 관점, 주장, 근거 등 파악하기
        - 이를 <u>비교</u>하기
        - 자신이 어느 관점에 공감하는지 <u>이유</u>를 들어 말해보기
      - 3) 대상을 명확하게 이해하고 대상에 대한 자신의 <u>관점</u>을 가지기
  - **주제 통합적 독서**
    - 개념: 하나의 주제를 중심으로 다양한 분야에서 다양한 관점으로 쓰인 글을 종합적으로 읽고 <u>재구성</u>하는 독서 방법
    - <u>신토피칼</u> 독서: 일정한 목적을 가지고 동일한 주제의 여러 글을 파악하여 <u>스스로 선택</u>, 수용하는 가장 <u>높은 수준</u>의 독서
    - 의의
      - 편협한 이해가 아닌 균형 있고 깊이 있는 이해에 도달
      - 다양한 분야나 관점의 풍부한 독서 경험 가능
      - 새로운 문제를 <u>해결</u>하는 데 필요한 <u>창의성</u> 배양 가능
      - 미래 사회가 요구하는 고도의 전문 능력 신장
    - 절차
      - 1) <u>관심</u> 있는 화제, 주제, 쟁점 <u>확인</u> 및 <u>질문 생성</u>
      - 2) 나양한 글과 자료 <u>선정</u> (스스로)
      - 3) 글과 자료의 관점, 관련 주요 용어, 개념 정리
      - 4) 관점 비교 / 대조, <u>평가</u>
      - 5) 자신의 관점 <u>재구성</u> — <u>비판적</u>이고 <u>창의적</u>으로 재구성

15 독서 후 상위인지 (1)

독서 과정의 기능 및 전략

[2015] [중학] 자신의 읽기 과정을 점검하고 효과적으로 조정하며 읽는다.
[2015] [고등1] 읽기 목적으로 고려하여 자신의 읽기 방법을 점검하고 조정하며 읽는다.

독서 후 — 읽기 과정의 점검, 조정 (성찰과 조절, 상위인지 전략) — 개관

- 교육적 의의
  - 독서 과정에서의 **비판**적 의식 함양
  - 독해 과정의 조정 및 점검 능력 함양

- 개념
  - 의미 구성 과정에서의 실패, 성공에 대한 **평가**
  - 자신의 독서 과정에 대한 **교정**을 위한 전략

- 능숙한 독자의 특징
  - 글에서 불일치되는 정보를 빨리 찾아냄
  - 정보를 찾기 위해 텍스트(문단 등)의 **이전**과 **이후**를 살핌 → + 주제에 대해 생각
  - **계획**에 필요한 사고하기에 잘 몰입
  - **유연**한 전략 사용
  - 자신이 읽고 이해한 내용을 **지속**적으로 점검
  - 단어를 이해하거나 의미 있는 추론을 도출할 때
    - 일반적 세상 지식, **배경지식** 활용
    - **조정**하며 **전략**을 수정
    - 읽고 있는 **이유**에 대해 명확히 인식
  - 읽기에서 발생할 수 있는 문제점을 위한 **전략**들을 준비

16 독서 후 상위인지 (2)

독서 과정의 기능 및 전략

[2015] [중학] 자신의 읽기 과정을 점검하고 효과적으로 조정하며 읽는다.
[2015] [고등1] 읽기 목적으로 고려하여 자신의 읽기 방법을 점검하고 조정하며 읽는다.

독서 후 ─ 읽기 과정의 점검, 조정 (성찰과 조절, **상위인지** 전략) ─ 읽기 과정별 자기 조절적 읽기 활동

- **읽기 전**
  - 과제 파악 — 과제의 **친숙도** 여부
  - 목적 설정
  - 환경 설정 — 환경 **조절** 방법 고려하기
  - 전략 선택 — 목적 **달성**을 위한 읽기 **전략** 생각하기

- **읽기 중**
  - 이해 점검 — 잘 이해하고 있는지 / 이해되지 않는 부분이 있는지
  - 전략 점검 — 내가 선택한 읽기 전략이 **효과적**인지 / 아니라면 그 **대안**은 무엇인지
  - 문제 점검 — 읽는 중에 발생할 수 있는 **문제**는 무엇인지
  - 문제 조절 — 읽기 문제 **해결 전략** 중 내가 아는 것은 무엇인지

- **읽기 후**
  - 결과 점검 — **목적**을 달성할 수 있었는지
  - 전략 효과 점검 — 선택한 읽기 전략이 **효과적**이었는지 / 아니었다면 그 **대안**은 무엇인지
  - 전략 조절 — 읽으면서 알게 된 읽기 과제 수행에 **유의할** 점은 무엇인지
  - 동료나 교사 — **동료나 교사**의 전략 활동은 효과적이었는지

17 독서 후 상위인지 (3)

독서 과정의 기능 및 전략

[2015] [중학] 자신의 읽기 과정을 점검하고 효과적으로 조정하며 읽는다.
[2015] [고등1] 읽기 목적으로 고려하여 자신의 읽기 방법을 점검하고 조정하며 읽는다.

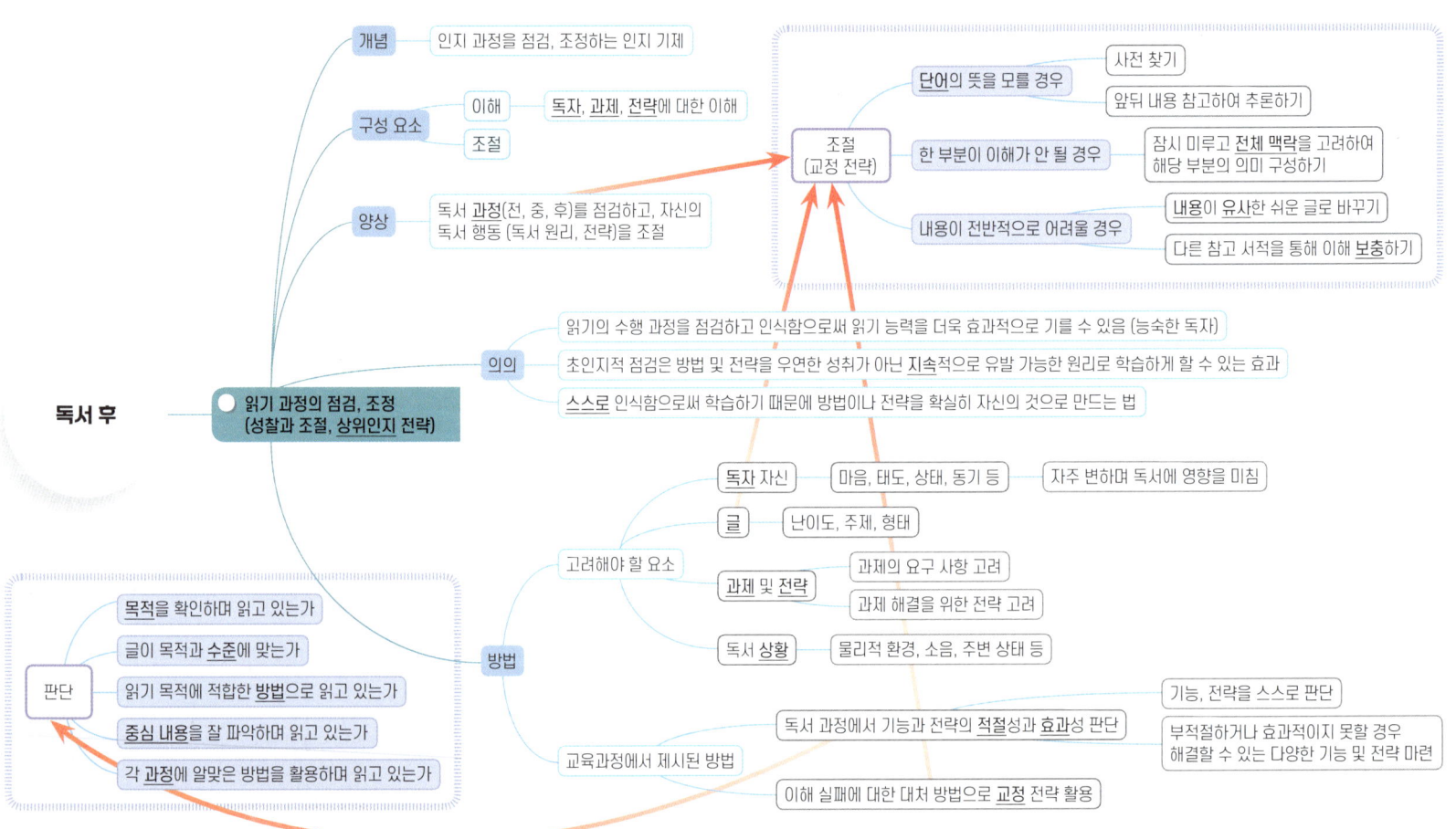

PART 2 독서교육론

CHAPTER 3 태도

01 정의적 요인 (1)

독서 태도에 대한 이해

- [2015] [중학] 읽기의 가치와 중요성을 깨닫고 읽기를 생활화하는 태도를 지닌다.
- [2015] [중학] 도서관이나 인터넷에서 관련 자료를 찾아 참고하면서 한 편의 글을 읽는다.
- [2015] [고등2] 장기적인 독서 계획을 세워 자발적으로 독서를 실천함으로써 건전한 독서문화를 형성한다.
- [2015] [고등2] 의미 있는 독서 활동에 참여함으로써 타인과 교류하고 다양한 삶의 방식과 세계관을 이해하려는 태도를 지닌다.

독서의 정의적 요인에 대한 이해

읽기의 생활화

- **성격**
  - 학습뿐 아니라 **생활**과 연계한 독서의 생활화 → 동기와 흥미 강화

- **방법**
  - 읽기의 가치와 중요성을 깨닫고 읽기를 생활화하려는 태도 형성 → 교과 독서, 학습 독서, 자유 독서, 아침 독서 등
  - 사회적 공동체의 독서 활동을 통해 타인과 교감하며 글을 읽고 삶을 성찰
    - 의의: 공동체 결속 / 정보 공유 / 정서적 유대감 형성
    - 방법: 독서 클럽 / 인터넷 독서 토론 공간 활용
  - 다매체 사회에서 다양한 경로를 통해 독서에 관한 정보를 얻고 활용
    - 방법: 현대 사회의 문식성 환경의 특성을 고려하여 독서에 관한 정보를 도서관이나 인터넷 등의 정보원을 통해 신속히 파악
    - 인터넷과 언론의 신간 소개 / 다양한 매체를 통해 책 정보 수집
  - 자신의 독서 이력을 성찰하고 독서 계획을 세워 실천
    - 방법:
      - 읽은 책 목록 정리 및 주제에 따라 분류
      - 직업, 취미, 관심분야 등에 맞는 책 찾기
      - **독서 활동 계획서** 작성
      - 독서 기록장 및 **포트폴리오** 만들기

- **강조점**
  - 독자의 **선택권** (적절한 수준에서)
    - 목적 설정에 대한 선택권
    - **자료** 선택에 대한 선택권
    - 과제 및 **활동**에 대한 선택권

02 정의적 요인 (2)

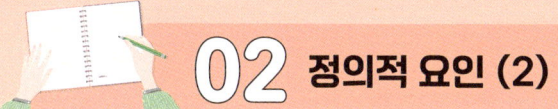

독서 태도에 대한 이해

- [2015][중학] 읽기의 가치와 중요성을 깨닫고 읽기를 생활화하는 태도를 지닌다.
- [2015][중학] 도서관이나 인터넷에서 관련 자료를 찾아 참고하면서 한 편의 글을 읽는다.
- [2015][고등2] 장기적인 독서 계획을 세워 자발적으로 독서를 실천함으로써 건전한 독서문화를 형성한다.
- [2015][고등2] 의미 있는 독서 활동에 참여함으로써 타인과 교류하고 다양한 삶의 방식과 세계관을 이해하려는 태도를 지닌다.

독서의 정의적 요인에 대한 이해

독서의 정의적 요인

- **개념**: 독서에 영향을 미치는 독자의 선호, 취향, 정서 등과 관련된 요인
- **특성**: 정의적 요인은 **인지**적 요인에 직접적인 영향을 미치고 인지적 요인은 다시 정의적 요인에 영향을 끼침 — **능동적, 적극적** 독서에 필수
- **의의**
  - 평생 독자로서의 소양을 지님: 자신의 흥미에 맞는 글, 긍정적 태도의 글, 자신의 가치관을 고려한 글을 읽고 **성공**적인 독서 경험을 통해 독서가 개인 성장 및 삶에 미치는 영향을 이해 — **능동적, 적극적** 독서에 필수
  - 적극적인 독서 경험: 타율적으로 글을 선택하고 읽을 때보다 더 적극적이고 좋은 경험을 가짐
  - 책맹 문제 해결

다양한 정의적 요인

- **동기**
  - 개념
    - 독서 행위 촉발, 유지, 강화시키는 심리구조
    - 읽기 행위를 유발하고 읽기 과정을 자발적이고 적극적으로 이끄는 요인
  - 영향을 주는 요인
    - **내재적 동기**: 효능감, 호기심, 몰입, 가치 인식 등 자기 목적적 동기
    - **외재적 동기**: 경쟁, 성적, 칭찬, 벌 등 외적 자극 후 주어진 결과에 의해 유발
  - 보상과 노력
    - 보상이 증가하면 증가
    - 노력이 감소하면 증가
  - 지도 방법
    - 목적 확인 시키기
    - 학생들의 **흥미**를 고려한 과제 제시
    - 배운 것을 **활용**할 수 있는 과제 제시

- **흥미**
  - 특정 독서 주제, 분야에 대한 독자의 선호도나 취향
  - '태도'와는 **시기** 측면에서 차이

- **효능감**
  - 개념
    - **결과** 기대: 독서 수행 시 기대하는 결과를 얻을 수 있다는 기대
    - **효능** 기대: 자신의 능력에 대한 판단 혹은 믿음
    - 인지 **전략** 사용과 사고의 양상, 정서적 반응에도 영향을 미치는 중요한 동기 요인
  - 의의
    - 과제 지속력, 전략 선택 등에 영향
    - 내적 동기 유발 및 학업 성취 향상

- **태도**
  - 개념
    - 장기간에 걸쳐 형성된 독자 개인의 호불호나 학습된 성향
    - 사건에 반응하고 느끼고 생각하는 이완된 방식
  - 구성 요소
    - 인지적 측면: 대상에 대한 긍, 부정적 판단
    - **정의**적 측면: 대상에 대해 긍정적 혹은 부정적으로 일관되게 지속되는 감정
    - 심동적 측면: 호의적, 비호의적으로 반응하는 개인의 행동 성향
  - 의의: 독서에 대한 사고를 즐거워하고, **가치**를 인식하고, 적극적으로 몰입함

03 태도 모형

독서 태도에 대한 이해

- [2015][중학] 읽기의 가치와 중요성을 깨닫고 읽기를 생활화하는 태도를 지닌다.
- [2015][중학] 도서관이나 인터넷에서 관련 자료를 찾아 참고하면서 한 편의 글을 읽는다.
- [2015][고등2] 장기적인 독서 계획을 세워 자발적으로 독서를 실천함으로써 건전한 독서문화를 형성한다.
- [2015][고등2] 의미 있는 독서 활동에 참여함으로써 타인과 교류하고 다양한 삶의 방식과 세계관을 이해하려는 태도를 지닌다.

독서 태도 지도

독서 태도 습득 모형

매튜슨 모형
- 특성
  - 읽기를 배울 때에 태도의 역할을 중시
  - 태도 : **정서, 인지, 심동** 세 요인의 결합
  - 태도는 독서 **의도**에 영향을 미치며 다시 그 결과는 **태도**에 송환됨
- 관련 요인
  - 직접적 요인
    - 가치
    - 자아 개념
    - 목적
    - 설득적 의사 소통(정교화 가능성) — 비판적 사고를 통한 수용자의 메세지 평가
  - 간접적 요인
    - 정서적 만족감
    - 인지적 만족감
- 독서 태도 지도
  - 가치관, 목적, 자아 개념을 확장하기
  - 다양한 글을 읽도록 설득하기
  - **적절**한 수준의 글을 읽고 성공적인 독서를 하도록 가르치기

맥게나 모형
- 특성
  - 정의적 상태가 주관적 규범, 의도, 태도에 영향을 미침
  - 태도를 보다 장기적이고 상호적으로 이해함
  - **사회 환경의 영향 중시** — 여러 요소의 **상호작용**을 통한 행동, 사회구조, 환경의 영향 중시
- 직접적 요인
  - 자기 효능감 — 독서 동기가 형성 된 후 **인지** 능력이 작용함
  - 의미 있는 타인의 기대
- 지도
  - 독서 활동을 촉진할 수 있는 독서 환경 제공
  - 다양한 독서 프로그램 계획
  - 글과 학생들의 **생활**을 연관
  - 자기 **스스로** 책을 선택할 기회 제공

04 자기 선택적 독서

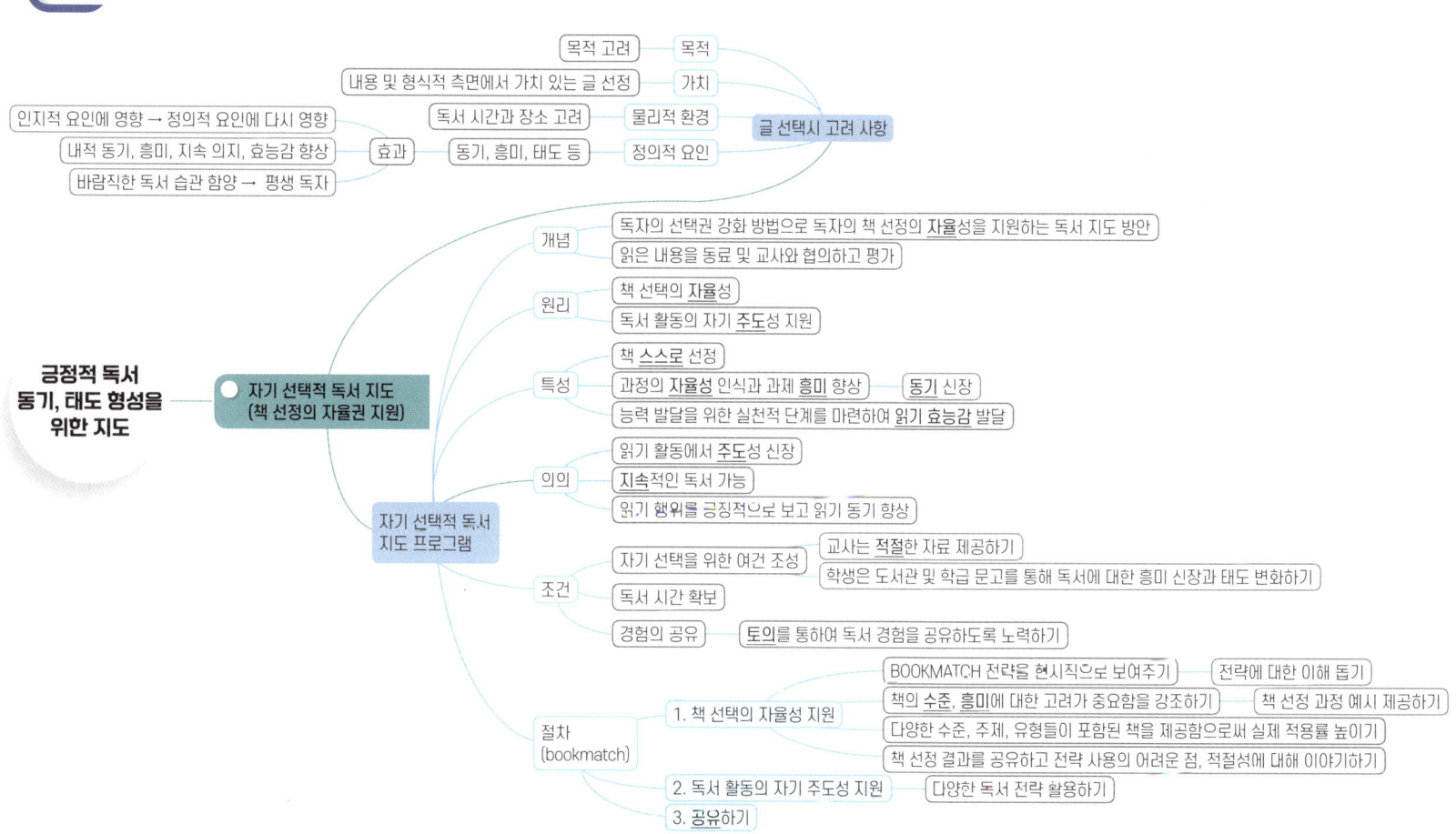

05 지속적 묵독

긍정적 독서 동기, 태도 형성을 위한 지도

2015 고등2 독서의 목적이나 글의 가치 등을 고려하여 좋은 글을 선택하여 읽는다.

긍정적 독서 동기, 태도 형성을 위한 지도

- **지속적 묵독 지도** (독서에 대한 긍정적 태도의 형성을 위한 자율 독서)
  - **성격**
    - 개념
      - 정해진 시간 동안 개별적으로 묵독하는 것
      - 스스로 주어진 시간 동안 책을 읽는 것
    - 특징
      - **자유 독서**: 일정 시간동안 책을 자유롭게 선택하여 읽는 독서 교육 활동
      - 긍정적 태도와 읽기 **능력** 및 **지식** 획득 가능
    - 필수 요소
      - **자율**적 책 선택
      - 교사의 **역할 모델**
      - **비책무성** — 특정 과제 및 활동을 제시하지 않음
      - **기회** 확대 — 자료, 시간, 장소 제공
  - **절차**
    - 준비하기
      - 학생 — 책 선택 및 정숙
      - 교사 — 지속적 묵독 활동의 필요성과 의의, 방법 설명 / 분위기 형성
    - 묵독하기
      - 학생 — 몰입하여 독서하기
      - 교사 — 좋은 독자로서의 **모델링** 보이기 — 집중하는 모습 보이기 / 묵독을 위한 독서 환경 마련
    - 공유하기
      - 학생 — 흥미 및 관심을 가질 만한 부분에 대한 교사에 질문에 대한 반응 및 공유
      - 교사 — 제목이나 간략한 감상을 기록 / 흥미 및 관심을 가질 만한 부분에 대해 **질문**하기

06 독서 부진

독서 능력, 흥미 발달 단계 및 독서 부진 지도

- 독서 능력 발달 단계
  - 성격
    - 의의
      - 학생의 발달 수준에 맞는 적절한 지도 및 평가 내용 구성
      - 도서 선정의 근거로 사용
  - 고급 독서기 단계 독서 지도
    - 고급 독서기 발달 특성
      - 기능적 문식성 획득 — 그를 통해 지식과 정보에 접근, 분석, 평가, 소통하며 개인과 사회 문제나 과제를 해결하는 능력 획득
      - 독자가 읽는 관심 영역 확대 — 토론 등의 **상호 작용**을 통해 매우 다양한 장르에 접근
      - 독서의 전략적 수행 — 독서의 **목적**이나 **상황**에 따라 구별하여 독서 수행
    - 고급 독서기 독서 학습의 목표
      - 전 단계에서 획득한 독서 능력 확장
      - 보다 수준 높은 추상적인 글을 읽어낼 수 있는 힘을 갖추도록 개발
    - 고급 독서기 효과적인 교수 학습 프로그램
      - 자기 선택적 독서
      - DRA
      - 과정 중심 읽기 활동
      - 내용 교과의 독서 지도
- 독서 흥미 발달 단계
  - 의의 — 학생들은 발달 단계에 따라 읽고자 하는 글의 종류가 변화하므로 **능력**과 **흥미**에 부합하는 활동을 전개해야 한다.
  - 흥미 발달 원리
    - 독서의 궁극적 목적 : 독자로 하여금 자발적, 주체적, 지속적으로 생활 속에서 독서를 즐기도록 하는 데에 있음
    - 흥미도 향상 → 동기 향상 → 독서 효과 및 독서 능력 상승
  - 지도
    - 지도 방안
      - 독서 자료에 쉽게 접근할 수 있는 독서 환경 제공
      - 독서 자료에서 얻는 만족의 일부분을 이야기, 그림, 연극 등을 통하여 제시 후 그 완결을 독서에 연결시키기
      - 생활 과제나 교과 과제를 **독서**를 통해 해결하도록 하기
    - 흥미 발달 전략
      - 발달 단계에 적합한 도서 **목록** 제공
      - 집단별 독서 진행
      - 질문 및 **토론** 활동 진행
      - 독서 후 발 표회 및 전시 회를 통해 성취감과 만족감을 얻도록 하기

전공국어 국어교육론
개념 - 구조도

PART 2 　 독서교육론

CHAPTER 4　텍스트에 대한 이해

01 설득 (1)

텍스트의 목적에 따른 글 읽기 (설명하는 글)

[2015] [중학] 글에 사용된 다양한 설명 방법을 파악하며 읽는다.

설명 방법을 파악하며 설명하는 글 읽기 지도 내용

- **설명 방법**
  - **정의**
    - 의미: 단어의 뜻을 밝히는 설명 방식 — 대상을 직접 설명하여 확인하는 것이 아니라, 대상을 가리키는 말이 어떤 뜻으로 쓰였는가를 밝히는 것
  - **예시**
    - 의미: 설명이 너무 어렵거나 너무 추상적이어서 이해하기 쉽지 않을 때, 구체적으로 자세하게 설명하거나(부연, 상술) 예시를 드는 방식
  - **비교, 대조**
    - 유의점
      - 차이를 보이는 특성이 확실히 **대조**적이어야 함
      - 같은 항목에 대해서 어떻게 다른지 명확하게 드러내야 함
  - **분석**
    - 의미: 복잡한 현상이나 대상, 개념을 성분 또는 기능에 따라 하위 요소로 나누어 밝히는 것
    - 유의점
      - 대상을 작은 부분으로 나누고 각 부분의 특징이 잘 드러나게 글 쓰기
      - 각 부분간의 **관계**가 잘 드러나게 글 쓰기
  - **분류, 구분**
    - 의미: 둘 이상의 대상을 종류별로 나누는 설명 방식 (범주화, 유형화)
    - 유의점
      - 각 단계마다 분류 기준은 하나여야 함
      - 하위 단계 항목은 상위 단계에 모두 포함되어야 함
  - **인과**
  - **과정**

- **글의 일반적 구조**
  - 처음: 이유, 목적, 문제 제기
  - 중간
    - **중심** 내용과 **뒷받침** 내용 나열
    - 중심 내용의 조직과 전개는 내용의 **특성**을 반영하여 결정
  - 끝
    - 주요 내용 **요약**
    - 주제를 **부각**하는 내용 배치

- **지도 내용**
  - 대상에 적합한 설명 방식을 사용하였는지 판단
  - 설명 글의 전체 구조(관습적 전개 방식)를 활용하여 설명 내용을 회상, **요약**, **재구성**

02 설득 (2)

텍스트의 목적에 따른 글 읽기 (설득하는 글)

[2015] [중학] 글에 사용된 다양한 논증 방법을 파악하며 읽는다.

03 설득 (3)

텍스트의 목적에 따른 글 읽기 (설득하는 글)

[2015] [중학] 글에 사용된 다양한 논증 방법을 파악하며 읽는다.

논증 원리와 방법

- **논증 방법**
  - 개념: 논증을 이루는 요소인 주장과 근거들이 이루는 형태적 관계
  - 다양한 논증 방법
    - 연역 논증
      - 명제들의 의미 관계에 의해 논증의 정당성이 결정
      - 제시된 전제가 참이고 논리적 관계가 필연적이면 그 논증은 어떠한 경우에도 참
    - 귀납 논증
      - 구체적 사례나 통계 자료에 근거하여 결론을 이끌어내는 논증
      - 사례나 통계 자료는 일부일 뿐이며 그 자체로는 절대적인 참이라고 할 수 없는 경우가 많음
    - 유비 논증
      - 충분히 **대표**성 있는 근거를 제시하는 것이 핵심
      - 유사성에 근거하여 결론을 이끌어내는 논증
      - 유사성이 어느정도 믿을 만한 것인가에 따라 논증이 정당화되기도 그렇지 않기도

- **설득하는 글 구조 (내용 조직 원리 이해)**
  - 논리성의 원리
    - 논리적 순서(관계)에 따라 내용을 조직
    - 적절한 논증 방법을 활용할 것
  - 문제 해결 구조
    - 문제 상황을 먼저 제기한 후 문제의 해결 방법을 구체적으로 제시할 것
    - 구성 요소
      - 문제: 무엇이 문제인지, 어떤 점에서 심각한지, 어느 범위까지 다룰 것인지 등
      - 해결: 구체적 방법, 기대 효과, 실현 가능성 등
  - 관습적 전개 방식 (설득)
    - 처음(서론)
      - 주장할 문제 내세우기
      - 목적 및 동기 밝히기
      - 본론 및 결론의 길잡이로 **주제**를 밝히기
    - 중간(본론)
      - 근거를 통해 주장을 구체화하기
      - 적절한 논증 방식을 선택하여 주장 펼치기
    - 끝(결론)
      - 내용을 정리하고 자신의 주장을 강조하기

04 설득 (4)

텍스트의 목적에 따른 글 읽기 (설득하는 글)

[2015] [중학] 글에 사용된 다양한 논증 방법을 파악하며 읽는다.

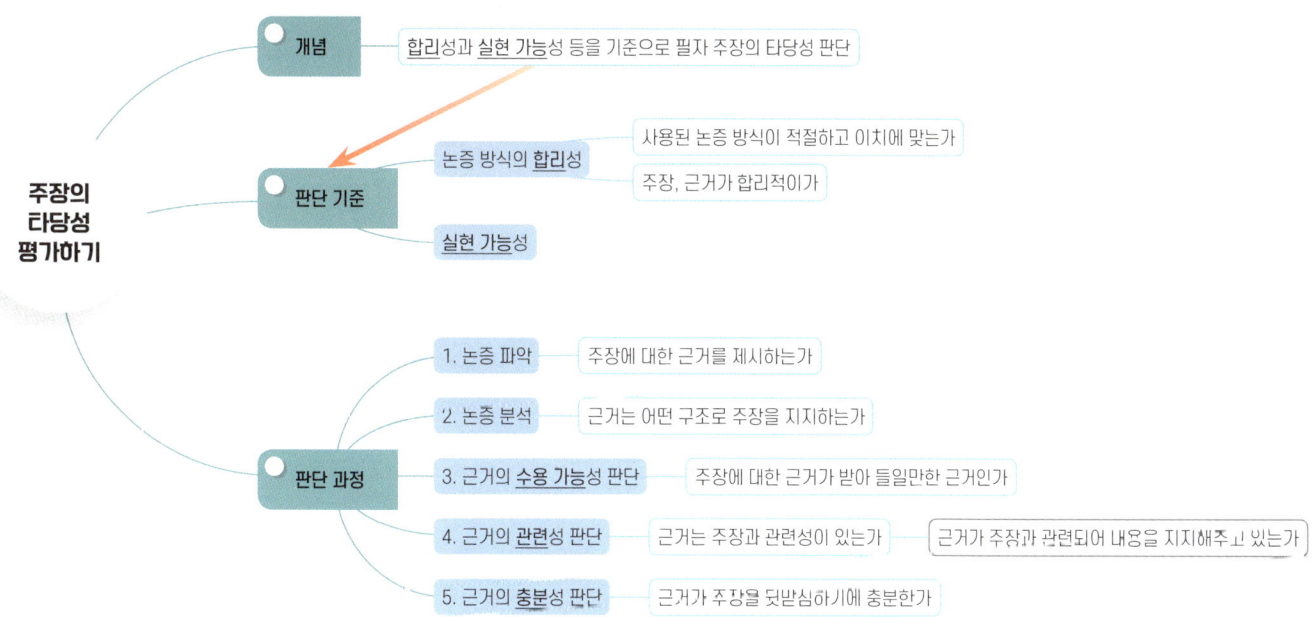

- 주장의 타당성 평가하기
  - 개념: 합리성과 실현 가능성 등을 기준으로 필자 주장의 타당성 판단
  - 판단 기준
    - 논증 방식의 **합리성**
      - 사용된 논증 방식이 적절하고 이치에 맞는가
      - 주장, 근거가 합리적이가
    - 실현 가능성
  - 판단 과정
    1. 논증 파악 — 주장에 대한 근거를 제시하는가
    2. 논증 분석 — 근거는 어떤 구조로 주장을 지지하는가
    3. 근거의 **수용 가능성** 판단 — 주장에 대한 근거가 받아 들일만한 근거인가
    4. 근거의 **관련성** 판단 — 근거는 주장과 관련성이 있는가 [근거가 주장과 관련되어 내용을 지지해주고 있는가]
    5. 근거의 **충분성** 판단 — 근거가 주장을 뒷받침하기에 충분한가

05 문식성

텍스트의 개념 변화와 매체 교육

[2015] [고등2] 매체의 유형과 특성을 고려하여 글의 수용과 생산 과정을 이해하고 다양한 매체 자료를 주체적이고 비판적으로 읽는다.

독서의 새로운 개념으로서 문식성

- **사회문화적 관점**
  - 독서는 특정한 **상황** 속에서 실행되는 사회적 행위
  - 독자가 글을 이해하는 방식 및 반응은 독자를 둘러싼 **사회**적 관계와 **문화**의 영향을 받음

- **문식성**
  - 문자 언어를 알고 다루는 능력을 의미
  - 독서와 작문은 하나의 복합적 행위
  - 사회적 지위가 확장된 문식성
    - 글을 배워 알고 활용하여 지식과 정보에 접근하고 이를 분석, 소통, 평가하며 개인과 사회의 문제를 **해결**하는 능력
    - 글을 해독, 표시하는 것을 넘어 읽기와 쓰기에 대한 태도, 기대, 생활속에서 읽기와 쓰기 행동이 갖는 의미와 **가치**
    - 의미를 구성하기 위해 **사회**적 맥락에 요구되는 방식으로 읽고 쓸 수 있는 능력과 의지

- **복합 양식적 속성**
  - 개념: 음성 언어, 그림, 도식, 영상, 음악, 사진 등 다양한 양식이 복합적으로 작용하는 복합양식 텍스트
  - 요구 능력
    - 방대한 정보를 효율적으로 처리하기 위해 필요한 정보를 **빨리** 찾고 정확히 **선별**하는 능력
    - 여러 문서의 내용을 **종합**하여 정보를 **재구성**하는 다문서 독해 전략
    - 독서를 효율적으로 수행하기 위해 독자가 자신의 독해 과정을 **점검**하고 **통제**하는 **초인지** 전략

06 매체 교육 (1)

텍스트의 개념 변화와 매체 교육

[2015] [고등2] 매체의 유형과 특성을 고려하여 글의 수용과 생산 과정을 이해하고 다양한 매체 자료를 주체적이고 비판적으로 읽는다.

- **매체 언어 교육**
  - **매체 언어의 본질**
    - 개념
      - 매체의 의미 작용 강조
      - 언어 뿐 아니라 소리, 음악, 이미지 등을 포괄
      - 신문, 텔레비전, 인터넷 등 정보를 주고받거나 생각을 나눌 때 사용하는 전달 수단
    - 매체의 유형별 특성 (목적을 기준으로)
      - 정보 전달과 설득 — 뉴스, 칼럼, 광고와 사진 등
        - 특징: 순수한 의미의 정보 전달과 설득이 분리되지는 않음 (매체는 객관적일 수 없고 필연적으로 편향적)
        - 학습 목표: 자료의 표면에 드러나지 않은 숨은 의도와 가치를 **비판적**으로 읽고 수용하기
      - 심미적 정서 표현
      - 사회적 상호 작용
        - 특징: 사회적 소통에 기여하는 방식에 관심을 갖는 분류
        - 메신저, 인터넷 등을 통해서도 대화가 이루어지고 인간 관계를 형성할 수 있다.
    - 지도의 유의점
      - 학습 목표: 언어를 통해 의미를 **수용**하고 생산하는 능력의 향상
      - 방법
        - 매체 자료가 어떤 유형에 속하는지 **구분**하고 다른 유형의 자료와의 **차이점**을 알아보도록 지도
        - 자료의 수용과 생산을 지도할 때에는 하위 유형의 자료들의 **특성**을 고려하도록 지도
  - **매체 언어의 성격**
    - 복합 양식성: 다양한 언어와 기호가 결합되어 의미를 나타낼 수 있는 특성
    - 지도 중점
      1) 둘 이상의 언어와 기호로 의미를 나타내는 매체 자료 제시
      2) 의미 형성에 기여하는 모든 기호를 찾아 나열
      3) 각각의 기호가 어떻게 **전체적**인 의미를 형성하는지 알아보기
    - 의사 소통의 특성
      - 매체 특성
        - 책 — 속도는 느리지만 전문성 측면에서 분량의 제약 없이 제시 가능
        - 텔레비전 — 생생한 현장을 통해 제시 (실재감이 높음)
        - 인터넷 — 누구나 쉽고 신속하게 정보를 제공하지만 신뢰하기 어려운 정보도 많음
      - 소통 방식 유형: 면대면 / 간접적 / 대량 전달
      - 지도
        - 매체의 특성에 따라 **의사소통**의 특성이 어떻게 달리지며 매체에 따라 어떤 언어를 통해 의사소통이 이루어지는지 이해
        - 정보 활용의 특성과 방식의 원리를 학생들의 실제 경험과 관련하여 이해하도록 지도
        - 매체의 특성이 의미의 파급력에 어떤 영향을 미치는지 이해함으로써 정보와 지식을 비판적으로 수용하고 생산하는 능력을 기르도록 지도매체의 특성이 의미의 파급력에 어떤 영향을 미치는지 이해함으로써 정보와 지식을 **비판적**으로 **수용**하고 **생산**하는 능력을 기르노록 지도

07 매체 교육 (2)

텍스트의 개념 변화와 매체 교육

[2015] [고등2] 매체의 유형과 특성을 고려하여 글의 수용과 생산 과정을 이해하고 다양한 매체 자료를 주체적이고 비판적으로 읽는다.

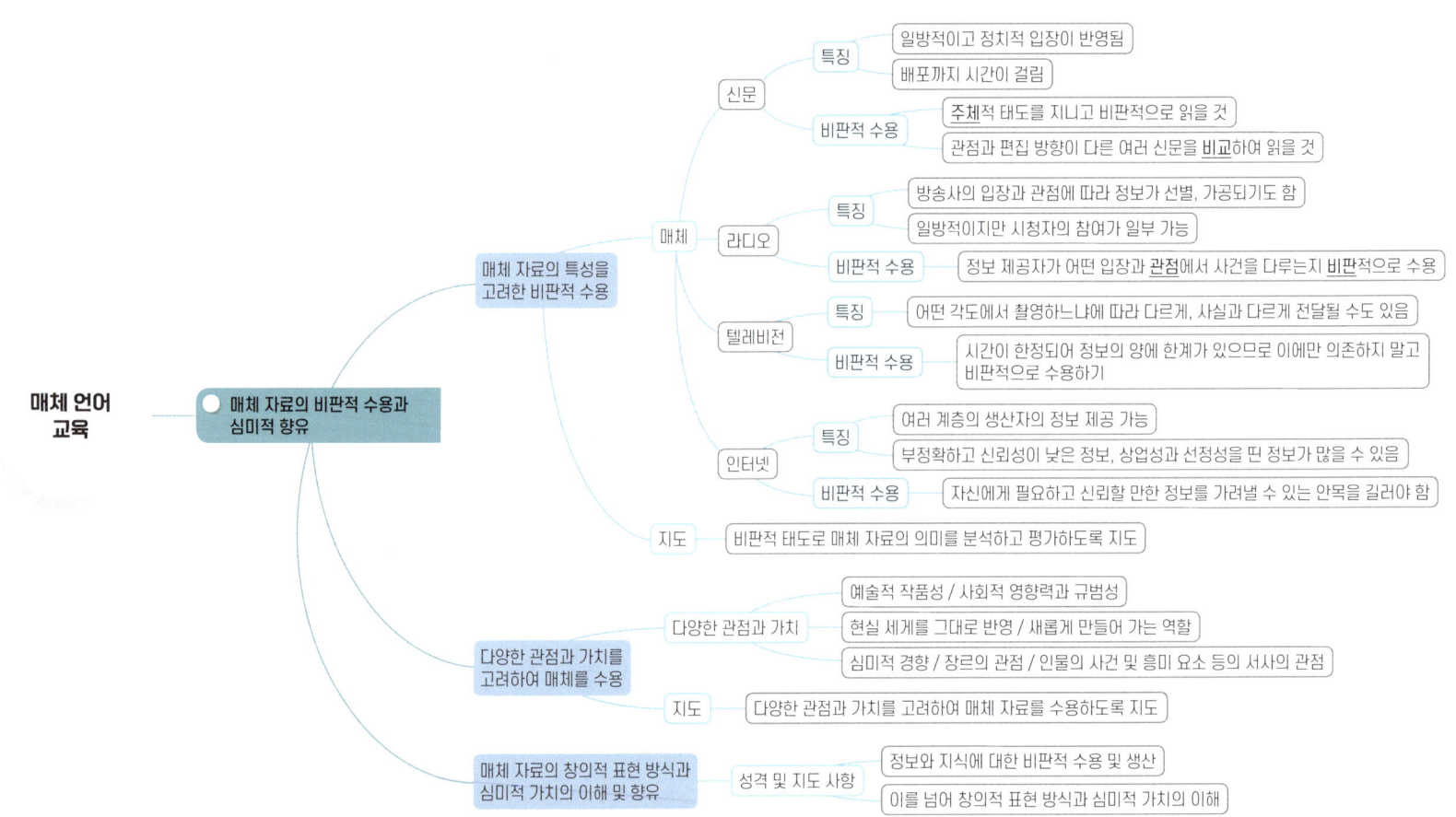

08 매체 교육 (3)

텍스트의 개념 변화와 매체 교육

[2015] [고등2] 매체의 유형과 특성을 고려하여 글의 수용과 생산 과정을 이해하고 다양한 매체 자료를 주체적이고 비판적으로 읽는다.

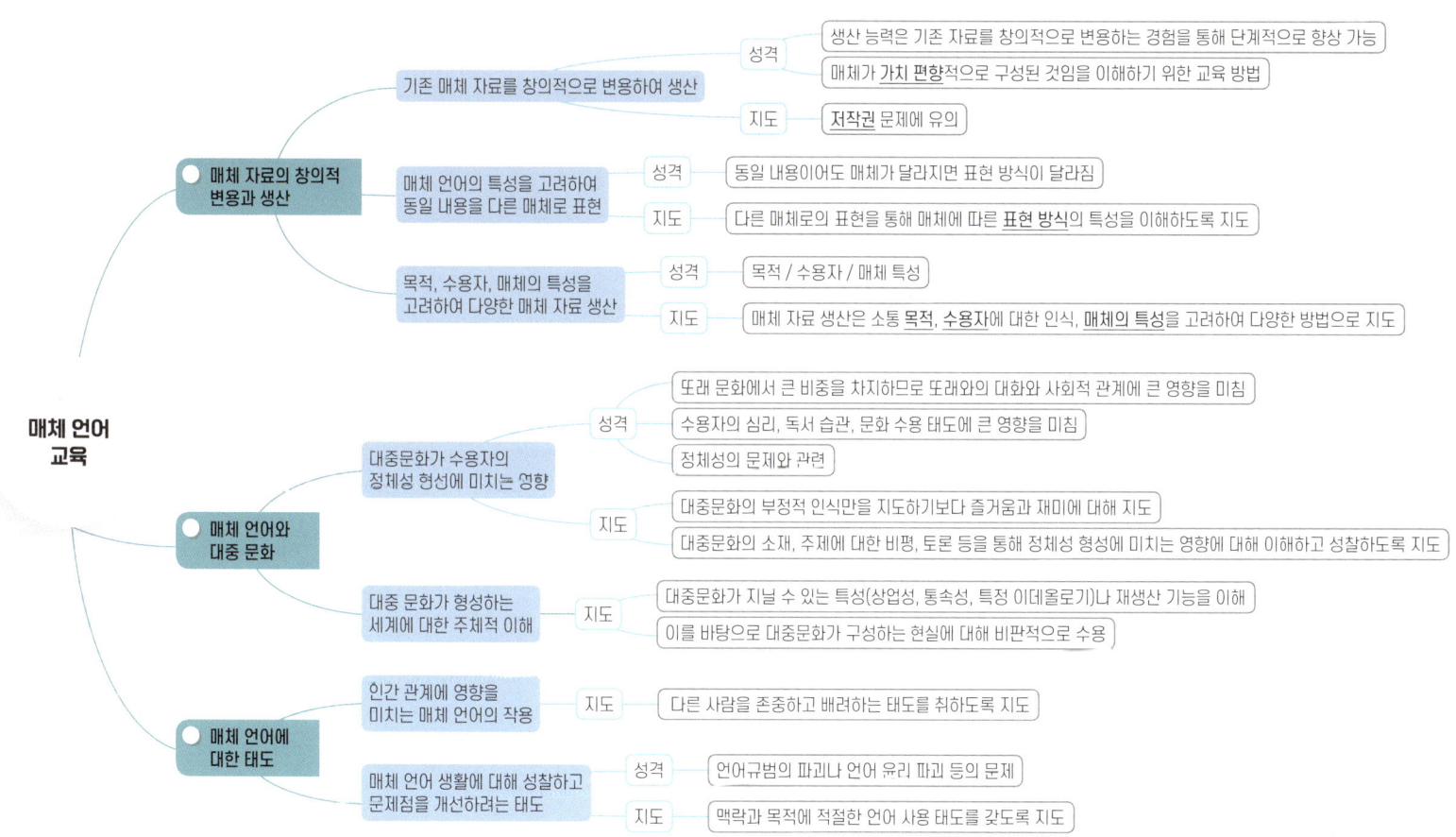

전공국어 국어교육론
개념 - 구조도

PART 2　독서교육론

CHAPTER 5　독서 교육

01 교육 이론 - 텍스트, 독자, 사회 (1)

독서 교육의 원리

독서 교육 이론의 변천 양상

독서 교육 이론의 변천 양상

1. 텍스트 중심 이론과 모형

- **성격**
  - 언어 요인을 강조
  - 텍스트가 이해에 있어 가장 중요
- **인식론적 전제** — 객관적 실재주의
  - 지식은 주체와는 별개로 외부 세계에 객관적으로 주어져 있다.
  - 지식의 획득 과정은 주체가 객관적인 지식을 발견하여 머릿속으로 옮기는 과정
- **이해의 과정**
  - 의미는 독자의 외부(글)에 객관적으로 전제
  - 하나의 글은 언제나 **고정**된 의미를 지니기 때문에 여러 독자가 읽어도 의미는 동일
- **상향식 모형**
  - 글 혹은 자료가 중심이 되어 이해가 일어남
  - 글의 가장 작은 단위부터 점차 큰 단위로 통합해가며 전체 글의 의미가 머릿속으로 옮겨지는 과정
- **지도**
  - 사고의 깊이에 따라 읽기의 하위 기능을 **분절**적으로 지도
  - ex) 하위 기능 : 글자 읽기, 단어 읽기, 문단 읽기, 전체 글 읽기 등

2. 독자 중심 이론과 모형

- **성격**
  - 독자 개개인의 **심리** 과정 강조
  - 독자의 역할 강조 — 글의 의미는 독자의 머릿속에서 구성된다.
- **인식론적 전제** — 주관적 구성주의
  - 지식 획득 과정에서 주체의 주관적 구성 능력 강조
  - 지식은 개별적 사고 과정을 거쳐 새롭게 구성되는 것
- **이해의 과정**
  - 독자가 주관적으로 글의 의미를 해석, 부여, 예측 및 비판, 창조 등의 과정
  - **능동**적 사고 과정으로 인해 독자들 간의 **반응**이 다름
- **하향식 모형 (강한 모형)**
  - 강조점
    - 의미에 대한 독자의 적극적인 **가정** 및 **추측** 강조
    - 배경 지식을 바탕으로 스스로 의미를 강조하며 글은 참고 자료 정도의 역할
  - 의의 : 글 중심 → 독자 중심 사고로 전환
  - 한계 : 글의 의미는 무한하게 넓어질 수 없음
- **상호작용 모형 (약한 모형)**
  - 강조점
    - 글의 의미는 글과 독자가 상호작용하는 과정에서 구성됨
    - 의미 구성을 위해 독자는 글과 배경지식 모두 의존
    - 글은 배경지식을 활성화하고 이는 글의 의미 이해에 도움, 예측
  - 의의 : 상향식 과정과 하향식 과정을 모두 인정
- **지도** : **배경 지식** 활성화하기 / **예측**하기 / **추론**하기 / 질문하고 답하기 / **비판**하기 등

02 교육 이론 – 텍스트, 독자, 사회 (2)

독서 교육의 원리
독서 교육 이론의 변천 양상

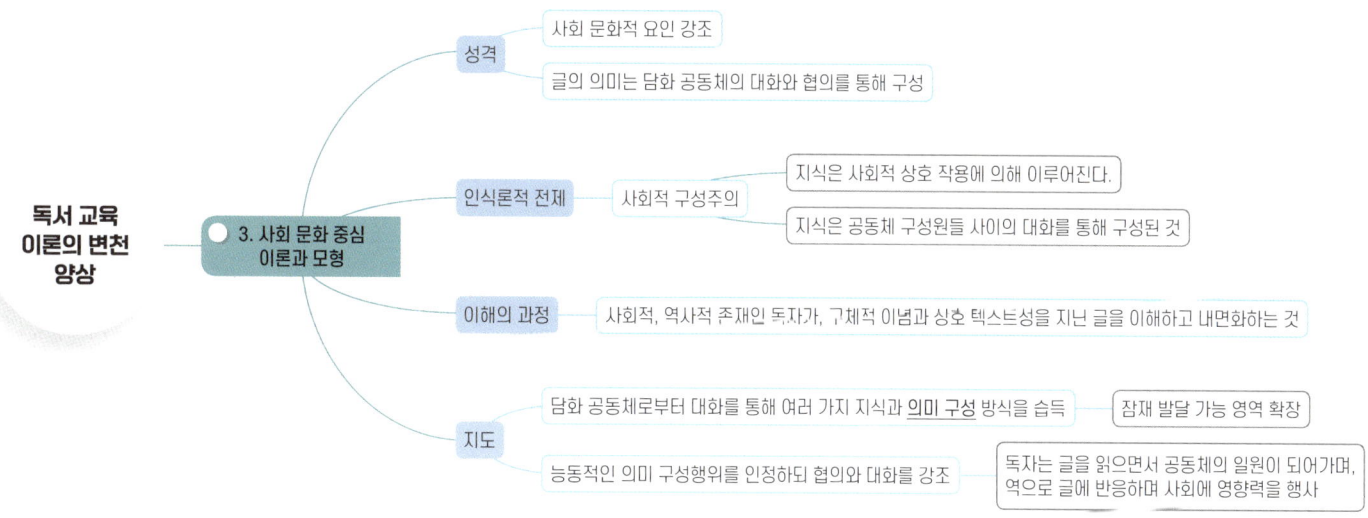

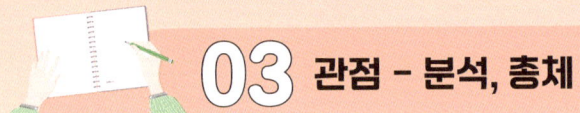

03 관점 – 분석, 총체

독서 지도의 실제 — 분석적 관점과 총체적 관점

분석적 관점과 총체적 관점

분석적 관점
- **특징**
  - 읽기 활동을 요소별로 분석하여 지도하는 방법
  - 읽기에 필요한 요소나 방법 등을 직접 가르치는 것
- **목표**
  - 기능과 전략을 잘 학습하여 읽기 능력이 발달하게 되는 것이 목표
- **양상**
  - 언어 단위 체계 (단어, 문장, 단락, 글 전체 등) / 사고 깊이의 체계 (확인, 추론, 평가, 감상 등)으로 분석 후, 지식, 기능, 전략, 태도, 맥락 등 읽기 능력 향상에 필요한 요소들을 가르치는 것

총체적 관점
- **특징**
  - 읽기 활동 자체를 **전체**적으로 지도
  - 읽는 활동을 계속하도록 하는 것
- **양상**
  - 읽기 활동이 반복되고 읽기 능력이 저절로 향상된다고 가정
  - 교육의 역할이 축소 — '스스로'를 강조

종합적 관점
- **필요성**
  - 분석적, 총체적 방식은 모두 필요
- **역할**
  - 교사의 역할
    - 분석적인 방법 지도
    - 이와 연계하여 **다양**하고 **지속**적인 글 읽기 활동을 할 수 있도록 설계
  - 학습자의 역할
    - 경험의 반복을 통해 배운 것을 적용하고 스스로 터득

04 지도 - 기능, 전략

독서 지도의 실제 기능 중심 지도와 전략 중심 지도

05 교재와 교과서

독서 지도의 실제　독서 교재론

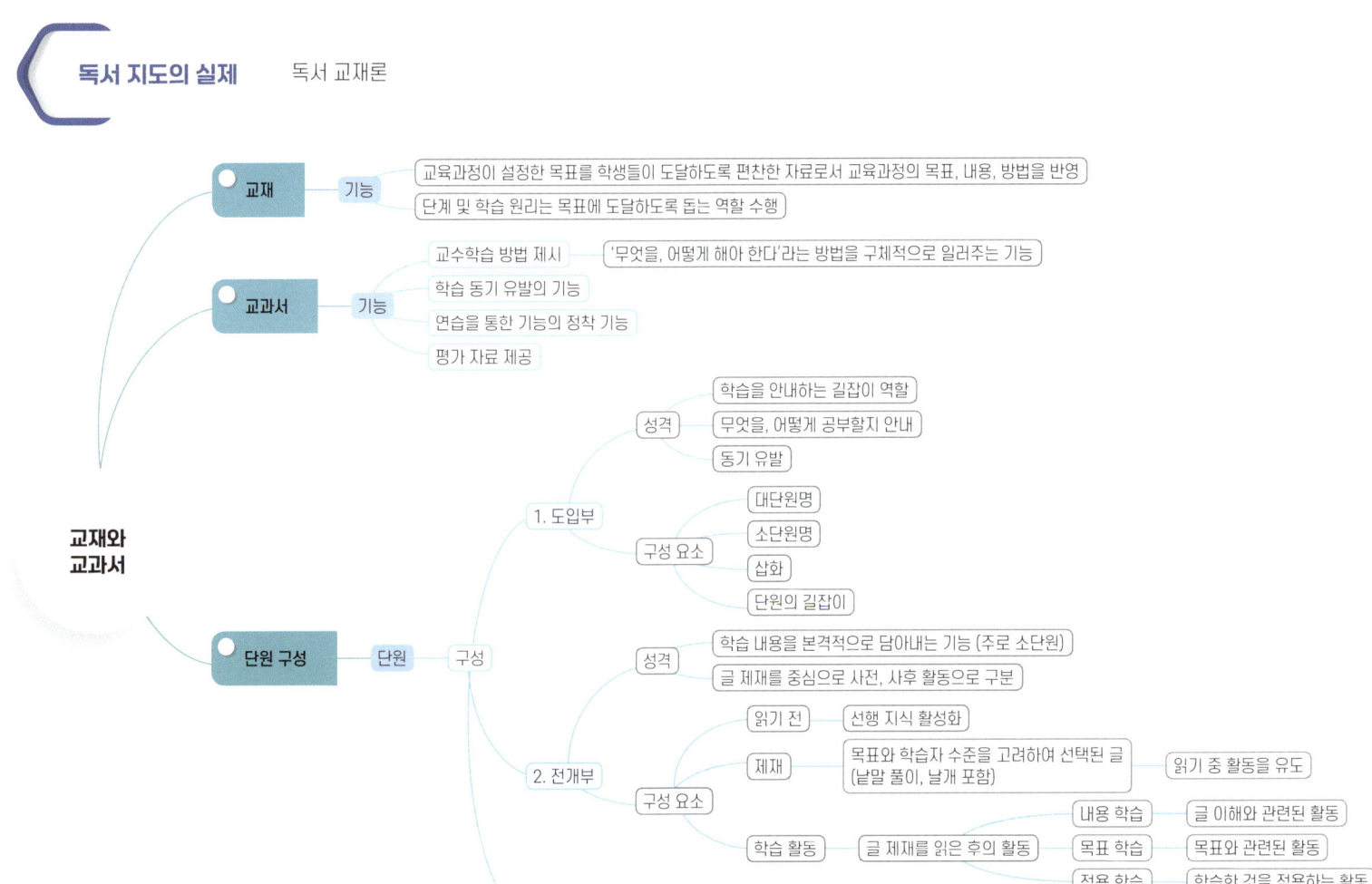

122　PART 2 독서교육론

06 현시적 교수법

독서 교수 학습 모형   전략중심 모형 (직접, 현시적 교수법)특징

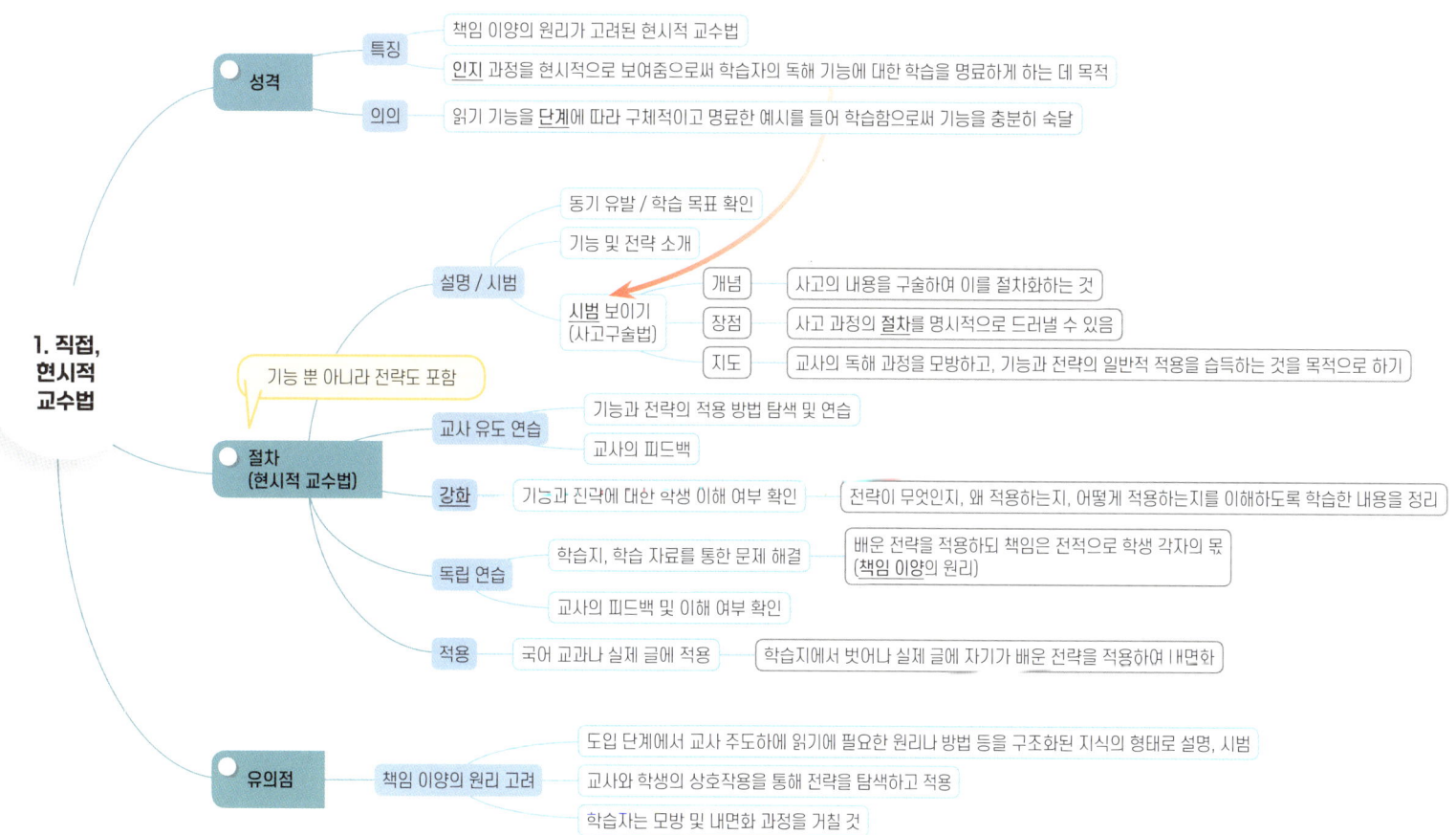

07 상보적 교수법

독서 교수 학습 모형 — 전략중심 모형 (상보적 교수법)

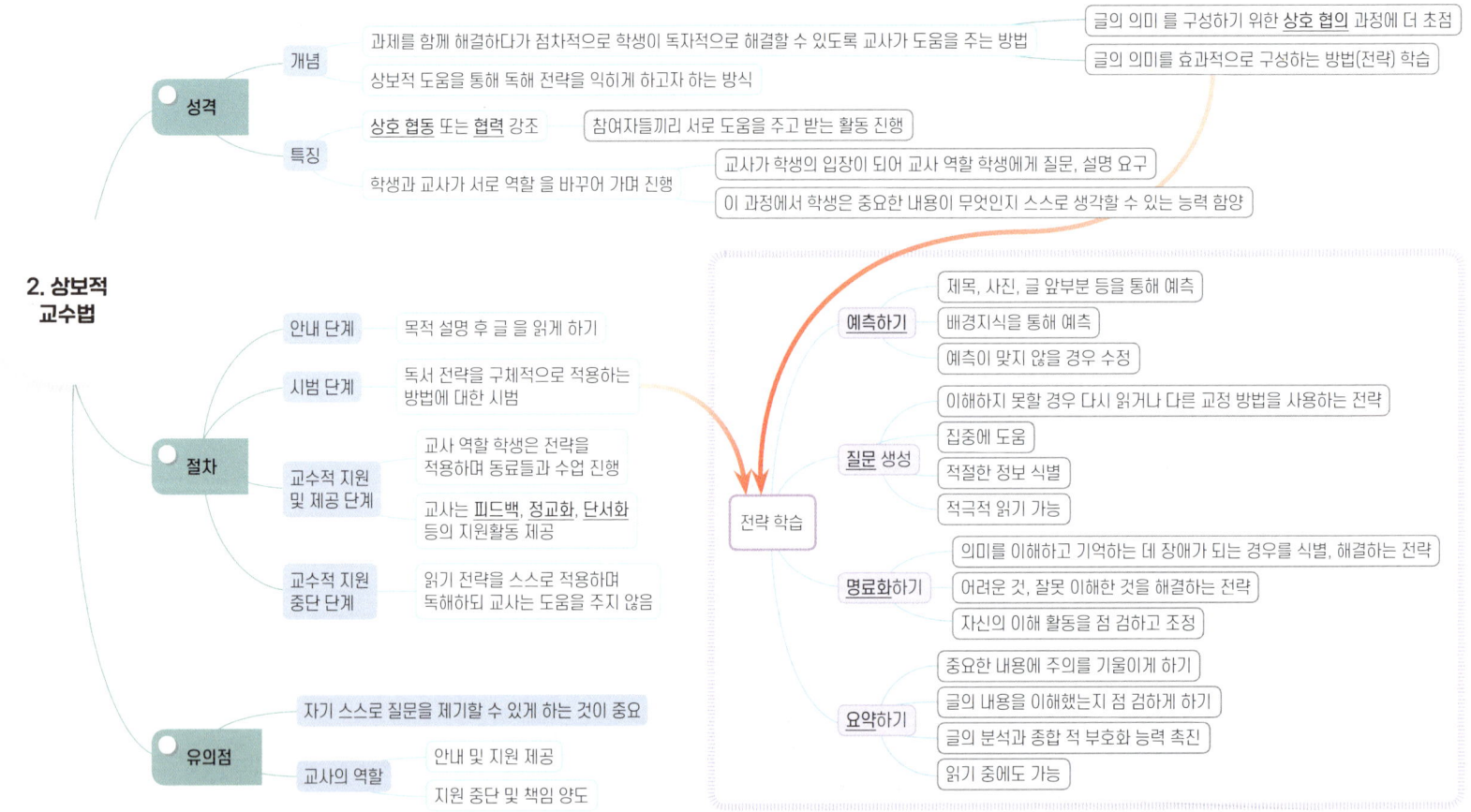

- 2. 상보적 교수법
  - 성격
    - 개념
      - 과제를 함께 해결하다가 점차적으로 학생이 독자적으로 해결할 수 있도록 교사가 도움을 주는 방법 — 글의 의미를 구성하기 위한 **상호 협의** 과정에 더 초점
      - 상보적 도움을 통해 독해 전략을 익히게 하고자 하는 방식 — 글의 의미를 효과적으로 구성하는 방법(전략) 학습
    - 특징
      - **상호 협동** 또는 **협력** 강조 — 참여자들끼리 서로 도움을 주고 받는 활동 진행
      - 학생과 교사가 서로 역할을 바꾸어 가며 진행
        - 교사가 학생의 입장이 되어 교사 역할 학생에게 질문, 설명 요구
        - 이 과정에서 학생은 중요한 내용이 무엇인지 스스로 생각할 수 있는 능력 함양
  - 절차
    - 안내 단계 — 목적 설명 후 글을 읽게 하기
    - 시범 단계 — 독서 전략을 구체적으로 적용하는 방법에 대한 시범
    - 교수적 지원 및 제공 단계
      - 교사 역할 학생은 전략을 적용하며 동료들과 수업 진행
      - 교사는 **피드백**, **정교화**, **단서화** 등의 지원활동 제공
    - 교수적 지원 중단 단계 — 읽기 전략을 스스로 적용하며 독해하되 교사는 도움을 주지 않음
  - 유의점
    - 자기 스스로 질문을 제기할 수 있게 하는 것이 중요
    - 교사의 역할
      - 안내 및 지원 제공
      - 지원 중단 및 책임 양도

전략 학습
- 예측하기
  - 제목, 사진, 글 앞부분 등을 통해 예측
  - 배경지식을 통해 예측
  - 예측이 맞지 않을 경우 수정
- 질문 생성
  - 이해하지 못할 경우 다시 읽거나 다른 교정 방법을 사용하는 전략
  - 집중에 도움
  - 적절한 정보 식별
  - 적극적 읽기 가능
- 명료화하기
  - 의미를 이해하고 기억하는 데 장애가 되는 경우를 식별, 해결하는 전략
  - 어려운 것, 잘못 이해한 것을 해결하는 전략
  - 자신의 이해 활동을 점검하고 조정
- 요약하기
  - 중요한 내용에 주의를 기울이게 하기
  - 글의 내용을 이해했는지 점검하게 하기
  - 글의 분석과 종합적 부호화 능력 촉진
  - 읽기 중에도 가능

08 DRTA

독서 교수 학습 모형 — 전략중심 모형 (DRTA)

3. 직접 교수법이 독서 영역에 적용된 독서 지도법

직접 읽기 사고 활동법 (DRTA)

특징 (학습자 중심)
- 학생들 스스로 예측, 확인, 목적 설정 후 이에 맞게 읽기
- 자신이 제대로 이해하고 있는지 확인
  - 능동적인 사고 활동 가능
  - 비판적으로 읽는 능력 함양
- 역동적이고 다양한 구성적 반응 강조

DRA (교사 중심)
- 방법을 구체적으로 가르쳐주는데에 적합
- 기능이나 전략을 명시적으로 가르쳐 주는 방법

절차

- **읽는 목적 설정 및 확인**
  - 학생 활동
    - 무엇을 알고 모르는가를 정리
    - 스키마 활성을 위한 질문 생성
  - 교사 지도
    - 여러가지 단서를 이용하여 스키마 활동 활동 수행 지도 — 목적에 따라 동원해야 할 스키마가 다름
    - 문단에서 각 문장의 중요도 평정하기
    - 스키마 활성을 위한 질문 제시 및 생성

- **관련 질문**
  - 무엇에 관한 글인가
  - 무슨 일이 일어날 것인가
  - 무엇을 배울 수 있는가
  - 내용과 관련하여 무엇을 알고 있는가

- **목적과 자료에 맞게 속도 조절하기**
  - 학생 활동
    - 속도 조절
    - 내용 예측, 점검, 다시 예측하는 과정을 수행
    - 예측과 관련된 질문에 스스로 답하기
  - 교사 지도
    - 내용 예측, 점검, 다시 예측하는 과정을 수행하도록 지도
    - 예측과 관련된 질문에 스스로 답할 준비를 하게 하기

- **읽는 상황 관찰하기**
  - 학생 활동
    - 글을 읽으며 질문에 대한 답 찾기
    - 목적 달성을 위한 전략을 투입하며 글 읽기
  - 교시 지도
    - 질문이 목적에 적합한지 관찰
    - 해답을 찾는 과정이 적절한지 관찰
    - 어떤 전략을 사용하는지 관찰

- **독해 지도하기**
  - 학생 활동: 자신이 생각한 내용이나 해답이 근거에 맞는지, 합리적인지, 타당성이 있는지 확인
  - 교사 지도: 예측 능력을 길러주기 위한 활동 제시

- **중요한 읽기 기능 지도하기** — 기능 및 전략 학습 — 내용 예측 시 사용한 방법, 근거 활용 방식 등을 바탕으로 기능을 전략적으로 지도

예측 능력 향상 활동
- 글 부분 나누기
- 내용과 관련된 추론 질문 유도
- 질문에 대한 해답 찾게 하기
- 글과 배경지식 연결하기
- 위 과정 반복하며 글을 차례대로 읽게 하기

09 정보 처리 - 문제 해결, 탐구학습

독서 교수 학습 모형   정보 처리 모형

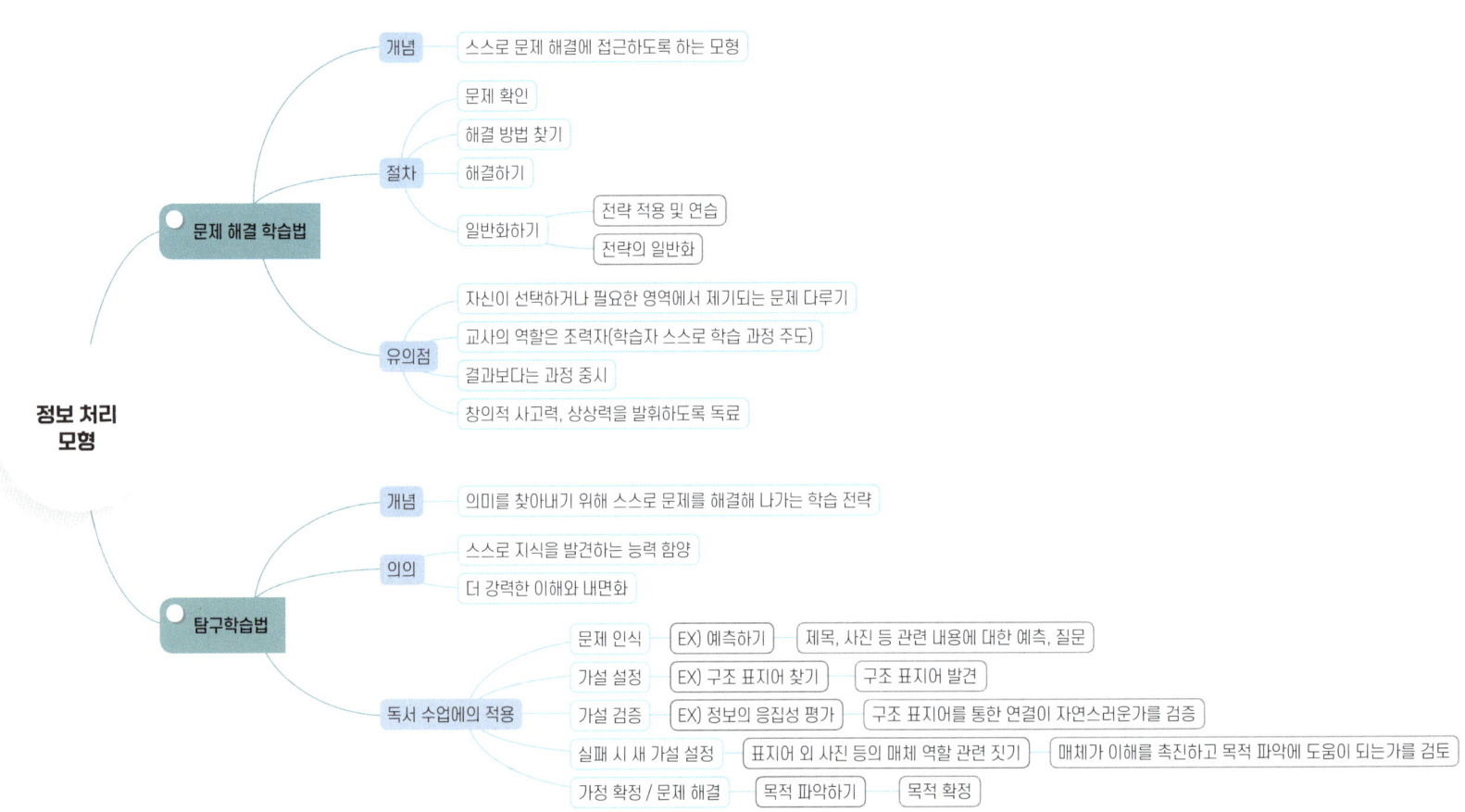

10 소집단, 토론, 독서 워크숍

독서 교수 학습 모형 — 사회적 의미 구성에 기반한 독서 모형

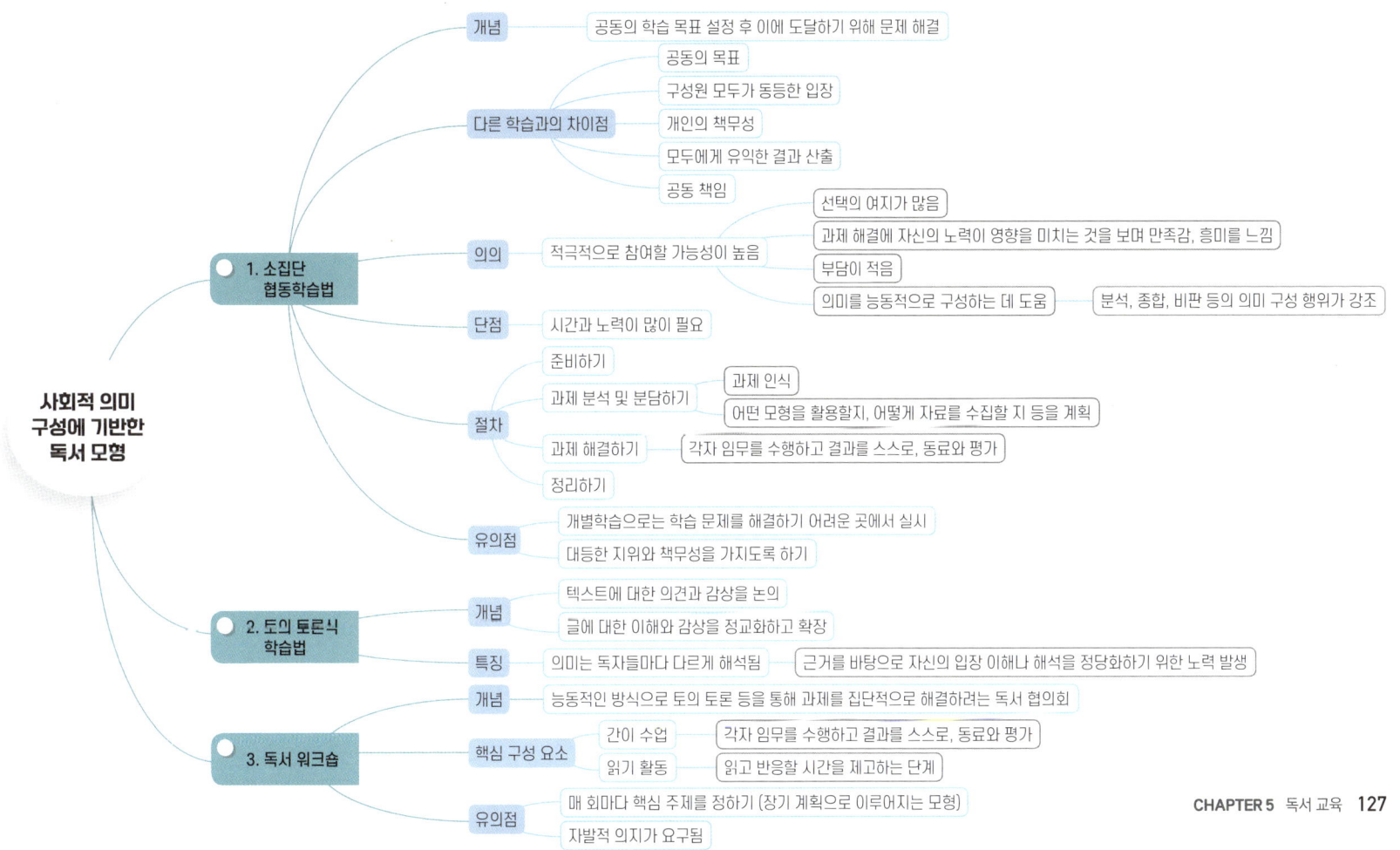

11 총체적 언어 교육

독서 교수 학습 모형 — 기타 모형

기타 모형

1. 총체적 언어 교육을 활용한 의미 중심 읽기 수업 (언어 통합적 학습법)

- **성격**
  - 개념
    - 실제적 독서 맥락을 조성하기
    - 독서 활동을 중심으로 화법, 작문까지 통합하는 방법
  - 교수학습 원리
    - **실제성**: 실제 생활에서 활용할 수 있는 언어 사용을 강조
    - **기능 통합성**: 기능만을 따로 반복하여 가르치지 않고 그 기능이 포함된 하나의 이야기를 읽도록 하며 기능과 지식을 익히도록 유도
    - **언어 통합성 / 범교과성**: 말하고 듣고 읽고 쓰는 언어 활동이 다른 교과 내용 등과 연결하여 총체적 언어 사용 능력을 기르는 것이 효과적
    - **학습자 중심성**
      - 학습자 간 상호 작용 강조 / 실수 허용 / 책임감 강조
      - 학부모 참여, 질적 평가를 바탕으로 평가하기
      - 학습자의 요구에 맞게 교육과정을 재구성하기 등

- **절차**
  - 1단계 — 학생: 과제, 의도, 목적 확인
  - 2단계 — 학생
    - 과제 해결 방법 모색
    - 읽기 활동 결과를 다양한 언어 활동에 결합하는 방법 모색
  - 3단계
    - 학생: 개인 수준과 요구에 따라 혼자 읽기, 돌려 읽기 등의 방법으로 읽기
    - 교사: 읽기 기능 안내 및 적용 유도
  - 4단계
    - 학생: 상호 작용을 통해 텍스트의 의미 구체화 (의미 > 전략)
    - 교사: 상호 작용 유도 — 말하기 듣기 영역 통합
  - 5단계
    - 학생: 과제 해결을 위한 활동 수행
    - 교사
      - 다양한 관련 자료 예시 및 활동 안내
      - 말하기 듣기 읽기 쓰기 활동 연계를 유도
      - 다양한 교과 활동과 연계하여 통합적 접근을 유도
  - 6단계
    - 학생: 활동 결과 발표를 평가, 다양한 텍스트에 적용
    - 교사
      - 모둠별 각기 다른 활동들을 발표하도록 유도
      - 실제 세계에 적용할 수 있는 텍스트 자료를 제공하여 의미를 심화하고 내면화하도록 유도

12 내용 교과 학습

독서 교수 학습 모형 기타 모형

13 SQ3R

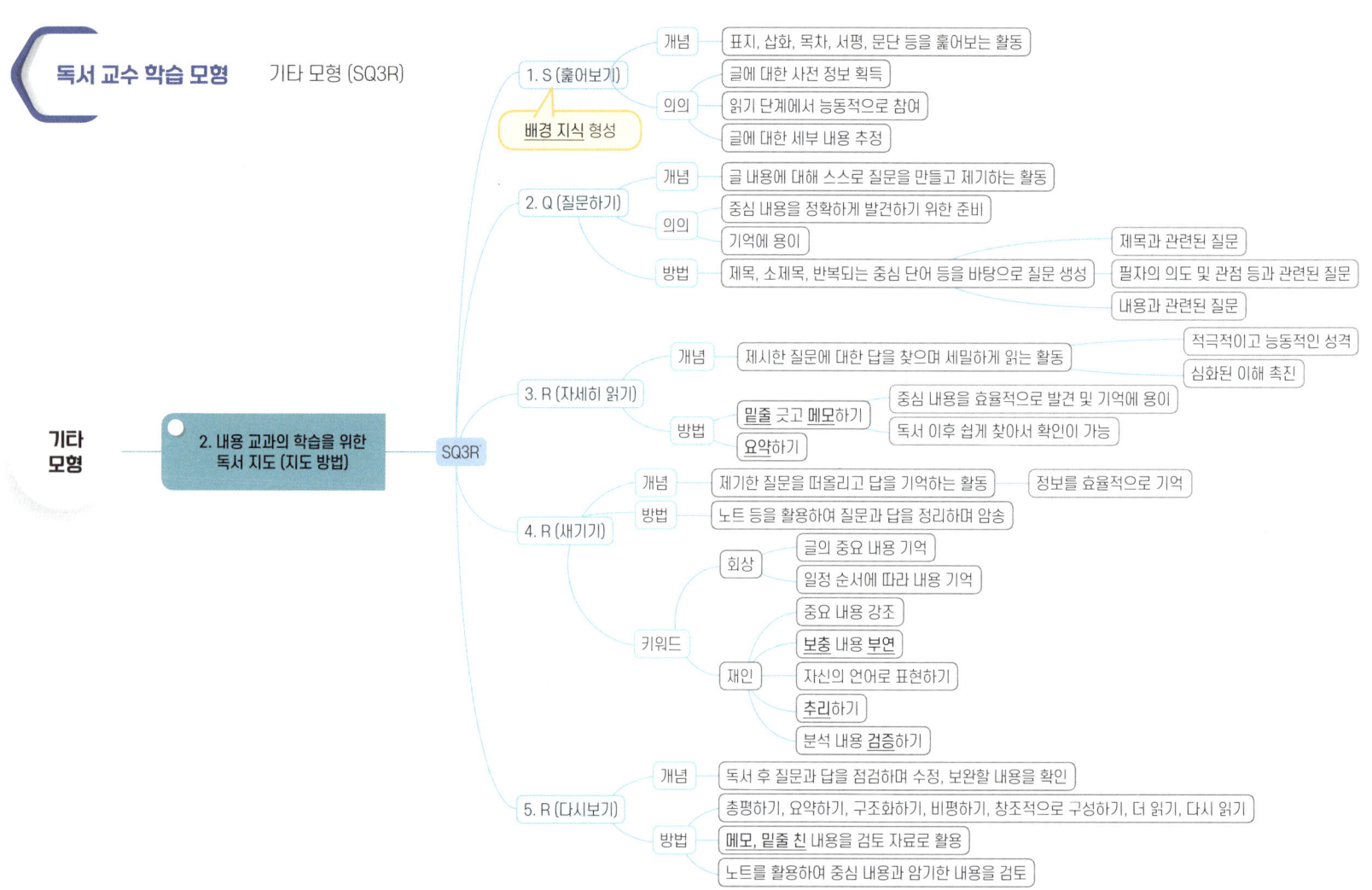

14 KWL

독서 교수 학습 모형 기타 모형 (KWL)

기타 모형 — 2. 내용 교과의 학습을 위한 독서 지도(지도 방법) — KWL

- 특징
  - 학생들에게 능동적인 자세로 글을 읽게 하기 위한 전략
  - 글 내용 **예측**, **구조**화, 능동적으로 글 읽는 방법, **질문**하기 전략 터득
  - 새로운 정보를 의미있게 **조직**하는 방법 터득

- 절차
  - 도입: 알고 있는 것, 알고 싶은 것, 알게 된 것 등 세 개의 항목으로 구성된 학습 안내 도식 제공
  - K
    - 지도 내용: 제목이나 주제에 대해 알고 있는 것을 적게 하기
    - 의의: 내용을 **예측**하고 배경지식을 활성화하게 함 → 능동적 읽기 가능
  - W
    - 지도 내용: 앞으로 더 알고 싶은 내용에 대해 생각해보게 하기
    - 의의: 능동적 자세 **함양**, **스키마 활성화**에 **효과적**
    - 방법: 질문하기 전략 — 일정한 기준을 바탕으로 질문 **범주화**하기
  - L
    - 지도 내용
      - 질문에 대한 답을 찾게 함으로써 알게 된 것을 정리하게 하기
      - 학습 내용, 주요 개념 정리
    - 의의
      - 평가 및 정리를 통해 새로운 정보를 의미 있게 조직하는 방법 터득
      - 심화된 이해
      - 자신의 독해를 스스로 점검

15 복합 매체 텍스트, 진로 독서

독서 교수 학습 모형 기타 모형

기타 모형

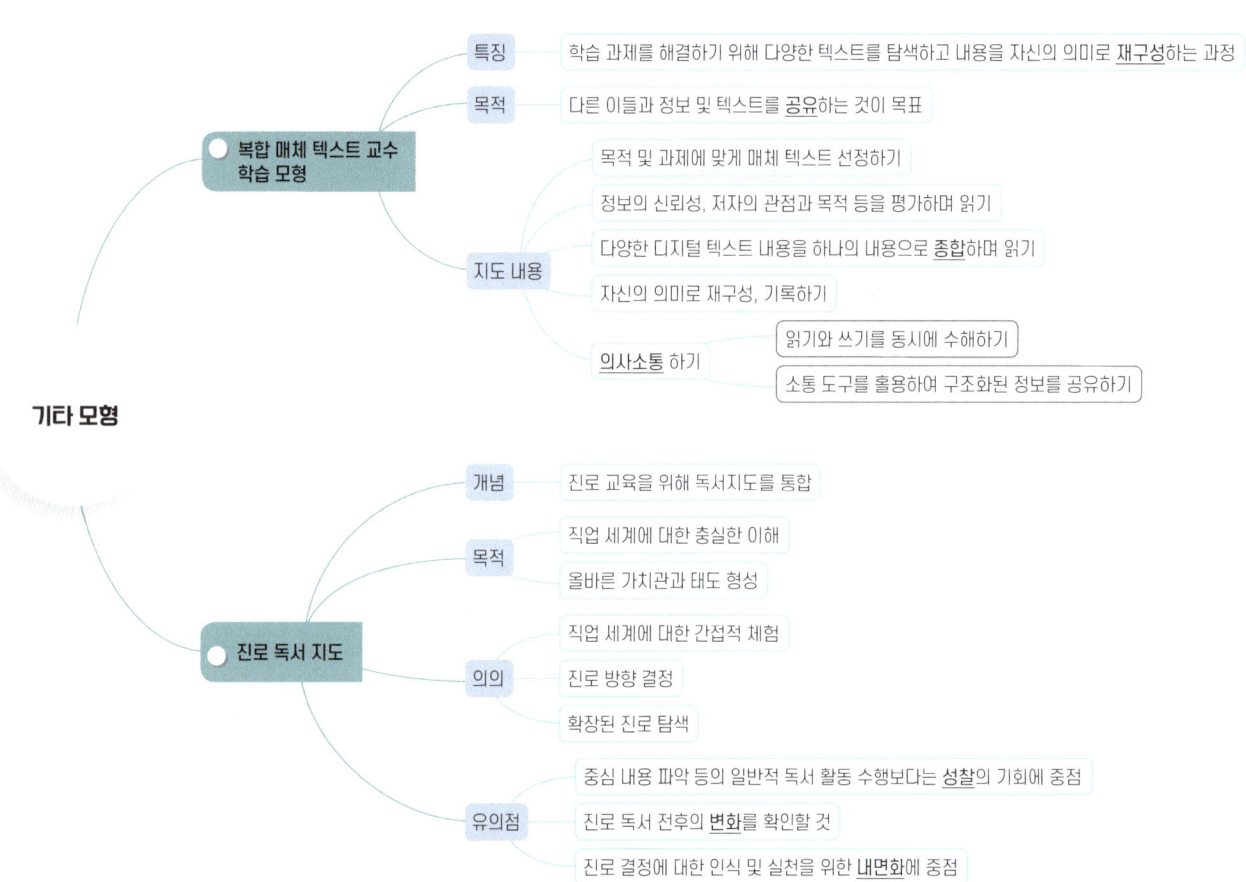

- 복합 매체 텍스트 교수 학습 모형
  - 특징: 학습 과제를 해결하기 위해 다양한 텍스트를 탐색하고 내용을 자신의 의미로 **재구성**하는 과정
  - 목적: 다른 이들과 정보 및 텍스트를 **공유**하는 것이 목표
  - 지도 내용:
    - 목적 및 과제에 맞게 매체 텍스트 선정하기
    - 정보의 신뢰성, 저자의 관점과 목적 등을 평가하며 읽기
    - 다양한 디지털 텍스트 내용을 하나의 내용으로 **종합**하며 읽기
    - 자신의 의미로 재구성, 기록하기
    - **의사소통** 하기
      - 읽기와 쓰기를 동시에 수행하기
      - 소통 도구를 활용하여 구조화된 정보를 공유하기

- 진로 독서 지도
  - 개념: 진로 교육을 위해 독서지도를 통합
  - 목적:
    - 직업 세계에 대한 충실한 이해
    - 올바른 가치관과 태도 형성
  - 의의:
    - 직업 세계에 대한 간접적 체험
    - 진로 방향 결정
    - 확장된 진로 탐색
  - 유의점:
    - 중심 내용 파악 등의 일반적 독서 활동 수행보다는 **성찰**의 기회에 중점
    - 진로 독서 전후의 **변화**를 확인할 것
    - 진로 결정에 대한 인식 및 실천을 위한 **내면화**에 중점

PART 2   독서교육론

CHAPTER 6   독서 평가

01 평가의 목적과 의의, 교사

독서 평가 — 독서 평가의 목적과 방법

독서 평가의 목적 및 교사 역할

1. 목적 및 의의
- **목적**: 학습자의 독서 수준 및 특성을 파악하여 독서 교육을 효과적으로 수행하기 위한 방법
- **의의**:
  - 독서 수업에 적절한 그 자료를 선정할 수 있음
  - 우선적으로 다루어야 할 지도 내용 선별
  - 지도의 순서 체계화
  - 인지적 정의적 특성을 반영하여 적합한 독서지도 방안 마련 가능

2. 교사의 역할
독서 평가에 대한 전문성 함양 필요
- 다양한 독서 평가 방법에 대한 지식
- 신뢰성과 타당성이 있는 평가 도구를 개발할 수 있는 능력
- 학생들의 독서 수행을 정확하고 객관적으로 평가할 수 있는 능력
- 평가 결과를 교육적으로 환류할 수 있는 능력

3. 평가 결과 분석 및 활용
학습 지향적 평가 체제로의 변화
- 결과 지향적 평가를 지양하고 학습자의 성장 발달을 지원하는 평가를 지향
- 경쟁 유도를 지양하고 독자로서의 성장과 발달을 지원하는 평가를 지향

02 형식과 비형식

독서 평가   형식적 평가 / 비형식적 평가

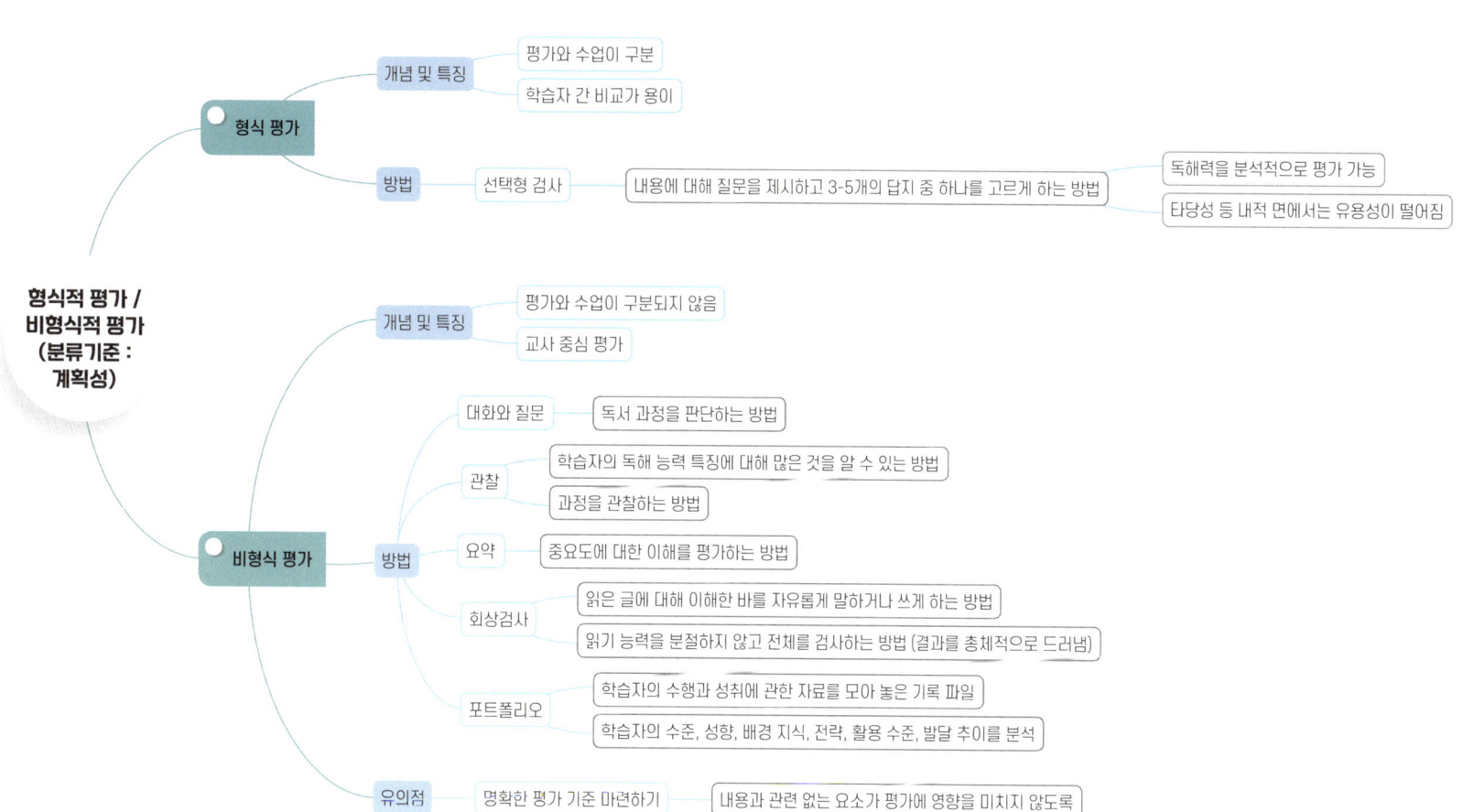

03 양과 질, 직접과 간접

독서 평가 양적 평가 / 질적 평가, 간접 평가 / 질적 평가

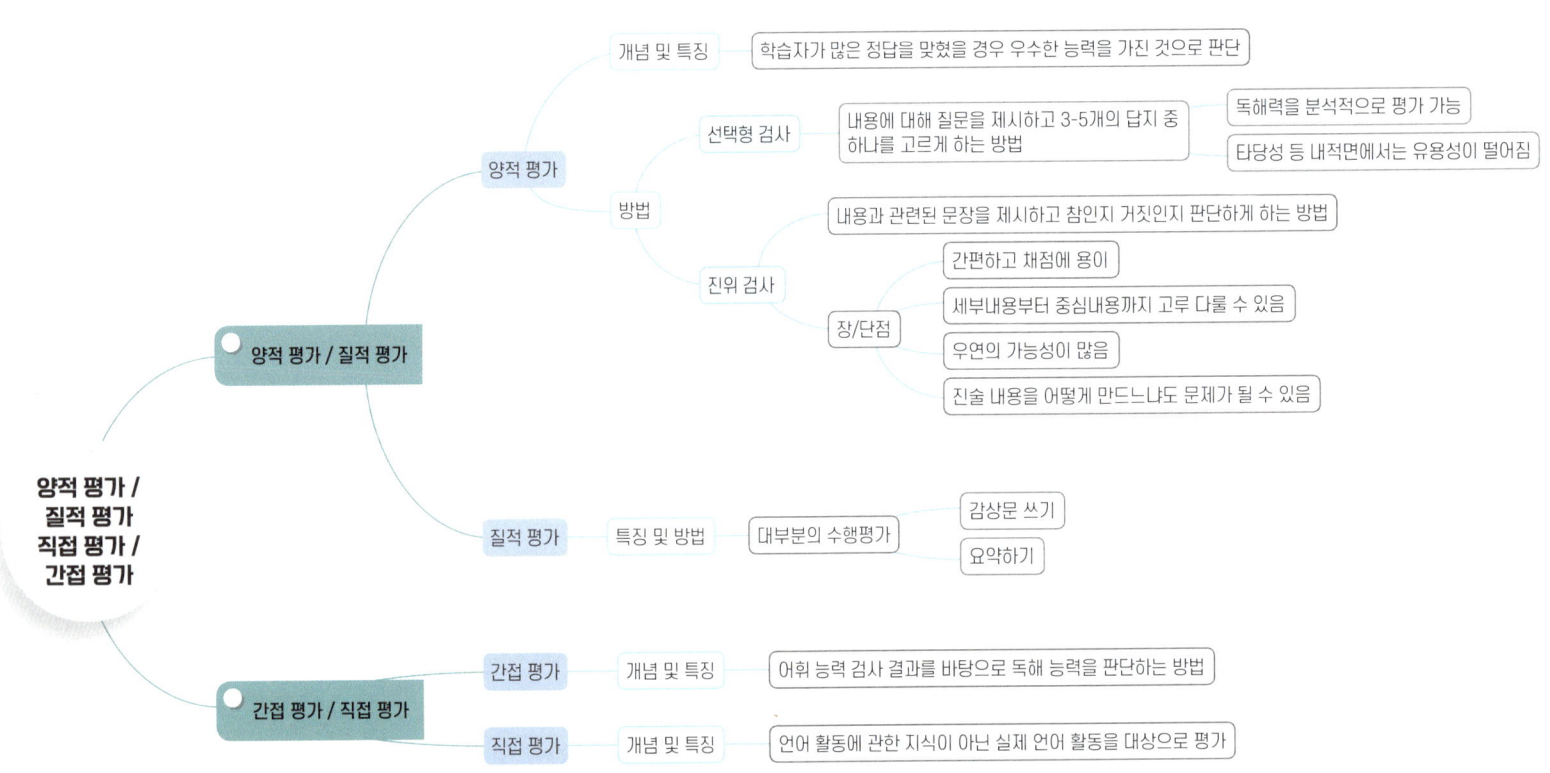

04 과정, 결과, 상위인지

독서 평가 과정 평가 / 결과 평가 / 상위 인지 평가

과정 평가 / 결과 평가 / 상위 인지 평가

- **과정 평가**
  - 개념 — 인지 과정을 검사하기 위한 평가 — 독서 특성 진단에도 유용함
  - 방법
    - 빈칸 메우기 검사
      - 타당성, 신뢰도 확보
      - 문항 제자 및 채점에 용이
    - 오독 검사
      - 해독 능력 여부 판단 — 초창기에 유용
      - 의미의 단위를 구분하여 의미를 잘 구성하는지(과정)를 판단
    - 안구 운동 분석
      - 상향식 모형을 비판하고 하향식 모형을 지지
      - 능숙한 독자는 시선의 고정시간이 짧고 도약 거리는 길다
      - 추론 과정 평가를 하기에는 한계
    - 질의 응답 — 글의 내용과 독자의 전략에 대한 질문

- **과정 평가** (결과 평가)
  - 개념 — 독자의 결과물을 토대로 평가하는 방법
  - 목적 — 글의 내용을 얼마나 파악, 기억하였는지를 평가
  - 방법
    - 선다형
    - 진위형
    - 자유 회상
    - 질문던지기

- **상위 인지 평가**
  - 개념 — 이해 여부, 독서 전략 사용의 효과성 여부, 중요 문장의 중요성 여부 등을 판단
  - 방법
    - 자기 평가
    - 프로토콜 분석
    - 오류 탐색 과제
    - 글의 중요도 평정 + 요약

전공국어 국어교육론
개념 - 구조도

PART 3 작문교육론 종합

01 특성 - 인지주의적 관점 (1)

작문 특성 (인지주의적 관점)

2015 고등1 쓰기는 의미를 구성하여 소통하는 사회적 상호 작용임을 이해하고 글을 쓴다.

인지주의적 관점 — 의미 구성

- **개념**: 필자 개인의 경험, 지식, 가치관, 신념 등에 따라 분석하고 구체화 하는 과정에서 작문은 필자만의 창조적인 <u>의미 구성</u> 과정으로 진행
- **특징**: 같은 주제나 동일한 예상 독자를 대상으로 하여도 필자 개인의 특성에 따라 다르게 창조
- **관점**
  - <u>과정</u> 강조: 작문은 회귀적인 <u>의미 구성</u> 과정
  - 고려 요인: <u>주제 / 독자 / 목적 / 사회 문화적 맥락</u> → 필자는 이를 분석 및 구체화 → 창조적 의미 구성으로 연결
- **Flower & Hayes의 인지적 작문 모형**
  1. 필자의 <u>장기기억</u> — 주제, 독자 및 계획하기에 대한 필자의 지식
  2. 작문 <u>과제</u> 환경
     - 수사론적 문제, 주제, 독자, 필요성
     - 지금까지 작성된 텍스트
  3. 작문 과정 — 조정하기
     - 계획하기 — 생성하기, 조직하기, 목표 정하기
     - 작성하기
     - 재고하기 — 평가하기, 고쳐쓰기
     ⎱ 동시적, 상호작용적
  - 관련 평가 방법
    1. <u>사고 구술법</u>
    2. <u>프로토콜</u> 분석
- **강조점**
  - 필자의 사고 <u>과정</u> 중시
  - 작문 과정의 <u>회귀</u>성 강조
  - 필자 : 수사론적 문제 해결자
  - 독자 : 능동적, <u>목표지향</u>적 해석자
  - 분석 대상 : 개별 작문 행위
  - 텍스트 : 필자의 계획, 목적, 사고를 언어로 번역한 것
- **의의**: <u>과정</u>을 조절하고 통제할 수 있는 <u>기능과 전략</u>을 쓰기 교육의 주된 내용으로 삼음
- **한계**
  - <u>사회·문화적 상황</u>이나 <u>맥락</u> 간과
  - <u>결과물</u>로서의 글 자체에 소홀
- **지도**: 여러 자료에서 얻은 <u>내용</u>을 종합하여 글을 썼던 <u>경험</u>을 바탕으로 쓰기가 <u>의미 구성 과정</u>이라는 점을 이해하도록

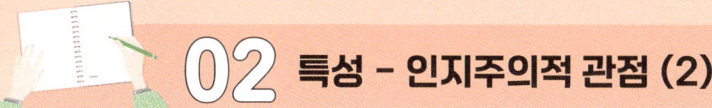

02 특성 - 인지주의적 관점 (2)

2015 중학 쓰기는 주제, 목적, 독자, 매체 등을 고려한 문제 해결 과정임을 이해하고 글을 쓴다.

03 특성 - 인지주의적 관점 (3)

작문 특성 (인지주의적 관점)

[2015] [중학] 쓰기는 주제, 목적, 독자, 매체 등을 고려한 문제 해결 과정임을 이해하고 글을 쓴다.

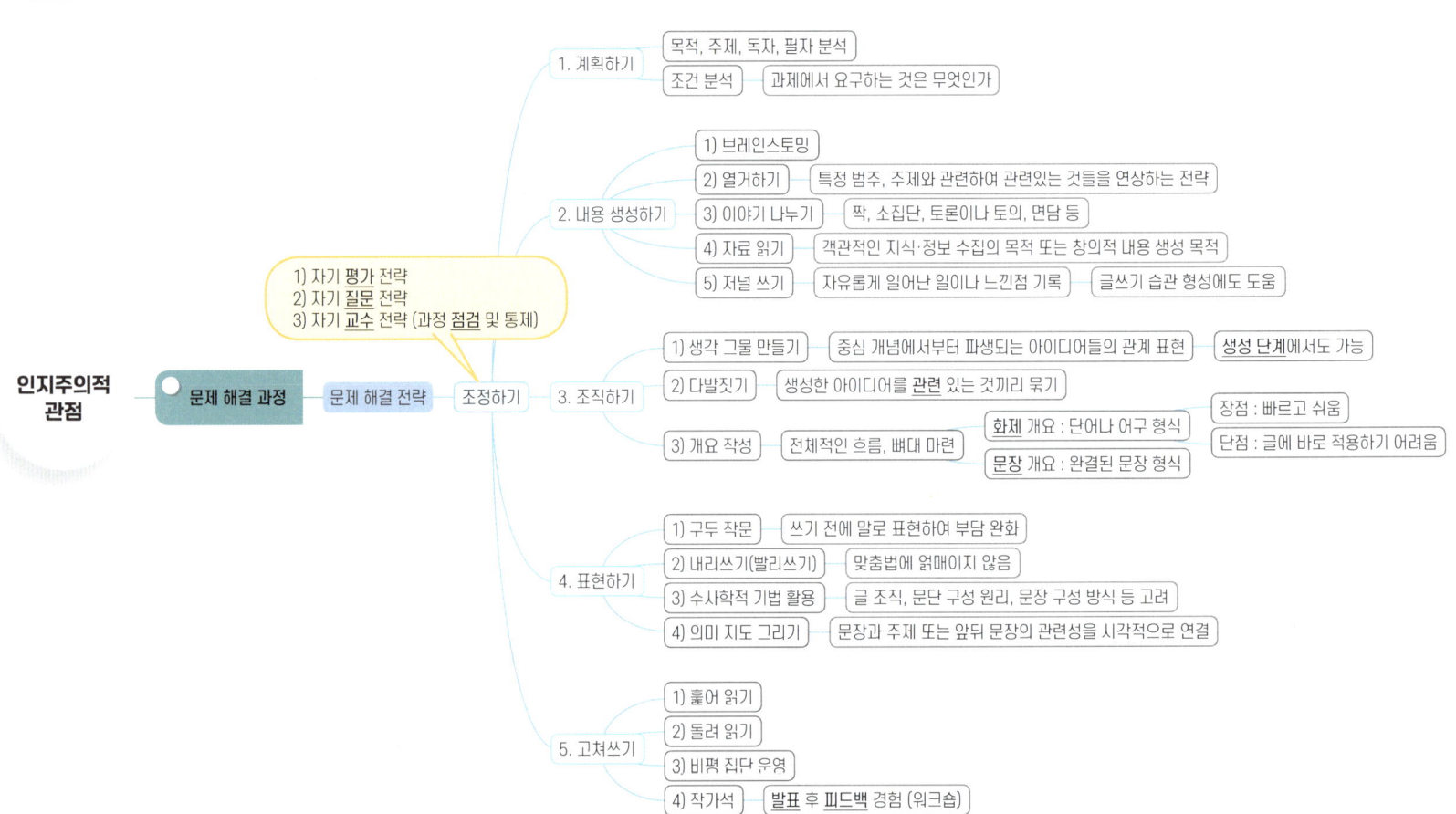

04 특성 - 사회적 관점

작문 특성 (사회적 관점)

[2015] [고등1] 쓰기는 의미를 구성하여 소통하는 사회적 상호 작용임을 이해하고 글을 쓴다.
[2015] [고등2] 사회적 의사소통 행위로서 화법과 작문의 특성을 이해한다.

- **사회적 관점**
  - **사회·문화적 실천 행위**
    - 개념
      - 필자는 자신이 속한 **사회·문화적 상황**을 쓰기에 반영
      - 사회 문화 공동체와의 **대화**나 **의미 협상** 과정을 반영
    - 관점
      - 필자는 사회, 문화 요소를 **수용**하는 것을 넘어 **담론**을 **형성**, **창조**, **변화**시키기도 함
    - 특성
      - 쓰기에 사회 문화를 반영 → 독자와 이를 소통시킴 → 공동체의 **발전**을 도모
  - **사회적 상호작용**
    - 개념
      - 글을 통해 맺어질 독자를 향해 **대화**와 **협상**을 시도하는 사회적 행위
    - 특성
      - 구체적인 상황 맥락 속 **독자**를 염두 — 대화 시도
      - 독자에게 둘러싸인 글
      - 글을 쓰는 사람과 글을 읽는 사람의 **상호 작용**
        - 쓰는 사람 : 예상 독자의 수준, 관심, 요구, 반응 고려
        - 읽는 사람 : 자신이 처한 맥락에 따라 수용

05 기능

작문의 기능

[2015] [고등2] 화법과 작문 활동이 자아 성장과 공동체 발전에 기여함을 이해한다.

작문의 기능

1. 자아 성찰
- **자신과의 대화** — 주제에 대한 입장, 독자에 대한 기대, 필자에 대한 예상 독자의 요구를 모두 고려하며 스스로 주제를 선택
- **자기 성찰의 기회** — 작문 과정에서 내면적 대화 과정을 통해 긍정적이고 바람직한 정서 형성
- **지도** — 스스로 자문하고 성찰할 수 있도록 안내
  - 무엇을 이야기하고자 하는가
  - 누구에게 하고자 하는가
  - 사회·문화적 상황에 <u>유의미</u>한 <u>의미 구성</u> 행위인가

2. 공동체 발전
- **사회적 의미 구성 행위**
  - 능숙한 필자 : 자신의 쓰기를 사회적이고 수사적이며 협조적인 행위로 인식
  - 독자를 고려해 더 좋은 글을 쓰기 위해 노력, 그들의 조언을 반영
- **공동체 문화와 가치를 유지하고 발전** — 공동체가 합의하는 지식, 가치관, 세계관을 글에 <u>반영</u> → <u>공유</u>
- **지도**
  - 거시적으로 사회적 소통과 통합, 문명과 문화의 전승과 발전을 도모한다는 점을 인식하도록 지도
  - 이전의 작문이 어떤 영향을 주었는지 살펴보게 하고, 지금의 작문이 어떤 영향을 끼칠지 생각하도록 유도

3. 다양한 기능
- **1) 사회·문화적 참여 기능**
  - 합리적, 설득적 방식으로 사회·문화적 환경에 주체적 참여
  - ex) 설득하는 글, 논설문, 건의문, 시평쓰기
- **2) 사고 전개 기능**
  - 글을 통한 사고의 전개 → <u>촉진적</u> 사고 및 <u>반성적</u> 사고 작용으로 기능
  - ex) 논술, 일기나 수필
- **3) 창조적 의미 구성 기능** — 전달해야 할 것을 새롭게 창안
- **4) 학습 및 지식 재구성 기능** — ex) 보고문
  - 작문 학습에서 교육적 의의 — 작문 과정에서 요구되는 인지적 문제, 해결 전략에 대한 이해
  - 내용 <u>교과 학습</u>에서의 교육적 의의 — 지식을 재구성 → 더 오래 기억
- **5) 긍정적 정서의 강화 수단**
  - 내면에 집중 → 정서 분출, 성찰 → 새로운 해결책
  - ex) 수필, 일기, 자서전, 회고록

06 작문 능력과 태도 발달

작문 능력 및 태도

작문 능력·태도 발달

- **작문 능력 발달**
  - 특성
    - 창의성과 논리성 요구 & 사회·문화적 담화 관습을 잘 사용하는 것 의미
    - 작문 교육을 통해 기르고자 하는 것
  - 작문 능력 구성 요소
    - 1) 언어적 능력 — 언어 규범, 장르별 관습, 문체 고려
    - 2) 개인적 심리 — 기본적 사고 능력(지식, 기억, 연상 등) + 고등사고 능력(분석, 조직, 통찰 등)
    - 3) 사회·문화 — 독자, 사회적 가치, 문화적 배경 고려
  - 작문 이론
    - 형식주의 — 규범문법과 수사적 규칙의 준수. 암송 → 적용
    - 인지주의 — 의미 구성을 위해 전략을 활용하여 심리적 문제 해결
    - 사회적 구성주의 — 사회·문화적 환경에서 예상독자의 관심과 요구에 따라 의미 구성 (대화)
  - 베레이터의 작문 능력 발달 단계
    - 기능적 문식성
      - 1) 단순 연상적 쓰기 — 즉각적 생각을 문자로 옮김
      - 2) 언어 수행적 쓰기 — 어법, 장르 관습 등에 주의를 기울이지 않아도 자동적으로 수행
      - 3) 의사 소통적 쓰기 — 독자를 고려하나, 필자의 목적과 필요성이 부각
    - 고등 사고 능력 / 직업적·전문적 글쓰기
      - 4) 통합적 쓰기 — 필자가 독자의 입장에서 독자 고려. 비판적 평가와 상위인지
    - 고등 사고 능력 / 높은 수준의 철학적 글쓰기
      - 5) 인식적 쓰기 — 확산적, 수렴적 사고 및 생각을 정련화, 세련화 → 창조적 사고

- **작문 태도 발달**
  - 개념 — 쓰기 경험, 쓰기 결과나 필자 자신에 대한 신념, 설득적 의사소통 등에 의해 형성되고 발달
  - 특성
    - 긍정적 쓰기 태도 : 다양한 활동 중 쓰기 선택 및 많은 노력
    - 부정적 쓰기 태도 : 쓰기 활동 회피 및 노력 X
  - 지도
    - 초기 단계의 중요 : 쉽게 변하지 않으므로
    - 시기와 발달 양상에 적절한 처치

07 작문 과정

작문의 과정

작문의 과정

- **심리적 과정**
  - 특성
    - 사고의 전개 과정 : 필자의 심리적 과정
    - 작문의 과정 : 단계 별로 여러 가지 방식으로 나타남
  - 사고 작용의 성격
    - 상호 보완적 : 전 과정에서 회귀적으로 사고 작용 발생
    - 목표 지향적 : 목표는 과정 속 사고 작용의 지침이자 조정과 점검의 기능 수행

- **성격**
  - 연속적 모형 관점(선조적)
    - 특징
      - 사고는 목적 또는 계획에서 출발하여 구체적인 언어로 표현 / 순차적, 한 번에 하나씩 처리
      - 단계 : 필자 > 계획 > 의미 > 구절구조 > 단어 > 음소·문자 > 담화·글 생산
    - 한계
      - 각 정보 처리 단계의 내부에서 일어나는 인지 작용에 대한 고려 없음
  - 평행적 상호 작용 모형 관점
    - 특징 — 언어 표현의 각 단계들이 평행적이며 상호작용적인 역할을 수행하여 텍스트 생산 / **동시적**, **복합적**, **회귀적**
    - 단계
      - 1) 목표 설정 — 목표 달성에 필요한 일련의 하위 단계까지 분석 — 필자 역할 / 글 형태 / 준비도 / 정보의 유용성 등
      - 2) 사고 생산 — 스키마 활용
        - 표현 과정에서 변형, 재구조화 됨
        - 아이디어가 명시화되면 곧 주제가 됨
      - 3) 아이디어 개발 — 아이디어 확충 및 정교화 — 능숙한 필자 : 아이디어 조직, 발견, 재구조화에 집중
      - 4) 표현
      - 5) 구절 구조 — 통사 규칙 (쓰기 양식)
      - 6) 음소, 문자 차원의 순차화 — 텍스트 형성 단계
  - 인지적 작문 모형
    - 특징
      - 문제 해결 과정 — 목표 지향적
      - 사고의 과정 중시 — 의미
        - 지각, 이해, 정신 작용 조정
        - 새로운 의미 구성 작용을 활성화

08 과정 한눈에 종합 (1)

작문 과정 기능 및 전략

2015 고등2 화법과 작문 활동에서 맥락을 고려하는 일이 중요함을 이해한다.

작문 과정의 기능 및 전략

1. 맥락 고려

- **개념**
  - 쓰기 전 단계. 계획하기 과정
  - 쓰기 맥락 : 주제, 목적, 독자, 매체와 같이 글을 쓰는 과정에 직접적으로 영향을 미치는 여러 요소

- **대표 전략**
  - 1) 과제를 수행하는 **상황 맥락** 분석
  - 2) 화제, 주제, 독자, 목적 설정

- **양상**
  - 수사적 상황 맥락 — 담화 수용과 생산에 직접적 개입하는 맥락 — 화자와 청자, 주제, 목적
  - 과제 맥락 — 필자에게 쓰기 과제가 주어졌을 때

- **수사적 상황 맥락 분석 (작문 상황)**
  - **목적**
    - 정보 전달 / 설득 / 사회적 상호 작용 / 정서 표현
    - 지도 : 쓰기 전 목적 분명히 하여 알맞은 전략 구사하도록. 목적을 주제 및 독자와의 관계 속에서 구체화
  - **주제**
    - 필자가 독자에게 전달하고자 하는 메시지 (문장)
    - 지도 : 화제에 대한 필자의 생각이나 입장을 분명히 하고 구체적으로 표현하도록
  - **예상 독자**
    - 예상 독자가 처한 환경, 주제와 예상 독자의 관계, 예상 독자와 필자의 관계, 글과 예상 독자의 관계
    - 지식, 태도, 관심, 요구
  - **필자**
    - 목적은 무엇인가
    - 어떤 주제로 쓸 것인가
    - 누구를 대상으로 쓸 것인가
    - 어떤 내용을 담을 것인가

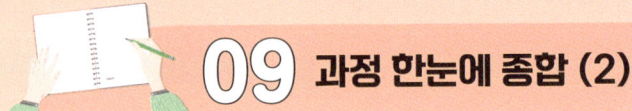

09 과정 한눈에 종합 (2)

작문 과정 기능 및 전략

[2015] [중학] 다양한 자료에서 내용을 선정하여 통일성을 갖춘 글을 쓴다.

작문 과정의 기능 및 전략
- **2. 내용 생성 단계**
  - 개념: 글을 쓰기 위한 아이디어를 떠올리거나 수집
  - 1. 장기기억 속 저장된 정보 활성화
    - 1) 다양하고 참신한 내용 마련을 위한 창의적 활동
      - 1) 브레인스토밍 : 양 > 질
      - 2) 연상방법 : 연쇄적으로 내용 생성
      - 3) 자유롭게 쓰기
        - 글씨나 맞춤법 등에 얽매이지 않고 끝까지 쓰는 방법
        - 쓰기의 부담을 줄임
        - 전체적인 흐름을 잡을 수 있음
    - 2) 논리적이고 구조화된 내용 마련을 위한 체계적 활동
      - 1) 개요 작성
      - 2) 내용 구조도 : 내용의 구조나 순서, 위계, 전개를 그림이나 도표의 형태로 표현
  - 2. 주위에서 찾을 수 있는 정보 활용
    - 1) 직접
      - 1) 대화하기
        - 새로운 관점 획득 가능
        - 아이디어의 정교화 가능
      - 2) 토의하기 — 새로운 내용 생성 가능
      - 3) 면담하기(인터뷰)
    - 2) 간접
      - 4) 문헌 검색 또는 인터넷, TV, 휴대전화 등 활용
      - 객관적 사실 정보 수집하되, 저자와 출처가 분명하고 공신력 있는 자료를 찾고 인용 방법에 맞게 출처 밝혀야 함

10 과정 한눈에 종합 (3)

작문 과정의 기능 및 전략

[2015] [중학] 다양한 자료에서 내용을 선정하여 통일성을 갖춘 글을 쓴다.

작문 과정의 기능 및 전략 — **내용 조직 단계**

- 일반적 조직
  - 처음 — 글을 쓰는 이유와 **목적**, 문제 제기
  - 중간 — 중심내용과 뒷받침 내용 배열. → 내용의 **특성**을 반영하여 조직과 **전개** 결정
  - 끝 — **요약**과 **마무리**. 주제를 **부각**하는 내용 배치

- 수사학 관점에서의 조직
  - 자연적 구성 순서
    - 시간적 구성 (순서) : 시간적 흐름이나 시간의 전후
    - 공간적 구성 (순서) : 공간의 근원이나 좌우
  - 인위적 구성 (논리적 순서) — 인과, 논증, 비교-대조, 분류, 과정, 분석 등
  - 하위 전개 방식 — 정의, 예시, 인과, 유추, 열거, 인용

- 인지심리학에서의 조직 — 글 구조 — 수집, 기술, 인과, 비교와 대조, 반응(질의와 응답의 형태), 문제와 해결

- 통일성과 응집성 고려

- 전략
  - 1. **다발짓기** (범주화)
    - 아이디어들의 **분류** 및 **구조화**가 목적 — 관계를 **시각적**으로 표현
    - 글 구조에 대한 개념을 가지고 수행
    - 효과
      - 아이디어 간 **관계 파악** 용이
      - **조직 능력** 함양에 용이
  - 2. **개요짜기** (글 성격을 고려한 체계화)
    - 전체의 **짜임**과 **흐름**을 한눈에 볼 수 있도록 표로 작성.
    - 주제 **일탈** 방지, 내용의 **누락**이나 **반복** 방지
    - **체계적 배열** 및 설계도 마련의 의의

- 유의점 — 인지심리학적 관점에 따르면, 생성된 내용은 가변적이므로 조직 단계에서도 수정 가능

11 과정 한눈에 종합 (4)

작문 과정의 기능 및 전략

[2015] [중학] 생각이나 느낌, 경험을 드러내는 다양한 표현을 활용하여 글을 쓴다.

작문 과정의 기능 및 전략
- **내용 표현 단계**
  - 개념: 다양한 표현을 활용하여 글을 쓰는 단계. 초고쓰기
  - 전략
    - 1. **구두작문**
      - 초고를 쓰기 전에 말로 해 보는 방법
      - **인지적 부담**을 줄여 **내용 전개에 집중**하게 하는 효과
    - 2. **내리 쓰기** (자유, 빨리쓰기)
      - 떠오르는 내용을 맞춤법 등에 얽매이지 않고 빠르게 종이에 옮기는 방법
      - 쓰기의 **부담 완화** 및 **전체적인 흐름** 파악 가능
  - 지도의 유의점
    - 형식에 얽매이지 않은 초고쓰기 — 맞춤법에 얽매이지 않고 글을 쓴 후, 초고를 수정하여 완성하도록 유도
    - **회귀성** 지도 : 초고를 쓰는 과정에서도 내용의 생성이나 조직하는 활동이 필요함
      → 앞에서 생성한 내용이나 조직을 초고와 **비교**하여 새롭게 생성하거나 조직한 것에 표시하는 활동
    - 수정 가능한 글에 대한 인식
      - 초고는 고쳐쓰기 과정을 통해 얼마든지 개선할 수 있음 강조
      - 처음부터 완벽한 글을 써야한다는 부담 없도록 조력

12 과정 한눈에 종합 (5)

작문 과정의 기능 및 전략

[2015] [중학] 고쳐쓰기의 일반원리를 고려하여 글을 고쳐 쓴다.

작문 과정의 기능 및 전략 — **고쳐쓰기 단계**

- **내용**
  - 2015) 작문의 **맥락**에 따라 초고의 적절성을 평가하고 적절하지 않은 부분 고쳐쓰기
  - 2009) 작문의 **과정**, 글의 **통일성**과 **응집성** 등을 고려하여 적절하지 못한 부분을 고쳐쓰기

- **일반 원리**
  - 수준: 글 전체 수준 / 문단 수준 / 문장 수준 / 구나 절 수준 / 단어 수준
  - 방법: 첨가, 삭제, 대치, 이동, 재배열과 재구성

- **전략**
  1) 훑어 읽기
     - 초고를 **전체적**으로 훑으며 파악
     - **전체 수준의 주제·구성에 집중**하고 점차 문단, 문장, 어휘 수준으로 지도
  2) 돌려 읽기
     - 초고 완성 후 여러 사람에게 읽혀 다양한 반응을 듣는 기회
     - 자기중심적 글쓰기에서 **독자지향적** 글쓰기로 전환하는 계기 마련
  3) 자기 평가 및 동료 평가 — 스스로 반성적 성찰의 기회 및 조언을 통한 상호 발전 — 평가 주체의 다양화
  4) 비평 집단 운영 — 특정 몇 명을 중심으로 학생들이 쓴 글에 대해 논평해주는 것
  5) 작가석 마련 — 의자에 앉은 필자가 독자에게 글에 대한 이야기 → 독자의 반응 → 필자의 답변

- **강조점**
  - 일회적 과정이 아니며 **여러 차례**에 걸쳐 최종고의 질이 **높**이짐
  - 거시적인 문제를 살핀 후 미시적인 문제를 살피는 방식

- 필자의 **자기중심성** 빗어나기
  - 객관적인 시간 갖기
  - 공유하기

13 과정 한눈에 종합 (6)

작문 과정의 기능 및 전략

[2015] [중학] 고쳐쓰기의 일반원리를 고려하여 글을 고쳐 쓴다.

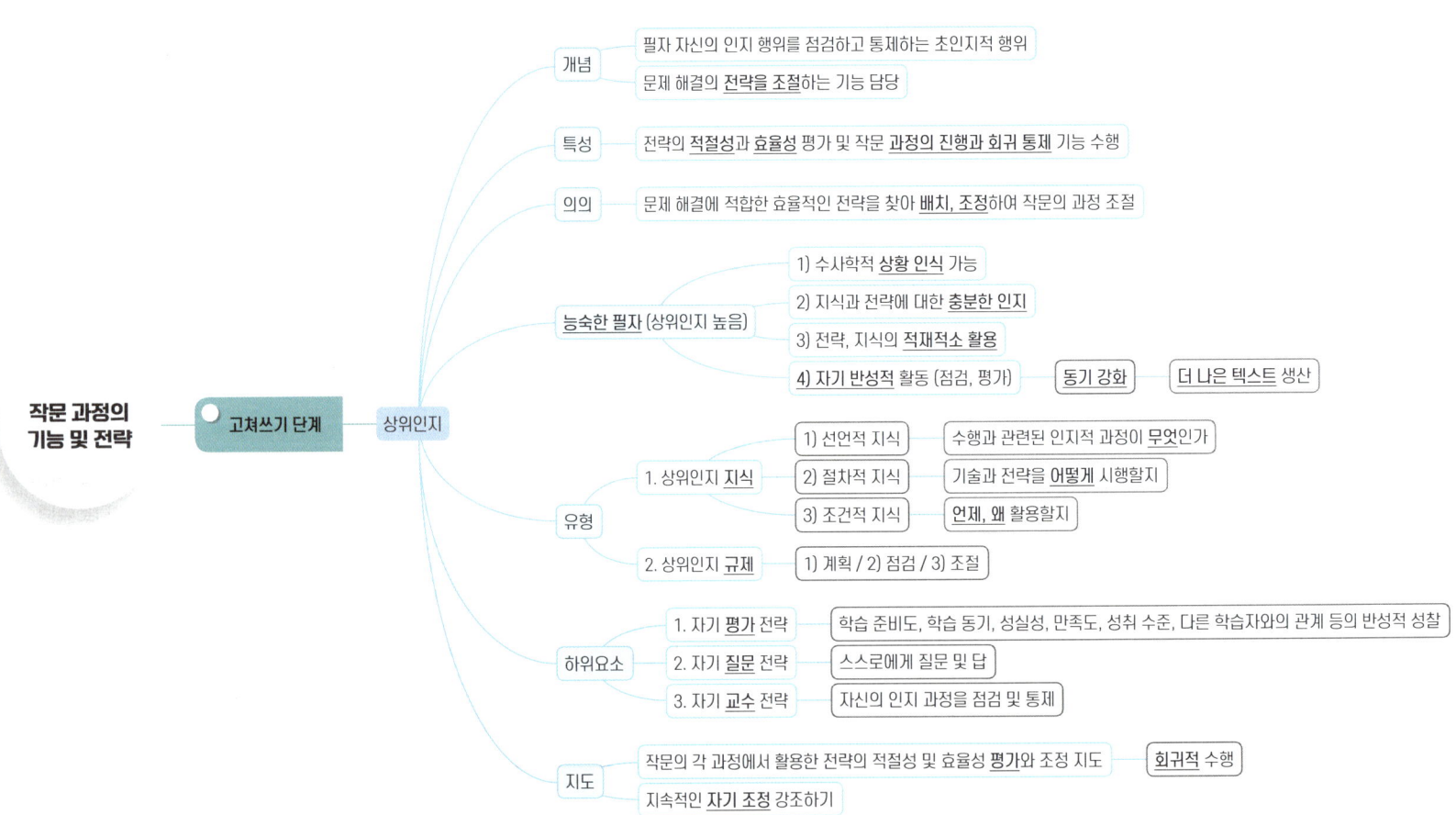

14 정의적 요인 (1)

작문의 정의적 요인

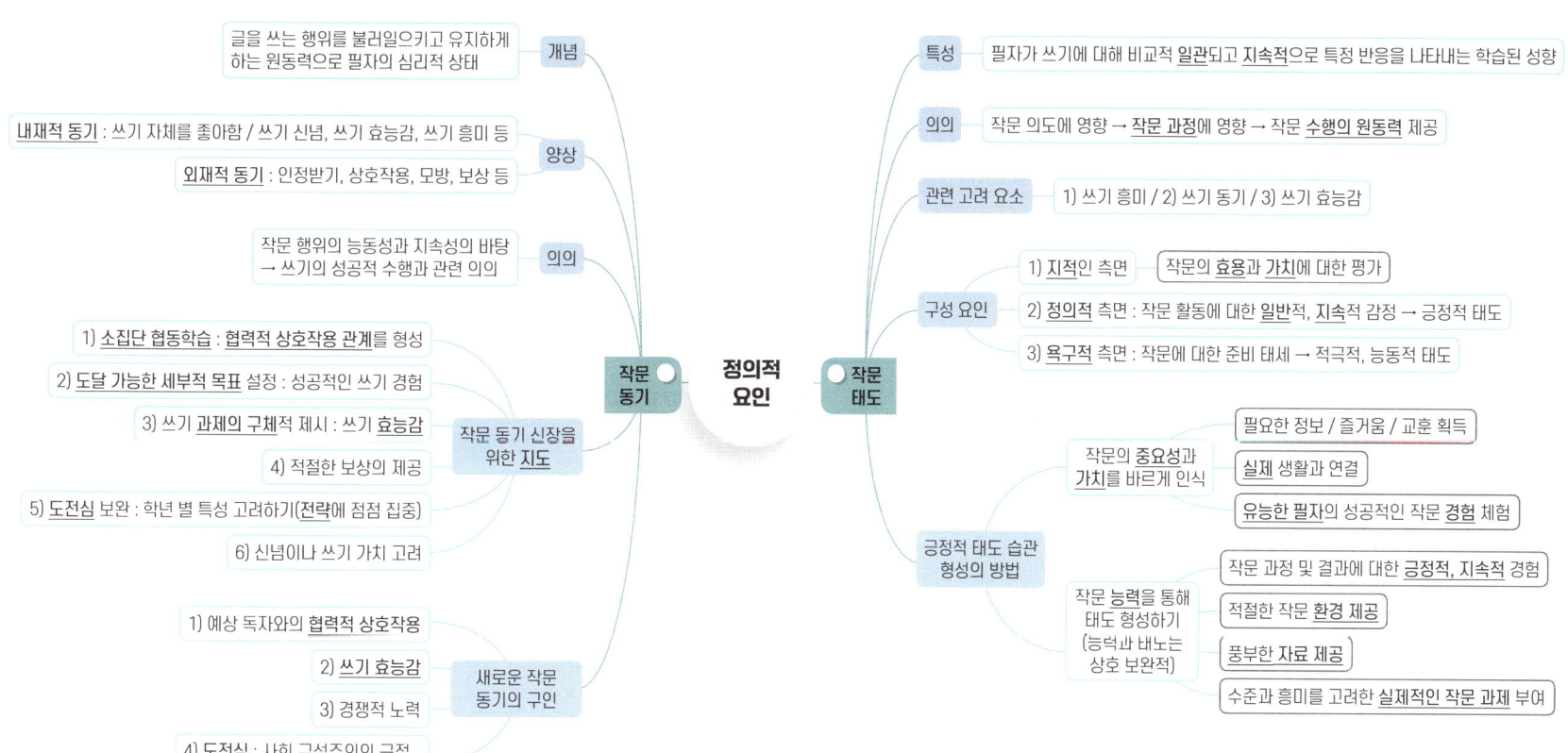

15 정의적 요인 (2)

작문의 정의적 요인

- **정의적 요인**
  - **쓰기 효능감**
    - 개념: 작문 수행 능력과 관련된 필자의 자기 판단. 성공적 수행에 대한 기대
    - 특징: 주변 환경이나 이전의 학습 경험과 결과로 인한 행동을 중재
    - 의의: 작문 동기 및 학업 성취도에 긍정적인 영향
  - **작문 신념**
    - 성격
      - 작문을 어떻게 인식하는가와 관련
        - 인지적 의미 구성으로 보는지
        - 대화적 과정으로 보는지
      - 관점 차이에 따라 결과에도 차이가 발생
    - 유형
      - 1) **전달적** 신념
        - 인식: 권위 있는 출처로부터 독자에게 정보 전달
        - 결과: 조직과 전반적 측면의 쓰기 수행에서 미숙함
      - 2) **상호작용적** 신념
        - 인식: 필자의 내용 이해와 정서를 독자와 의사소통하는 것
        - 결과: 전반적인 쓰기 수행에 능숙함
  - **쓰기 불안**
    - 개념
      - 쓰기 상황을 회피하고자 하는 부정적 감정 상태
      - 쓰기 효능감과 대립적인 개념: 글을 쓰지 못할 것으로 여기며 부정적 결과를 받을 것으로 믿음
    - 특성
      - 자신이 글을 못 쓴다고 생각 + 성공적으로 쓰기를 완수하지 못할 것으로 믿음
      - **지속성**: 학년이 올라갈수록 평가와 연동되는 상황에서 쓰기 불안을 지속적으로 경험
    - 극복 방안
      - 1) 완벽하게 써야 한다는 잘못된 믿음 → 완성해 가는 과정에 초점을 맞추도록 지도 → 작문의 본질은 의미 구성 과정
      - 2) 새롭고 심오한 아이디어를 담아야 한다는 잘못된 인식 → 항상 새롭고 심오한 아이디어를 담는 것이 아님을 지도 → 새로운 아이디어는 글을 쓰면서도 만들어짐을 인식하도록 지도
      - 3) 자신감의 부족 (**쓰기 효능감** 관련) → 성공적 쓰기 경험 장려와 언어적 설득 시도
      - 4) **쓰기 학습**의 부족 → 지식, 기능, 전략, 태도에 대한 충실한 학습

16 작문 윤리와 의사소통의 진정성 및 작문 관습 (1)

작문 윤리

[2015] 화법과 작문의 사회적 책임을 인식하고 의사소통 윤리를 준수하는 태도를 지닌다.
[2015][고등1] 글이 독자와 사회에 끼치는 영향을 고려하여 책임감 있게 글을 쓰는 태도를 지닌다.
[2015][중학] 쓰기 윤리를 지키며 글을 쓰는 태도를 지닌다.

작문 윤리 — **작문 윤리**
- **언어 표현 윤리**
  - 개념: 말하거나 쓰는 과정에서 준수해야 할 윤리적 규범, 윤리 의식
  - 원리
    - 1) 출처 명시
    - 2) 베껴 쓰지 않기
    - 3) 결과 왜곡 해석하지 않기
    - 4) 결과를 의도적으로 누락, 첨가, 과장하지 않기
    - 5) 허위 사실이나 악의적인 댓글 달지 않기
  - 범주 및 점검
    - 1. 정직하게 쓰기
      - 점검 항목
        - 1) 올바른 인용 방법
        - 2) 출처 기록 여부
        - 3) 전에 썼던 글 재사용 여부
        - 4) 자료 짜깁기 여부
        - 5) 인용 글과 자신의 글의 구분 여부
        - 6) 무단 도용 여부
      - 적용 유형: ex) 모든 글
    - 2. 진실하게 쓰기
      - 점검 항목
        - 1) 나의 생각과 글이 일치하는가
        - 2) 나의 경험과 글이 일치하는가
      - 적용 유형: ex) 논설문, 수필, 일기
    - 3. 사실대로 쓰기
      - 점검 항목
        - 1) 과정과 결과를 사실대로 썼는가
        - 2) 도출된 결과를 바르게 해석하고 활용했는가
      - 적용 유형: ex) 보고문, 설명문, 기사문
    - 4. 배려하며 쓰기
      - 점검 항목
        - 1) 허위 사실을 쓰지는 않았는가
        - 2) 다른 사람을 비방하는 글을 쓰지는 않았는가
      - 적용 유형: ex) 인터넷상 글
- **정보 윤리**
  - 개념: 다른 사람의 자료를 활용할 때, 개인 정보 및 저작물에 대한 권리를 보호하려는 윤리 의식
  - 양상
    - 1. 개인 차원: 연구 결과를 과장하거나 왜곡하지 않고 사실에 근거하여 기술하기
    - 2. 사회 차원: 표절하지 않고 올바르게 인용, 출처 밝히기
- **저작권 보호**
  - 개념: 사람의 생각이나 감정을 표현한 결과물에 대하여 그것을 표현한 사람에게 주는 권리

17 작문 윤리와 의사소통의 진정성 및 작문 관습 (2)

의사 소통의 진정성 및 작문 관습

- [2015] [고등2] 화법과 작문의 가치를 이해하고 진심을 담아 의사소통하는 태도를 지닌다.
- [2015] [고등2] 언어 공동체의 담화 및 작문 관습을 이해하고, 건전한 화법과 작문의 문화 발전에 기여하는 태도를 지닌다.
- [2015] [고등1] 언어 공동체의 담화 관습을 성찰하고 바람직한 의사소통 문화 발전에 기여하는 태도를 지닌다.

의사 소통의 진정성 및 작문 관습

- **의사소통의 진정성**
  - 개념: 진실하고 참된 마음으로 자신을 솔직하게 표현, 상대방을 존중하고 배려하면서 말하고 글을 쓰는 것
  - 특성
    - 논리적 구성이나 화려한 표현이 아니라 상대방의 처지를 헤아리고 자신의 마음을 진솔하게 표현
    - 상대방을 배려하고 자신을 진솔하게 표현하여, 상대방에게 감동을 주고 공감 불러일으킴 → 사회 생활 도움
  - 지도 내용
    - 진솔한 표현 : 진정성
    - 의사소통 과정에서 청자나 독자에 대한 존중과 배려와 공감적 반응
    - 언행일치의 태도 : 화자나 필자에 대한 신뢰와 관련

- **작문 관습**
  - 개념: 작문에서 <u>의미</u> 전달을 위하여 활용되는 언어 구조와 리듬, 어조, 뉘앙스 등의 언어 자질들에 대한 관습
  - 특성
    - 담화 공동체 형성 → 담화 관습=장르 → 고유한 작문 관습 → 화법과 작문의 방법 / 화자나 청자 또는 필자나 독자의 태도를 해석하는 일정한 <u>기준</u>
  - 지도 내용
    - 사회구성주의 작문 이론과 관련 : 교사와 학생의 <u>협의</u>, 학생 간 <u>협의</u> 강조 / 작문 관습 준수 강조
    - 다양한 공동체의 특성 <u>경험</u>하기
    - 공동체의 특성을 글 속에 <u>반영</u>하고 <u>공유</u>

18 정보 전달 유형 (1)

글 유형 (정보 전달)

[2015] [고등2] 가치있는 정보를 선별하고 조직하여 정보를 전달하는 글을 쓴다.

- 정보 전달
  - 성격
    - 개념: 효용성 있는 정보를 정확하고 이해하기 쉽게 전달하고 설명하기 위한 의사소통
    - 중요성
      1. 실제적: 정보화 사회로 진입됨에 따라 정보 전달 글쓰기의 중요도가 큼
      2. 교육적: 과정별 전략을 통해 까다로운 인지 활동, **복합**적, **통합**적인 활동을 경험 → **추상**적, **논리**적 사고 함양
    - 사례: 공고문, 가정통신문, 신문 기사, 안내서나 사용설명서
  - 장르 특성
    1. 지시적 목적 : 실재를 재현하고 전달하기 위함
       - 하위 범주와 하위 목적의 복합적 활용
         - 하위 범주 : 탐구적, 과학적, 정보적 목적의 글
         - 하위 목적 : 정의, 설명, 보고, 해석
       - 목적 : 정확하고 이해하기 쉽게 전달
       - 표현 : **체계**적인 내용 **구조**를 통해 사실적, 논리적으로 표현
    2. 높은 수준의 정보성 — 독자와 필자의 정보는 비대칭적 — 필자 역할
       1) 효과적으로 **정보** 선택하기
       2) **목적**을 고려하여 정보들 간 **논리**적 관계를 바탕으로 적절한 **구조**와 **표현** 선택하기
  - 중요한 점
    1. **목적성**이 뚜렷한 글쓰기 — 목적 : 정확하고 이해하기 쉽게 전달
    2. 정보의 **논리**적 배열과 **구조** 강조
    3. 사실적이고 객관적인 서술 태도

19 정보 전달 유형 (2)

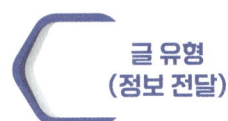

글 유형 (정보 전달)

[2015] [고등2] 가치있는 정보를 선별하고 조직하여 정보를 전달하는 글을 쓴다.

정보 전달 — 작문 과정
- 1. **다양**한 방법으로 자료 **수집**, 가치 있고 신뢰 할 만한 정보의 **선별**
  - 의의 — 독자에게 새롭고 깊이 있는 정보 전달 — **풍부한** 자료 수집 중요
  - 자료 수집 — 매체 활용(책, 사전, 신문, 방송, 인터넷) / 면담, 견학, 관찰이나 실험, 설문 조사 등
  - 정보 선별의 기준과 판단
    - 1) 목적
    - 2) 독자 — 관심 / 요구 / 수준 / 태도
    - 3) 신뢰성
- 2. **정보의 속성에 적합한 내용의 조직**
  - 의의 — 독자의 효과적 이해 / 능숙한 필자의 전략적 활용
  - 내용
    - 수사학 : 언어의 형식과 논증에 관심
      - 자연적 구성 : 시간 순서 / 공간 이동
      - 논리적 구성 : 인과, 논증, 비교-대조, 분류, 과정, 분석 등
      - 하위 전개 방식 : 정의, 예시, 인과, 유추, 열거, 인용
    - 인지심리학 : 독자의 머릿속에 관심 — 수집, 인과, 비교, 반응, 기술

20 정보 전달 유형 (3)

글 유형 (정보 전달)

[2015] [고등2] 가치있는 정보를 선별하고 조직하여 정보를 전달하는 글을 쓴다.

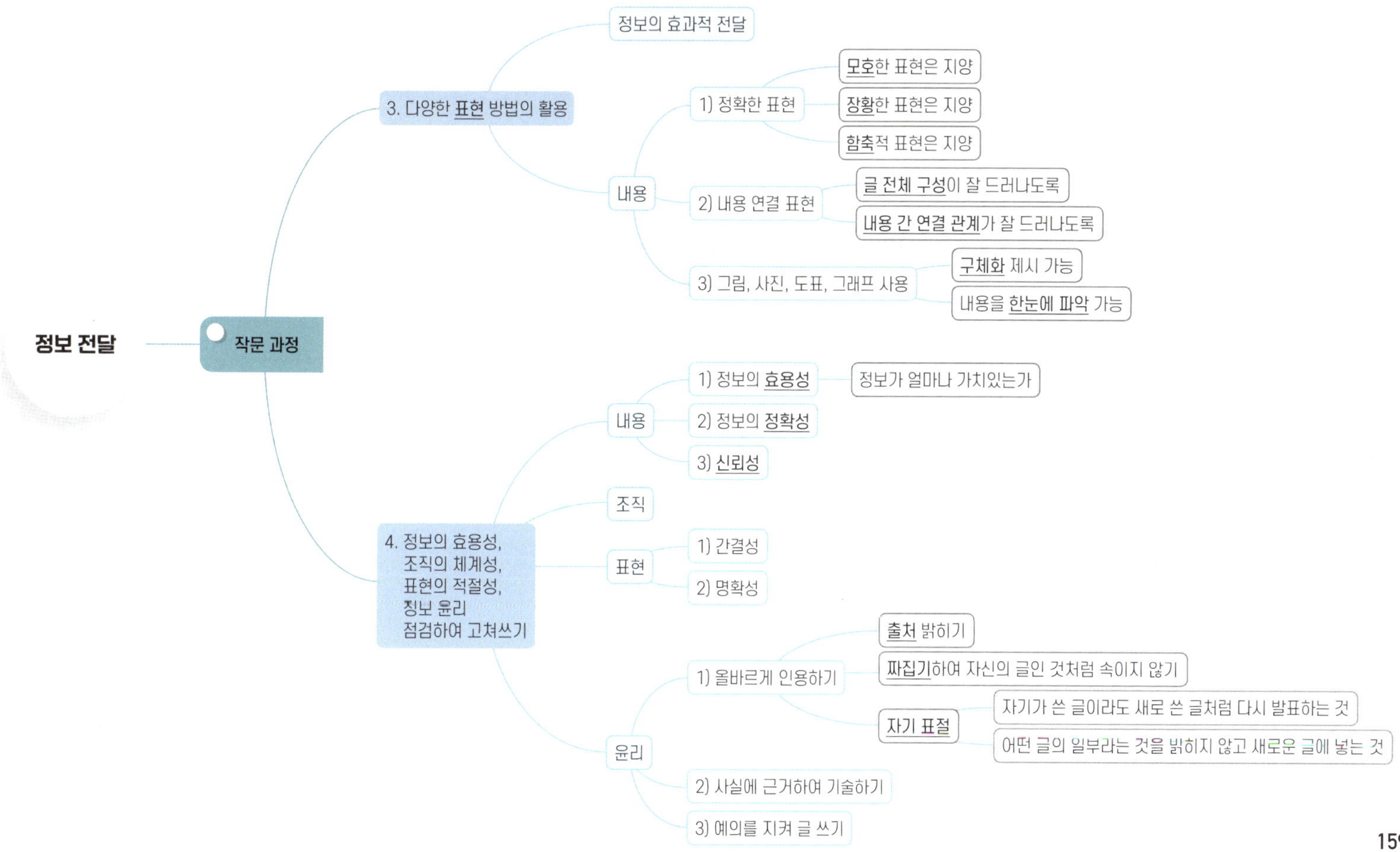

정보 전달
- 작문 과정
  - 3. 다양한 **표현** 방법의 활용
    - 내용
      - 정보의 효과적 전달
      - 1) 정확한 표현
        - 모호한 표현은 지양
        - 장황한 표현은 지양
        - 함축적 표현은 지양
      - 2) 내용 연결 표현
        - 글 전체 구성이 잘 드러나도록
        - 내용 간 연결 관계가 잘 드러나도록
      - 3) 그림, 사진, 도표, 그래프 사용
        - 구체화 제시 가능
        - 내용을 한눈에 파악 가능
  - 4. 정보의 효용성, 조직의 체계성, 표현의 적절성, 정보 윤리 점검하여 고쳐쓰기
    - 내용
      - 1) 정보의 **효용성** — 정보가 얼마나 가치있는가
      - 2) 정보의 **정확성**
      - 3) **신뢰성**
    - 조직
    - 표현
      - 1) 간결성
      - 2) 명확성
    - 윤리
      - 1) 올바르게 인용하기
        - 출처 밝히기
        - 짜깁기하여 자신의 글인 것처럼 속이지 않기
        - **자기 표절**
          - 자기가 쓴 글이라도 새로 쓴 글처럼 다시 발표하는 것
          - 어떤 글의 일부라는 것을 밝히지 않고 새로운 글에 넣는 것
      - 2) 사실에 근거하여 기술하기
      - 3) 예의를 지켜 글 쓰기

21 설명문 쓰기 (1)

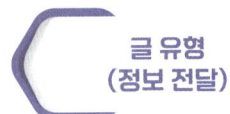
글 유형 (정보 전달) 〔2015〕〔중학〕 대상의 특성에 맞는 설명 방법을 사용하여 글을 쓴다.

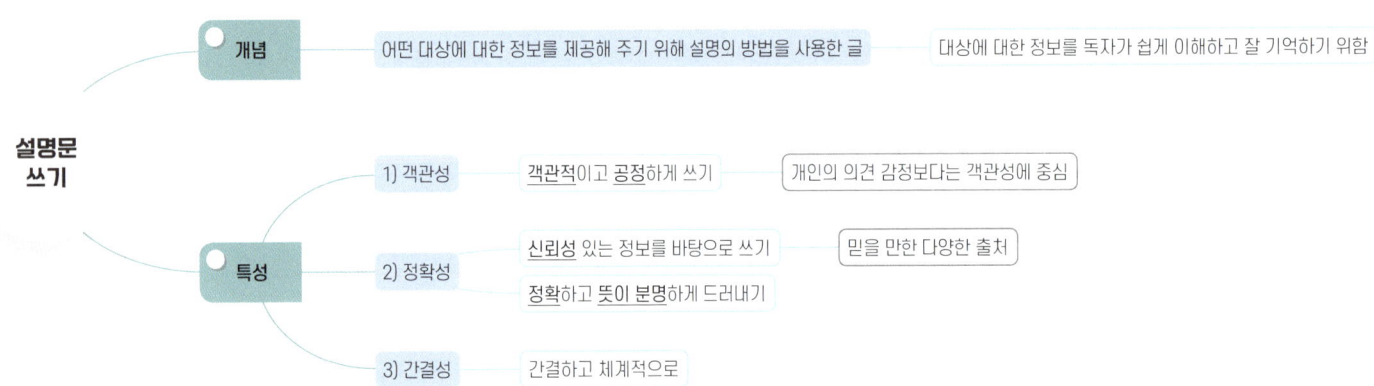

22 설명문 쓰기 (2)

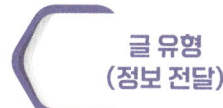

글 유형 (정보 전달)

[2015] [중학] 대상의 특성에 맞는 설명 방법을 사용하여 글을 쓴다.

설명문 쓰기 — 과정 중심 지도

1. 상황 분석
- 화제에 대한 **관심**을 갖고 정보와 지식 **축적**하기
- 예상독자 고려

2. 내용 구성 및 표현
- **다양한 자료**의 충분한 확보
- **신뢰성** : 믿을 만한 출처에서 확보
- 정보 간의 **비교**와 **대조**를 통한 정확한 설명
  - 인쇄 매체(백과사전, 도서, 잡지)
  - 방송 매체(텔레비전, 라디오)
  - 인터넷 매체

3. 내용 조직 — 설명 방법에 대한 이해 후, 글에 활용
- 정의 : 단어의 뜻을 밝히는 설명 방식 / 논리적 정의, 설명적 정의
- 지정 : 사실 확인을 위해 직접 지적하는 진술
- 예시 : 너무 어렵거나 추상적이어서 일하기 쉽지 않을 때 구체적으로 설명
- 비교와 대조 : 유사점과 차이점을 밝히는 설명 방식
  1) **차이**를 보이는 **특성**이 확실히 **대조**되어야
  2) **같은 항목**에 대해서 **어떻게 다른지** 명확하게 드러내는 것이 중요
- 분류와 구분
  1) 각 단계마다 적용하는 **기준**은 하나이어야
  2) 하위 단계의 항목들은 상위 단계에 모두 **포함**되어야
- 인과 : 원인이나 결과를 분석하여 내용을 전개하는 설명 방식
- 분석
  1) 각 부분의 **특징**이 잘 드러나게 쓰기
  2) 각 부분의 **관계**가 잘 드러나게 쓰기
- 과정 : 특정 결과를 가져오는 **행동이나 변화**, 단계에 초점을 둔 설명 방식 - '어떻게'

4. 표현하기
- 표현 : 어법을 준수한 문어체적 표현의 활용 + 명료하고 간결한 문장

5. 고쳐쓰기
1) 정보의 효용성
2) 조직의 체계상
3) 표현의 적절성
4) 정보 윤리

23 보고서 쓰기 (1)

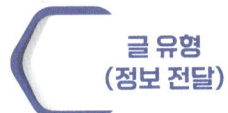 **글 유형 (정보 전달)**

[2015] [중학] 관찰, 조사, 실험의 절차와 결과가 드러나게 글을 쓴다.
[2015] [고등2] 탐구 과제를 조사하여 절차와 결과가 잘 드러나게 보고하는 글을 쓴다.

보고서 쓰기

- **개념**
  - 조사, 연구, 실험, 채집한 것을 보고하기 위해 과정과 결과를 정리하고 기록한 글
  - 종류 : 결과를 얻는 방법에 따라 나뉨 — 조사 / 답사 / 관찰 / 실험

- **의의**
  1. **작문 학습에서의 교육적 의의**
     1) 작문 과정에서 요구되는 <u>인지적 제약</u>의 문제 이해
     2) 이에 대한 <u>해결 방법 전략</u>의 기능과 효용에 대한 이해
  2. **내용 교과에서의 교육적 의의**
     1) 학습과 지식을 <u>재구성</u>
     2) 내용 교과와 작문을 통합시 더 오래 기억

- **특성**
  1. 과정과 결과를 정리하고 기록하는 목적 — 보고서의 형식과 내용은 <u>목적을 구현하도록 체계화</u>됨
  2. <u>객관성과 정확성</u>
     1) 정확성을 높이기 위해 <u>다양한 자료를 충분히 검증</u>
     2) <u>사실</u>과 <u>의견</u> 구분하기 — 객관성과 <u>타당성</u> 확보
  3. <u>항목화 구성</u> — <u>서론</u> : 연구 목적, 연구자, 연구 기간, 연구 지역 등의 정보 반드시 제시
  4. <u>시각화</u> — 사진이나 그림 자료 활용

24 보고서 쓰기 (2)

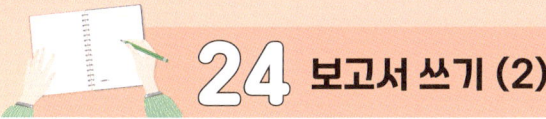

글 유형 (정보 전달)

- [2015] [중학] 관찰, 조사, 실험의 절차와 결과가 드러나게 글을 쓴다.
- [2015] [고등2] 탐구 과제를 조사하여 절차와 결과가 잘 드러나게 보고하는 글을 쓴다.

보고서 쓰기 — 과정 중심 지도

1. 상황 분석
- 목적 분석 및 인식 — 내용, 구성, 표현에 전반적인 영향 — 성공적 작성

2. 내용 구성
- 내용 생성 : 연구와 과정을 **체계적**으로 수행
- 내용 조직 : **항목화** 기록 — 과정, 목적, 연구자, 적용 방법, 기간, 장소나 지역 등

3. 표현
- 언어 표현 : 간결, 간명, 정확
- 시각화 자료 활용 — 가시적으로 명확하게 설명 가능

4. 고쳐쓰기
- 내용 — 정보의 **효용**성, **정확**성, **신뢰**성, 정보 **윤리**
- 조직 — **체계성** / 정보의 속성에 적합한 내용 / 이해를 돕는 배열 / 내용 사이의 긴밀한 연결 관계
- 표현
  - 독자를 고려한 정확하고 적절한 단어
  - 모호하거나 함축적 또는 장황한 문장의 여부 점검
  - 배경지식 활성화를 돕는 개관과 소제목 / 이해를 돕는 자료의 활용
- 정보 윤리
  - 타인의 정보 인용 시 출처 명시
  - 내용의 과장, 축소, 왜곡에 주의 (과도한 인용 = 저작권 침해)
  - 저작원을 존중하며 책임감 있는 태도

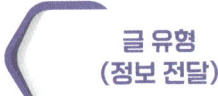

25 자기 소개하기

글 유형 (정보 전달) [2015] [고등2] 작문 맥락을 고려하여 자기를 소개하는 글을 쓴다.

- **자기 소개하기**
  - **개념**
    - 다른 사람이나 기관, 단체 등의 독자에게 자신이 어떠한 사람인지 알리는 글
    - 의의
      - 1) 진학이나 취업, 동아리 가입 등의 목적인 경우 : **정보 제공**
      - 2) 필자와 독자의 **상호 작용** 촉진에 기여
  - **특성**
    - 개인의 특성 — 성장 과정이나 성격, 가치관 등이 주요 내용 → 필자 특성
    - 분명한 쓰기 목적
      - 진학이나 취업, 동아리 가입 등의 **특정한 목적**이 있기 때문
      - 면접과 함께 인재 선발의 주요 방법으로 활용
  - **과정 중심 지도**
    - 상황분석
      - 목적을 고려한 내용 구분 — 진학 / 취업 / 동아리 가입
      - 독자를 고려한 구체적이고 명확한 표현 — 자기소개서는 목적 뿐 아니라 **독자**도 분명
    - 내용 구성
      - 구성 요소 — 성장 과정, 성격 및 가치관, 학교 생활이나 경력 사항, 지원 동기, 계획이나 포부
      - 내용 구성
        - 1) 의미 있는 경험 소개
          - 큰 의미가 부여된 경험 소개
          - 자신의 노력을 드러 낼 수 있는 경험 소개
        - 2) 경험의 깊이 소개
          - 경험을 통해 **얻은 점** 소개
          - 그 과정에서 **어떤 모습을 보였는지** 소개
        - 3) 개인적 의의 진술 — 경험이 성장에 얼마나 도움이 되었는 지 소개 — 특성과 능력의 **구체적 변화** 소개
    - 표현
      - 구체적 경험을 깊이 있게
      - 과장하거나 꾸미지 않고 진솔하게
      - 창의적 표현 — 남들과 비슷한 내용, 상투적 표현은 지양
      - 품격 있는 표현

26 설득 유형 (1)

글 유형 (설득): [2015] [고등2] 타당한 논거를 수집하고 적절한 설득 전략을 활용하여 설득하는 글을 쓴다.

설득

성격

- **개념**: 설득자가 원하는 방향으로, **상호 이해**와 **동의**를 통한 **태도**나 **행동**에 **영향**을 주는 소통 행위
- **과정**:
  1. 주장에 귀 기울이기 및 이해
  2. 설득 저항 — 내용을 이해했더라도 주장을 받아들이기 거부
  2. 파지 — 주장을 받아들일 시 행동할 기회가 나타날 때 까지 그 태도를 기억 속에 유지
  3. 태도의 변화
  3. 행동의 변화 — 유지된 태도는 기회가 주어졌을 때 행동으로 실현
- **목적**: 필자가 의도하는 방향으로 독자의 태도나 행동에 영향을 미치는 것

장르 특성

- **요소**
  - **논증**: 설득할 수 있는 **근거**들을 제공하는 과정
  - **주장**: 상대의 수용을 바라는 단정적 결론
    - '따라서 ~ 해야 한다(이다)'의 명제 형태로 진술
    - 명제 종류
      - 사실 명제
      - 가치 명제
      - 정책 명제
    - 요건
      1) **이의 제기**가 가능해야 함
      2) 반드시 **입증**이 필요
      3) **윤리적**이고 **공정**해야 함
      4) **충분한 검토**를 통해 사려깊고 신중하게 제시
  - **근거**: 주장을 뒷받침하는 정보나 자료
    - '왜냐하면 ~ 때문이다'의 형태로 진술
    - 종류
      1. **사실 논거**
         - 사실이나 사건
         - 개인 경험
         - 통계 자료
      2. **소견 논거**
         - 전문가의 증언
         - 의견
    - 요건
      1. 타당성
      2. 신뢰성
      3. 공정성 — 주장, 이유의 요건이기도 함
      4. 풍부성
         - 의의: 적절한 근거 **선택**, 배열
         - 유의점
           1) 다양한 출처의 근거
           2) 다양한 유형의 근거
           3) 여러 측면을 관찰하기
  - **이유**: 근거에 기반한 주장을 가능하게 함 — 근거과 주장이 어떻게 연결되는지 설명할 수 있어야 함

27 설득 유형 (2)

글 유형 (설득)

[2015] [고등2] 타당한 논거를 수집하고 적절한 설득 전략을 활용하여 설득하는 글을 쓴다.

설득 — 장르 특성 — 설득 전략

1. 로고스 : 이성적 설득
- 연역-생략 삼단논법 — 전제 가운데 하나를 생략하여 표현 효과를 높임
- 귀납-예증법 — 유사한 경우를 제시하여 주장의 정당성과 합법성 끌어냄

2. 파토스 : 감성적 설득
- 독자에게 감정을 불러일으켜 주장을 수용하도록 함
- 방법 — 상황을 **구체적**으로 기술 — 더 강한 감정 유발 — 동기의 강도로 연결

- 의의 — 필자에 대한 믿음을 가질 때 필자의 의견을 진지하게 수용 — 자신의 태도와 행동을 바꾸게 됨
- 유의점
  - 자신이 글 속에서 어떤 사람으로 비춰지는지 돌아보기
  - 독자가 어떤 감정을 느끼게 될지 고려하기

3. 에토스 : 인성적 설득

- **1. 전문성**
  1) 정확하고 풍부한 지식
  2) 학위나 자격증 등
  3) 그 분야에 대해 논할 자격

- **2. 신뢰성** — 필자가 아무런 사심 없이 사실과 의견을 제시하고 있는가로 받아들여짐을 의미

- **공신력**
  - **3. 선의**
    - 타인에 대한 **배려**와 **존중**
    - 글 속에서 타인의 감정 **이해**를 표명
    - 글 속에서 타인의 입장에서 생각 및 **공감**
    - **공익성**을 위해 자신의 이익을 양보하는 태도
    - **질문이나 반론을 예상**하며 소통하려는 태도 — **타협점**을 찾으려는 태도

- *학생 필자의 경우 공신력을 보완
  1) **성실성** — **자료 조사를 철저**하게 해서 충실한 자료를 제시 — **진지함**을 어필
  2) **관련성** — 자신의 경험, 주변에서 일어난 문제 — 문제에 대해 잘 알고 있음을 인정
  3) **인용과 출처의 명확성**

28 설득 유형 (3)

글 유형 (설득)

[2015] [고등2] 타당한 논거를 수집하고 적절한 설득 전략을 활용하여 설득하는 글을 쓴다.

설득 — 장르 특성 — 설득하는 글의 구조

1. 문제 해결 구조
   - 특성
     - 1) 문제
       - 1) 무엇이 문제인지
       - 2) 어떤 점에서 심각한지
       - 3) 어느 범위까지 다룰 것인지
     - 2) 해결
       - 1) 구체적인 해결 방안
       - 2) 기대 효과
       - 3) 실현 가능성
     - 3) 원인 — 문제의 원인을 규명하는 단계 — 해결책은 원인으로부터 도출
   - 유형
     - 1) 문제 제기 논증
       - 1) 무엇이 왜 중요한 문제인가를 논증
       - 2) 문제의 심각성이 제대로 다루어지지 못하는 상황임을 다룸
       - 3) 손실 및 피해, 미래에 미칠 영향, 근본적으로 해결되지 못하고 있다는 근거를 제시
       - 4) 문제의 원인과 다양한 측면을 분석하고 구체적 상황을 예로 들기
     - 2) 문제 해결 논증
       - 1) 해결책과 타당성 논증
       - 2) 해당 방안을 실천, 지지할 것을 촉구
       - 3) 다른 해결 방안에 비해 더 나은 점을 논증하기

2. 동기화 단계 구조
   - 특성 — 어떤 행동을 실행하게 하는 동기를 형성하는 데에 초점
   - 단계
     - 1) 주의 끌기 — 흥미와 호기심을 자극하여 관심 유발
     - 2) 요구 (독자와 관련짓기) — 독자와 관련지어 설명함으로써 독자의 기대를 강화
     - 3) 만족 (해결 방안 제시) — 해결 방안을 제시함으로써 독자의 만족감을 향상
     - 4) 시각화 (확신 주기) — 독자에게 주는 이익을 구체화하는 단계
     - 5) 행동 (지침 주기) — 구체적인 방법을 제시함으로써 독자의 행동을 요구하는 단계

29 설득 유형 (4)

글 유형 (설득)

[2015] [고등2] 타당한 논거를 수집하고 적절한 설득 전략을 활용하여 설득하는 글을 쓴다.

설득 — **작문 과정**

1. 주장하는 **내용**과 **관점**이 **명료**하게 쓰며 글의 **영향**과 **사회적 책임**을 인식
   - 필요성: 설득이 목적이므로 주장과 관점을 명료하게 드러내야 함
   - 사회적 책임 인식
     - 독자에게 미칠 영향 인식
     - 사회적 담론이나 사회적 분위기에 미칠 영향 인식
   - 방법
     1) **다양한 자료**를 충분히 조사하고 분석
     2) **반대 의견**이나 비판을 고려
     3) 사회적 담론이나 사회적 분위기에 미칠 영향 인식

2. 언어 공동체의 쓰기 **관습**을 고려하여 적합하고 타당한 **논거**를 들어 글을 씀
   - 내용
     - 공동체의 관심, 요구, 수준, 태도를 고려
     - 논거의 타당성, 신뢰성, 공정성 여부 판단

3. **독자**나 **글의 유형**에 적합하고 설득력있는 표현 전략을 활용
   - 독자 고려 : 관심사, 배경지식, 수준 등
   - 글 유형 고려 : 논설문, 건의문, 비평문, 광고문에 따른 표현 전략 선택

4. 논거의 타당성, 조직의 효과성, 표현의 적절성을 점검하여 고쳐 쓰기
   - 내용
     - 타당성
     - 풍부성
       - **다양**한 관점 여부
       - 뒷받침하는 데 충분한지
       - **공동체**를 고려한 논거인지
   - 조직
     - 일관성
       - 글 전체에서 내용 조직 방식이 일관되게 유지되어야
       - 내용이 올바른 순서로 배열되어있는지 점검
     - 체계성
       - 주장과 근거, 중심 내용과 뒷받침 내용이 짜임새있게 조직되었는가
       - 주장을 효과적으로 제시하여 이해와 설득에 용이
   - 표현
     - 논리성
     - 표현의 명확성
       - 의미에 맞는 단어가 선택되었는지
       - 의미가 명확하도록 문장, 문단이 구성되었는지
       - 비유법이나 설의법 같은 표현이 의미를 명확히 드러내고 있는지

30 주장, 논증하는 쓰기

설득 작문의 실제 (설득 글쓰기 지도)
[2015] [고등1] 주제, 독자에 대한 분석을 바탕으로 타당한 근거를 들어 설득하는 글을 쓴다.
[2015] [중학] 주장하는 내용에 맞게 타당한 근거를 들어 글을 쓴다.

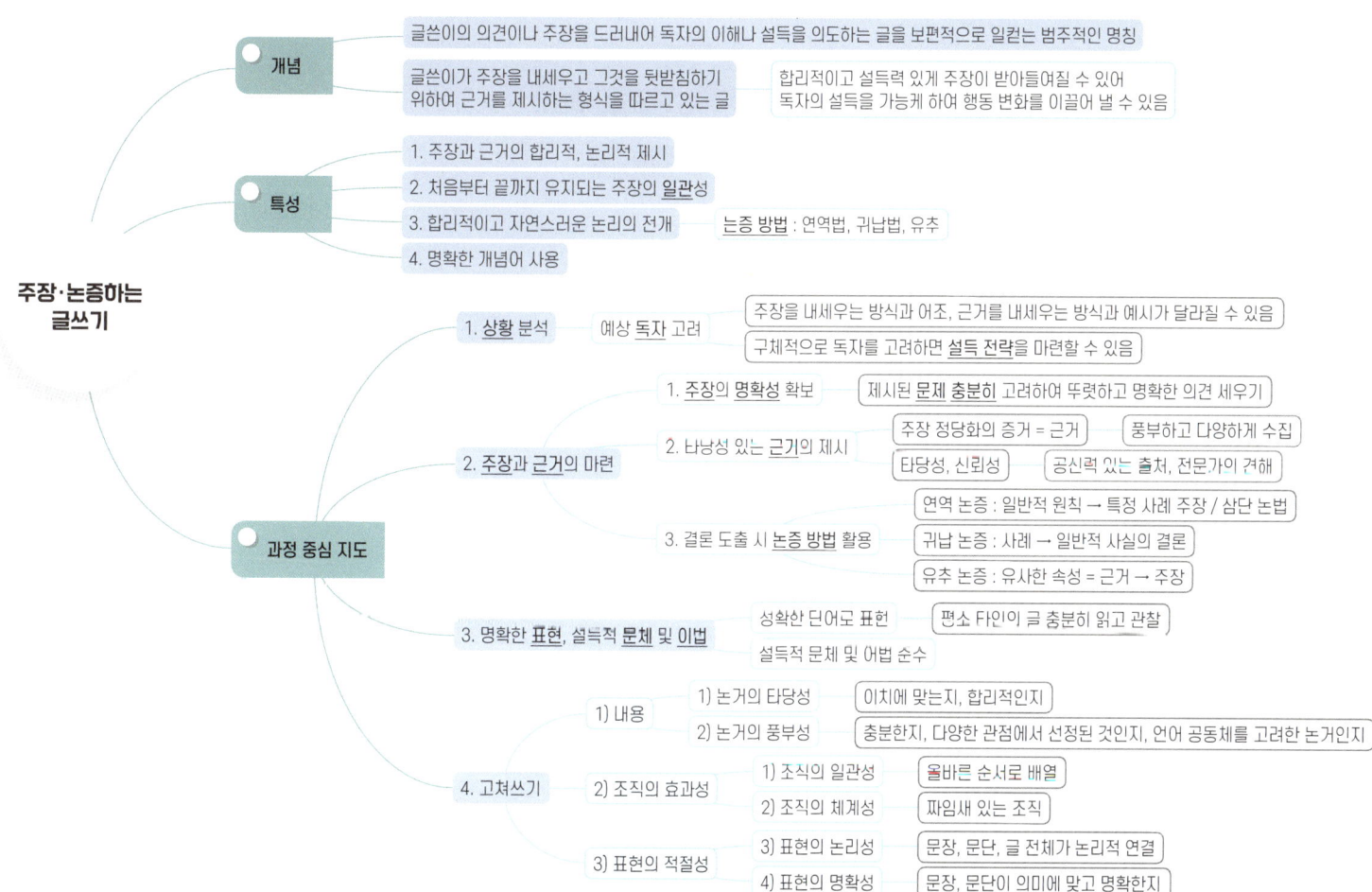

주장·논증하는 글쓰기

- **개념**
  - 글쓴이의 의견이나 주장을 드러내어 독자의 이해나 설득을 의도하는 글을 보편적으로 일컫는 범주적인 명칭
  - 글쓴이가 주장을 내세우고 그것을 뒷받침하기 위하여 근거를 제시하는 형식을 따르고 있는 글
    - 합리적이고 설득력 있게 주장이 받아들여질 수 있어
    - 독자의 설득을 가능케 하여 행동 변화를 이끌어 낼 수 있음

- **특성**
  1. 주장과 근거의 합리적, 논리적 제시
  2. 처음부터 끝까지 유지되는 주장의 일관성
  3. 합리적이고 자연스러운 논리의 전개 — 논증 방법 : 연역법, 귀납법, 유추
  4. 명확한 개념어 사용

- **과정 중심 지도**
  1. 상황 분석 — 예상 독자 고려
     - 주장을 내세우는 방식과 어조, 근거를 내세우는 방식과 예시가 달라질 수 있음
     - 구체적으로 독자를 고려하면 설득 전략을 마련할 수 있음
  2. 주장과 근거의 마련
     1. 주장의 명확성 확보 — 제시된 문제 충분히 고려하여 뚜렷하고 명확한 의견 세우기
     2. 타당성 있는 근거의 제시
        - 주장 정당화의 증거 = 근거 — 풍부하고 다양하게 수집
        - 타당성, 신뢰성 — 공신력 있는 출처, 전문가의 견해
     3. 결론 도출 시 논증 방법 활용
        - 연역 논증 : 일반적 원칙 → 특정 사례 주장 / 삼단 논법
        - 귀납 논증 : 사례 → 일반적 사실의 결론
        - 유추 논증 : 유사한 속성 = 근거 → 주장
  3. 명확한 표현, 설득적 문체 및 어법
     - 정확한 단어로 표현 — 편소 타인이 글 충분히 읽고 관찰
     - 설득적 문체 및 어법 순수
  4. 고쳐쓰기
     1) 내용
        1) 논거의 타당성 — 이치에 맞는지, 합리적인지
        2) 논거의 풍부성 — 충분한지, 다양한 관점에서 선정된 것인지, 언어 공동체를 고려한 논거인지
     2) 조직의 효과성
        1) 조직의 일관성 — 올바른 순서로 배열
        2) 조직의 체계성 — 짜임새 있는 조직
     3) 표현의 적절성
        3) 표현의 논리성 — 문장, 문단, 글 전체가 논리적 연결
        4) 표현의 명확성 — 문장, 문단이 의미에 맞고 명확한지

31 건의문 쓰기 (1)

건의문 지도 〔2015〕〔고등2〕 현안을 분석하여 쟁점을 파악하고 해결 방안을 담은 건의하는 글을 쓴다.

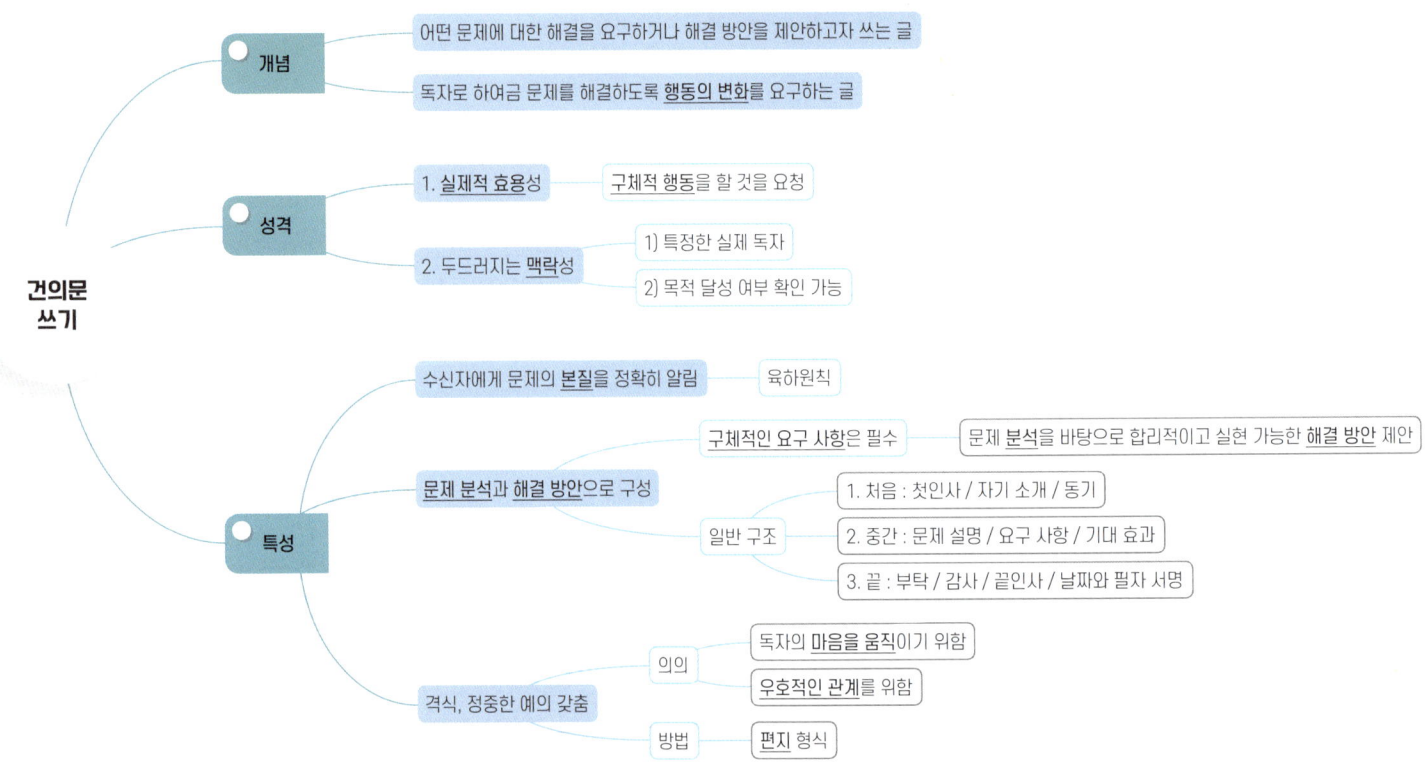

건의문 쓰기

- **개념**
  - 어떤 문제에 대한 해결을 요구하거나 해결 방안을 제안하고자 쓰는 글
  - 독자로 하여금 문제를 해결하도록 **행동의 변화**를 요구하는 글

- **성격**
  1. **실제적 효용**성 — 구체적 행동을 할 것을 요청
  2. 두드러지는 **맥락성**
     1) 특정한 실제 독자
     2) 목적 달성 여부 확인 가능

- **특성**
  - 수신자에게 문제의 **본질**을 정확히 알림 — 육하원칙
  - 문제 분석과 **해결 방안**으로 구성
    - 구체적인 요구 사항은 필수 — 문제 분석을 바탕으로 합리적이고 실현 가능한 **해결 방안** 제안
    - 일반 구조
      1. 처음 : 첫인사 / 자기 소개 / 동기
      2. 중간 : 문제 설명 / 요구 사항 / 기대 효과
      3. 끝 : 부탁 / 감사 / 끝인사 / 날짜와 필자 서명
  - 격식, 정중한 예의 갖춤
    - 의의
      - 독자의 **마음을 움직**이기 위함
      - **우호적인 관계**를 위함
    - 방법 — 편지 형식

32 건의문 쓰기 (2)

건의문 지도

[2015] [고등2] 현안을 분석하여 쟁점을 파악하고 해결 방안을 담은 건의하는 글을 쓴다.

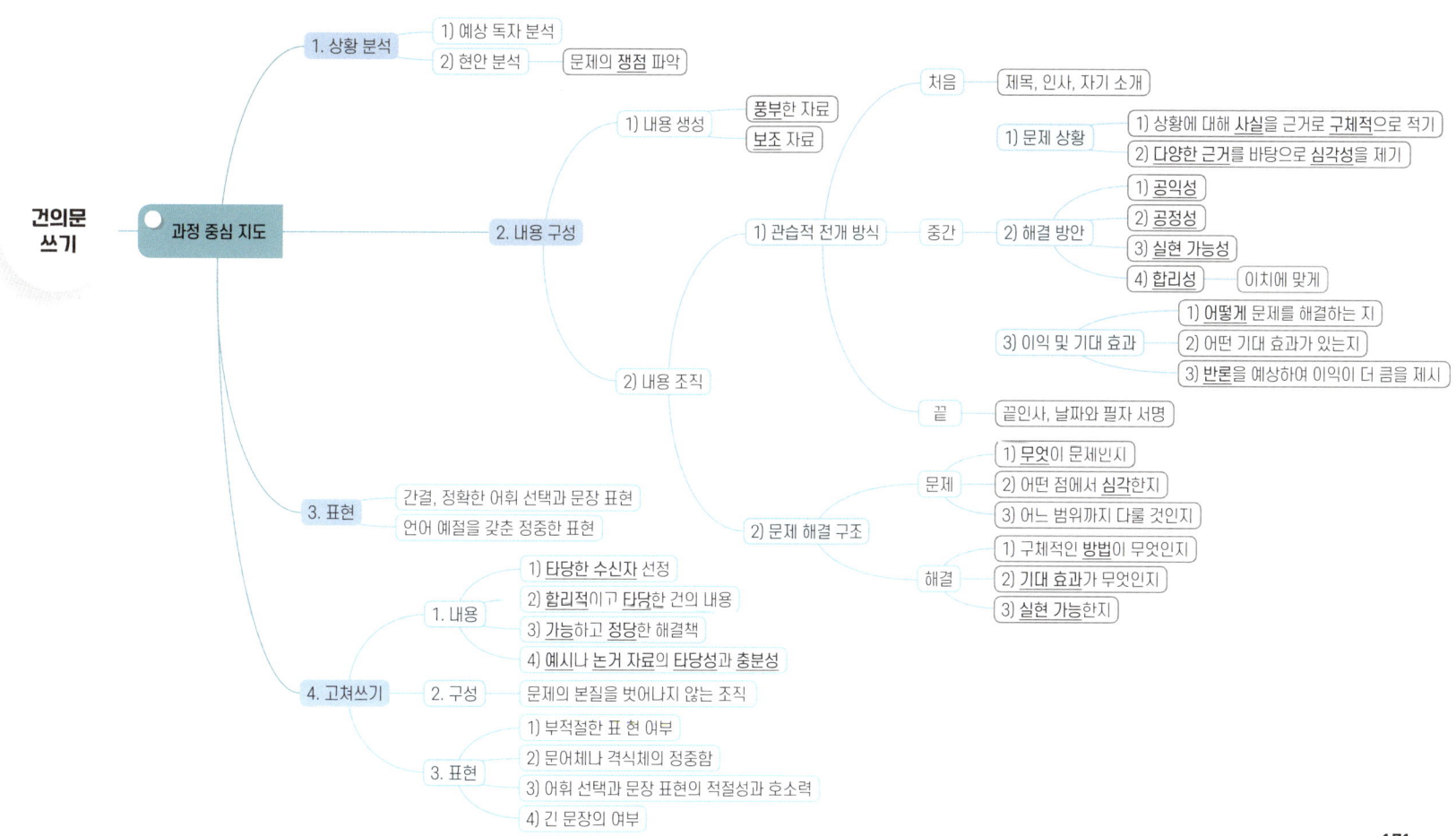

33 비평문(시평) 쓰기 (1)

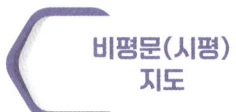

[2015] [고등2] 시사적인 현안이나 쟁점에 대해 자신의 관점을 수립하여 비평하는 글을 쓴다.

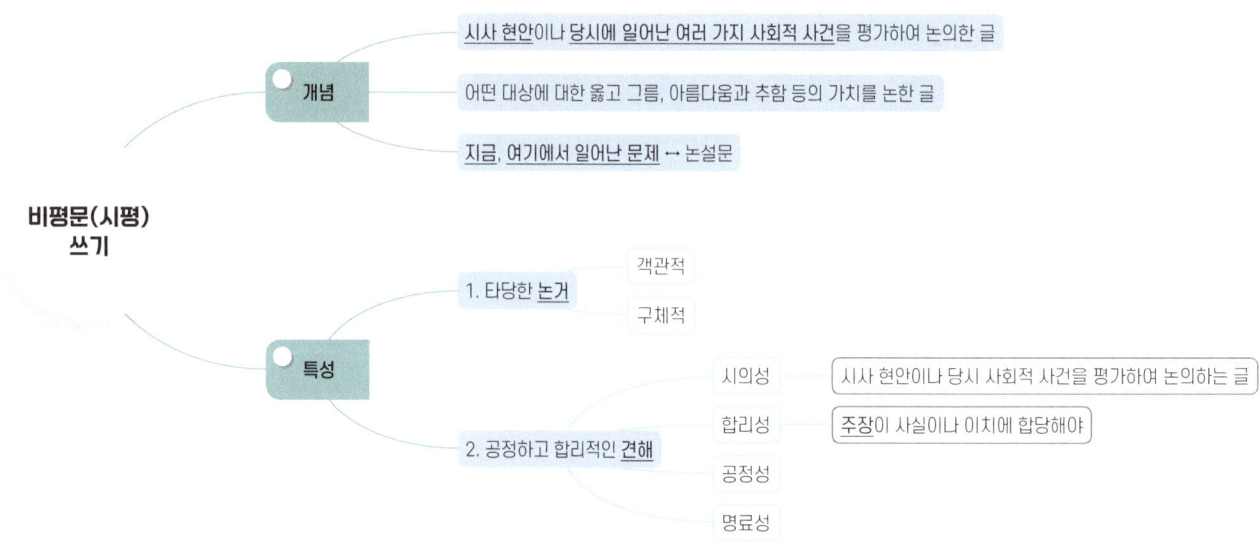

34 비평문(시평) 쓰기 (2)

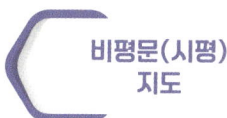

비평문(시평) 지도

[2015] [고등2] 시사적인 현안이나 쟁점에 대해 자신의 관점을 수립하여 비평하는 글을 쓴다.

- 비평문(시평) 쓰기
  - 과정 중심 지도
    - 작성 절차
      - 절차
        1. 시사 현안이나 쟁점을 정하여 내용 파악
        2. 다양한 관점에서 분석, 검토
        3. 자신의 관점 선택
        4. 일관되게 유지하며 비평문 작성
      - 내용 구성
        - 도입
          1) 시사 현안이나 쟁점의 내용과 중요성 전반적 소개
          2) 어떤 논의가 오갔는지
          3) 어떤 관점이 대립하는지 등
        - 전개
          1) 자신의 관점 제시
          2) 이를 적용하여 자신의 해석이나 평가 내용 제시
          3) 선택하지 않은 관점에 대한 비판 포함
        - 정리: 시사 현안이나 쟁점 해결에 어떤 의의나 효용이 있는지 밝힘
    - 상황 분석
      1. 현안 분석과 쟁점 파악
         - 다양한 관점을 분석 — 자신과 반대되는 관점도 알아야 보다 치밀하게 주장이 가능
         - 비평 대상에 대한 이해도 증진 — 방법
           - 비슷한 관점의 글을 묶기
           - 근거도 함께 기록하기
      2. 담화 공동체의 사회 문화적 맥락 이해 — 설득력을 높이기 위함
    - 내용 구성
      - 자신의 관점 수립 - 주장, 의견, 견해
        - 유의점
          - 여러 관점을 다양하고 폭넓게 생각 — 다각적 이해를 통한 논리적 관점 선택 가능
          - 각 관점에 따른 자료 수집과 분석 후 자신의 관점 수립 — 타당성 → 설득력 강화
          - 자신의 관점을 뒷받침하는 근거가 충분하고 논리적인지 점검 — 논리성
      - 비평의 근거 마련 — 선택하지 않은 관점의 단점, 약점, 문제점을 활용하여 자신의 관점 강화
      - 관점에 따른 주장의 명료화 방법
        - 처음부터 끝까지 일관된 관점 유지
        - 선택하지 않은 관점의 단점, 문제점을 근거를 들어 비판
        - 장황하거나 모호한 표현 지양

173

35 친교 및 정서 표현

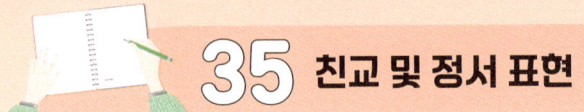

친교 및 정서 표현 (자기 표현, 사회적 상호작용 글 지도)

- 2015 고등2 작문 맥락을 고려하여 친교의 내용을 표현하는 글을 쓴다.
- 2015 고등2 대상에 대한 생각이나 느낌을 바탕으로 하여 정서를 진솔하게 표현하는 글을 쓴다.
- 일상의 체험을 기록하는 습관을 바탕으로 자신의 삶을 성찰하는 글을 쓴다.

친교 및 정서 표현

1. 정서 표현 (자기 성찰, 자기 표현) 작문 과정

1) 일상을 섬세하게 관찰하여 의미를 발견
   - 개념: 필자가 글쓰기를 통해 자기 이해 추구, **정서적·심리적 성숙을 돕는** 것을 목적
   - 방법: 일상을 **반성적 태도**로 관찰 → 글을 쓰는 자아와 글을 쓰는 자아를 지켜보는 자아로 분리되는 경험 → 자기 이해

2) 생활 경험 속에서 얻은 깨달음을 **구체화**하면서 글 쓰기
   - 유의점: 추상적이거나 모호한 경우가 많음
   - 방법: 구체적인 언어로 생활 경험을 구체화
   - **수사적 전략보다는 체험의 진솔한 표현 중시**

3) 자신의 생활 체험을 **즐겨 쓰는 습관** 기르기
   - 특징: 생활 체험은 매일 반복적이면서도 새로우며 필자가 추구하는 삶의 의미가 투영되어 있기 때문
   - 작문의 **성찰적 기능**과 **긍정적 정서 형성**의 기능과 관련
   - 방법: 객관적 대상을 다루는 쓰기 활동 이외에 자신의 삶을 살피고 의미를 발견하는 쓰기 활동

2. 친교 (사회적 상호작용) 작문 과정

1) 글의 목적에 알맞은 **내용과 형식을 선정**
   - 개념: 독자와 **관계**를 맺고 유지하고 발전·확장하기 위한 목적 [사회적 상호 작용]
   - 특징: 목적의 성취를 위해 이에 부합하는 내용과 형식 선정이 중요
   - 방법: 사회적 상호 작용의 글을 써야 하는 **상황**을 정확히 분석하고 파악
     - ex) 위로, 축하, 격려, 사과, 충고 등
     - ex) 격식을 중시하는 예

2) 독자를 고려하여 **격식**을 갖추어 글 쓰기
   - 특징: 관계 형성은 개인과 개인, 개인과 집단, 집단과 집단 모두 포함
   - **긍정적 관계 형성**뿐만 아니라 다른 사람의 견해나 태도를 비판하면서 **새로운 관계를 형성**하기 위한 목적도 있음
   - 방법: 집단과 관련될 때에는 독자를 고려한 **격식**을 더 엄격히 갖추어야 함
     - 1) 목적을 달성하기 위함
     - 2) **사회적 관계**를 형성하기 위함

3) 진솔한 마음이 잘 드러나도록 글을 쓰기
   - 중요성: 진솔한 마음이 잘 드러나도록 표현해야 **목적** 달성에 유리
   - 특징: 필자와 독자의 **관계 형성 및 유지**에 목적이 있으므로 필자의 **진정성**이 중요
   - 상대방의 마음을 움직여 행동의 변화를 바란다는 점에서 설득적인 글과 **유사**
   - 방법: 솔직함, 타인에 대한 배려, 개인의 목소리 등이 글의 내용과 표현 방식에 잘 드러나도록 글 쓰기

36 수필, 자서전, 감상문 쓰기 (1)

친교 및 정서 표현
(수필, 자서전, 감상문 지도)

[2015] [고등1] 자신의 경험과 성찰을 담아 정서를 표현하는 글을 쓴다.
[2015] [중학] 자신의 삶과 경험을 바탕으로 하여 독자에게 감동이나 즐거움을 주는 글을 쓴다.

- **친교 및 정서 표현**
  - **수필 쓰기**
    - 개념: 내용이나 형식에 제한을 받지 않고 삶에서 체험한 바를 비교적 짧은 길이로 쓰는 글
    - 특성
      - 형상성 — 필자의 경험이나 관찰 = 글감
      - 교훈성 — 필자에게 감동이나 즐거움을 전하는 목적
      - 비전환표현 — 실재 세계
    - 의의
      - 1. 자아 성찰 및 정서 순화 → 바람직한 자아상 확립의 계기
        - 자기 성찰과 치유
        - 방법: 저널쓰기
          - 1) 문제의 혼란, 좌절감 완화
          - 2) 문제 통제, 이해력 증가
      - 2. 쓰기 동기와 흥미의 진작
    - 과정 중심 지도
      - 1. 상황 분석 — 생활 체험이 닿을 수 있는 독자 고려하기
      - 2. 내용 구성 및 표현
        - 1) 내용 선정
          - 생활 체험 중 감동이나 즐거움을 주는 의미 있는 내용 선정
          - 공유하고 싶은 의미 있는 체험 선정
            - 1) 누구든지 겪고 있는 문제
            - 2) 공감과 가치 공유가 가능한 깨달음
        - 2) 표현 — 체험과 생각이 잘 드러나도록 — 필자의 관점에 따라 새롭게 이해하고 수용한 결과를 담기
      - 지도 중점 — 체험을 성찰하는 중요한 활동

37 수필, 자서전, 감상문 쓰기 (2)

친교 및 정서 표현
(수필, 자서전, 감상문 지도)

[2015] [고등1] 자신의 경험과 성찰을 담아 정서를 표현하는 글을 쓴다.
[2015] [중학] 자신의 삶과 경험을 바탕으로 하여 독자에게 감동이나 즐거움을 주는 글을 쓴다.

친교 및 정서 표현

자서전 쓰기

- **개념**: 자신이 실제 살아온 삶을 <u>사실적</u>으로 기록하는 글
- **특성**
  - 사건 중심 전개 — 필자의 생각, 주제와 관련 / 소설이나 희곡과 같이 줄거리 있음
  - 독자들과의 교감 — 실재했던 삶을 드러내 <u>정서 나눔</u>을 목적으로 함
- **과정 중심 지도**
  - 내용 구성 — <u>시간 순서에 따라 의미 있는 사건</u>을 중심으로 조직
  - 표현
    - 비유와 관용 표현
      - 직유, 은유, 의인
      - 관용구, 명언이나 격언, 속담
    - 수사적 전략 기법
      - 변화하기 : 도치법, 설의법, 인용법, 대구법
      - 강조하기 : 과장법, 영탄법, 반복법, 대조법
  - 사진이나 그림 등의 자료 활용
- **중점**: <u>고백적</u>인 표현 방법 지도

감상문 쓰기

- **개념**: 책의 내용을 기록하면서 책에서 얻은 감상을 적은 글 — <u>요약과 해설</u> / <u>느낌, 감동</u>, 인상적인 부분, <u>성찰한 내용</u>
- **의의**
  1. 인물과 자신을 <u>비교</u>함으로써 <u>반성</u>을 통한 <u>행동의 변화</u>
  2. 세상을 보는 <u>비판적</u> 시각(안목)의 확장
  3. <u>판단력의 성숙</u> — 다시 정리함으로써 <u>판단력</u>, <u>비판력</u>, <u>생각하는 힘</u> 향상
- **과정 중심 지도**
  - 구성
    - 처음 : 작품을 접하게 된 동기
    - 중간 : 작품의 내용 소개+느낌, 생각, 인상, <u>감동</u>, 성찰, <u>관련 경험</u>
    - 끝 : 작품을 접하고 난 후의 <u>생각의 변화</u>(결심이나 포부 등)

38 작문 교육의 원리 (1)

작문 교육의 원리 (형식주의) — 형식주의

작문 교육의 원리
- **1. 형식주의**
  - **관점**
    - 글 — 자율적인 의미의 구현체 (자유로운 단일하고 분명한 의미가 내재)
      - 객관적이고 고정
      - 필자와 추론 과정은 배제
    - 수용 방법 — 문법 규범과 작문의 원칙을 통해
    - 지도 방법 — 모범글의 모방
  - **특징**
    - 1. 형식성
      - 모방 중시
      - 어법상의 오류를 범하지 않도록 지도
    - 2. 객관성
    - 3. 언어 행동 중시
    - 4. 텍스트 중심
      - 지도 방법 — 신비평 — 모범적인 글을 제시하여 규범과 원리들을 찾고 지도
      - 필자 : 전달자 / 독자 : 수용자 — 체계적인 모방과 연습
    - 5. 쓰기 과정의 선조성
      - 1) 예비작문
        - 1) 사고하기 — 독자, 목적 결정, 내용 마련
        - 2) 조직하기 — 일정한 원리에 따라 조직
      - 2) 작문 — 문장 구조와 어휘 선택 및 표현
      - 3) 고쳐쓰기
  - **영향**
    - 1. 단락 중심 교수법 — 도입-전개-정리 등의 구성 방법 지도 및 반복
    - 2. 문장 중심 교수법 — 짧은 문장에 점차적으로 구와 절을 붙여 확장
  - **한계**
    - 모방의 문제
    - 오류의 교정자로서의 교사
    - 수동적인 학습자

39 작문 교육의 원리 (2)

작문 교육의 원리 (인지주의)

인지주의

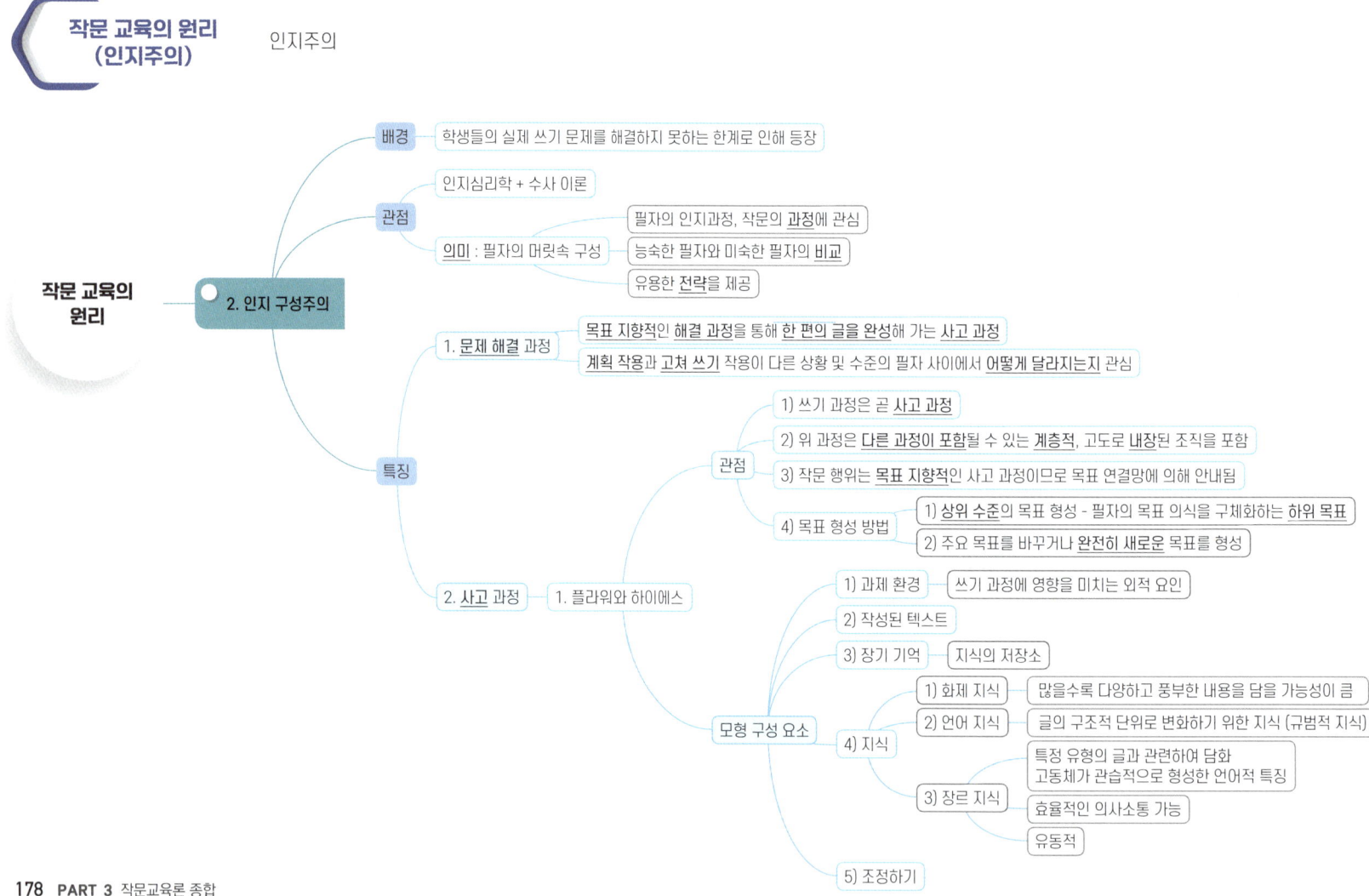

40 작문 교육의 원리 (3)

작문 교육의 원리 (인지주의) 인지주의

179

41 작문 교육의 원리 (4)

작문 교육의 원리 (사회적 구성주의) 사회적 구성주의

작문 교육의 원리

- **3. 사회적 구성주의**
  - **관점**
    - 글쓰기의 주체 — 개인이 아닌 공동체
    - 담화 관습과 규칙에 중점 — 왜 그래야 하는지까지 알기
    - 소집단의 쓰기 워크샵을 통해 공동체의 관습과 규범 지도
  - **특징**
    - 의미는 구성원들 사이의 협상을 통해 만들어짐
    - 담화 공동체 — 글쓰기 담화 관습과 규범을 공유하는 공동체
    - 합의 — 담화 공동체의 담화 관습을 따르는 방향으로 이끌어내는 과정
    - 의의 — 공동체의 공감을 이끌어내는 동시에 공동체의 일원이 될 수 있음
  - **영향**
    - 1. 성취 기준
      - 현재 작문 교육은 쓰기를 사회적 행위로 규정
        - 독자와 소통하는 사회적 상호 작용
        - 맥락을 고려하며 쓰기 과정 진행
      - 지도 중점 — 독자가 보이는 반응이나 비평을 바탕으로 하여 사회적 상호작용한다는 점 강조
    - 2. 문식성 공동체의 쓰기 전략 내면화 & 공유 — 의의
      - 1) 자기 주도 학습자
      - 2) 담화 공동체의 구성원
    - 3. 소집단 워크숍 활동 — 관습과 규범을 익히기 위한 방법
    - 4. 반성적, 비판적 관점 요구 — 관습 수용을 넘어선 비판적 관점 요구
      - 1) 왜 그렇게 써야 하는가
      - 2) 어떤 사회적 가치를 지니는가
  - **한계** — 규범만을 강조할 뿐 — 각 구성원, 독자와의 상호 관련성, 역동적인 상호작용은 간과

42 작문 교육의 원리 (5)

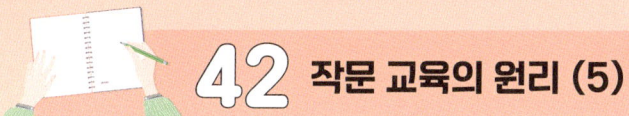

작문 교육의 원리 (사회적 구성주의) 사회적 구성주의

작문 교육의 원리
- 4. 대화주의
  - 관점: 의미 in 필자와 독자 : 필자와 독자 사이의 <u>사회적 상호작용</u>에서 구성
  - 특징
    - 1) 텍스트의 의미는 <u>상호작용 현상</u> 속에 내제
      - 대화 : 소통을 넘어 서로를 <u>조정</u>함으로써 <u>역동적 관계</u>를 형성하는 행위
      - 독자 : 의미 구성에 있어서 <u>공저자</u>의 지위
    - 2) 다성적 활동의 쓰기 — 의미는 맥락에 따라 <u>유동적</u>
    - 3) 합의가 아닌 <u>협상</u>으로서 의미 구성
  - 영향
    - 1. 학생의 <u>상호 작용</u>에 관심
      - 쓰기는 곧 <u>협상</u>의 과정
      - 대화를 통해 텍스트 <u>생성</u> 및 <u>수정</u>
      - 예상 독자의 관점을 더 잘 이해하고 <u>내면화</u>
    - 2. <u>동료 비평</u> 활용한 <u>협동 학습</u> 중시
      - 자신의 작문이 <u>타인에게 어떤 영향</u>을 미치는 지 알 수 있는 <u>믿을만한 독자</u> 제공
      - 중점
        - 훌륭한 비평에 대한 <u>시범</u>
        - 수많은 <u>대화</u>에 참여시키기
    - 3. <u>실제적 글쓰기</u> 강조 : 교실 밖 <u>실제적 독자</u>를 대상으로 <u>공적 담화</u>에 참여하는 글쓰기 과제 강조
      - 의미는 공동체의 결정이 아닌 상호작용을 통해 생성
      - 지도 — <u>폭넓은 상호작용 참여 지도</u>
        - 세계와 관계를 맺는 자신 발견
        - 대화에 생산적으로 참여하는 방법 스스로 터득

43 접근 방법

작문 교육 접근 방법 전달 중심 / 구성 중심

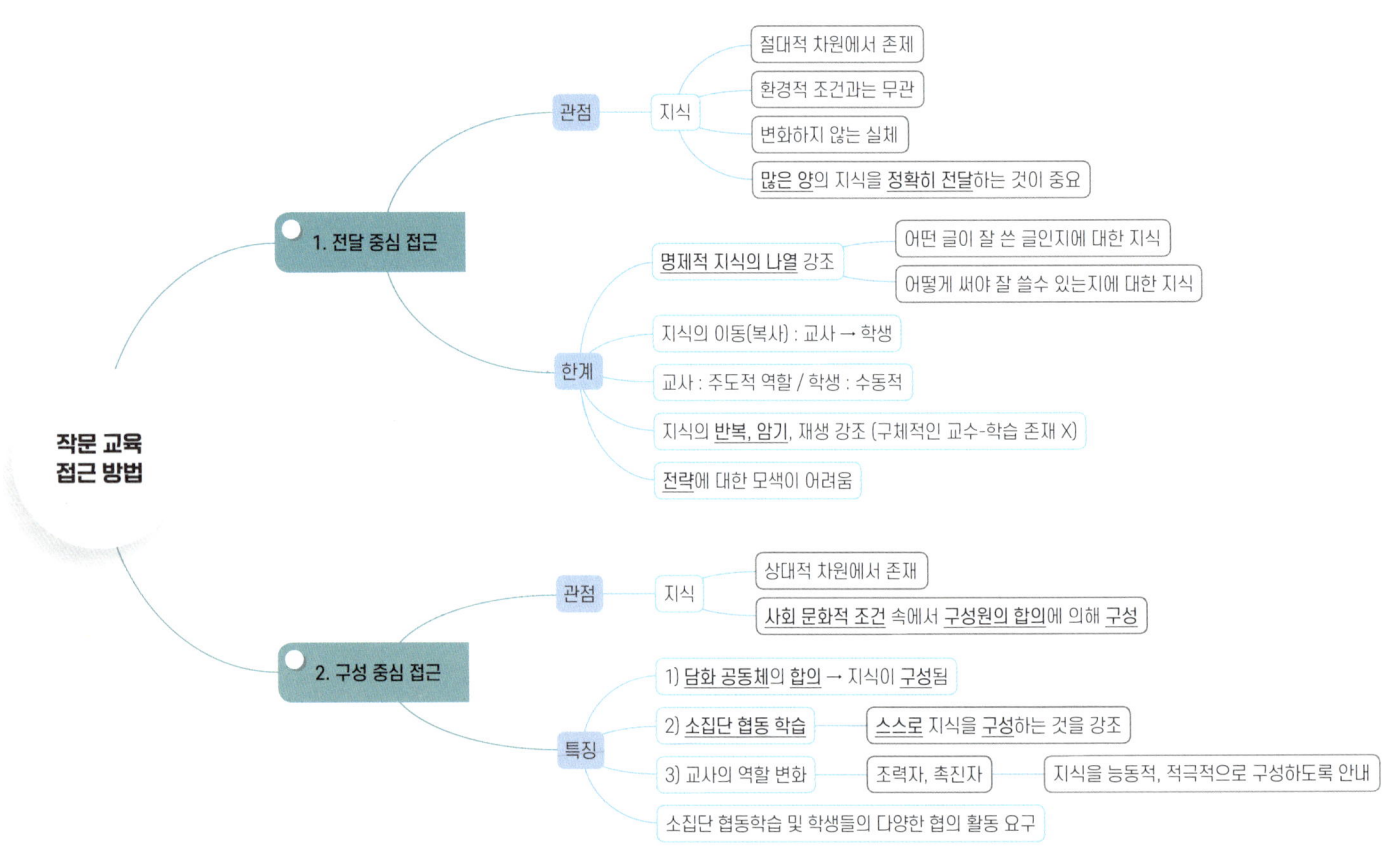

44 지도 전략 (1)

작문 지도 전략　　결과 중심 접근 방법

작문 지도 전략 — **1. 결과 중심 접근 방법**

- 학문적 배경
  - 수사학 + 형식주의

- 특징
  - 쓰기의 결과 강조 : 텍스트의 완성
  - 텍스트의 의미 고정성 : 의미는 텍스트 안에
  - 텍스트를 구성하는 형식적 요소 강조
  - 좋은 텍스트의 모방과 반복연습
  - 교사 : 점검자, 평가자

- 의의
  - 텍스트의 <u>객관적 구성 요소</u> 강조
  - 결과 강조 → 과정과 결과의 균형

- 한계
  - 독자의 역동적 <u>의미 구성 행위</u> 배제 + 흥미 감소
  - 맞춤법과 같은 <u>지식적 측면</u>과 수사학적 원리나 <u>규칙</u> 강조
  - 지식 중심 교육 & 개인 행위로 파악 - 둘러싼 <u>상황</u> 간과

- 수업 장면
  - 글의 <u>객관적 요소</u>, <u>지시</u>와 <u>규칙의 준수</u> 강조
  - 모범문을 통한 체계적인 모방과 연습
  - 강의식, 일제식 교수 학습 / 교사 : 질문, 설명, 지시, 오류 점검

45 지도 전략 (2)

작문 지도 전략   과정 중심 접근 방법

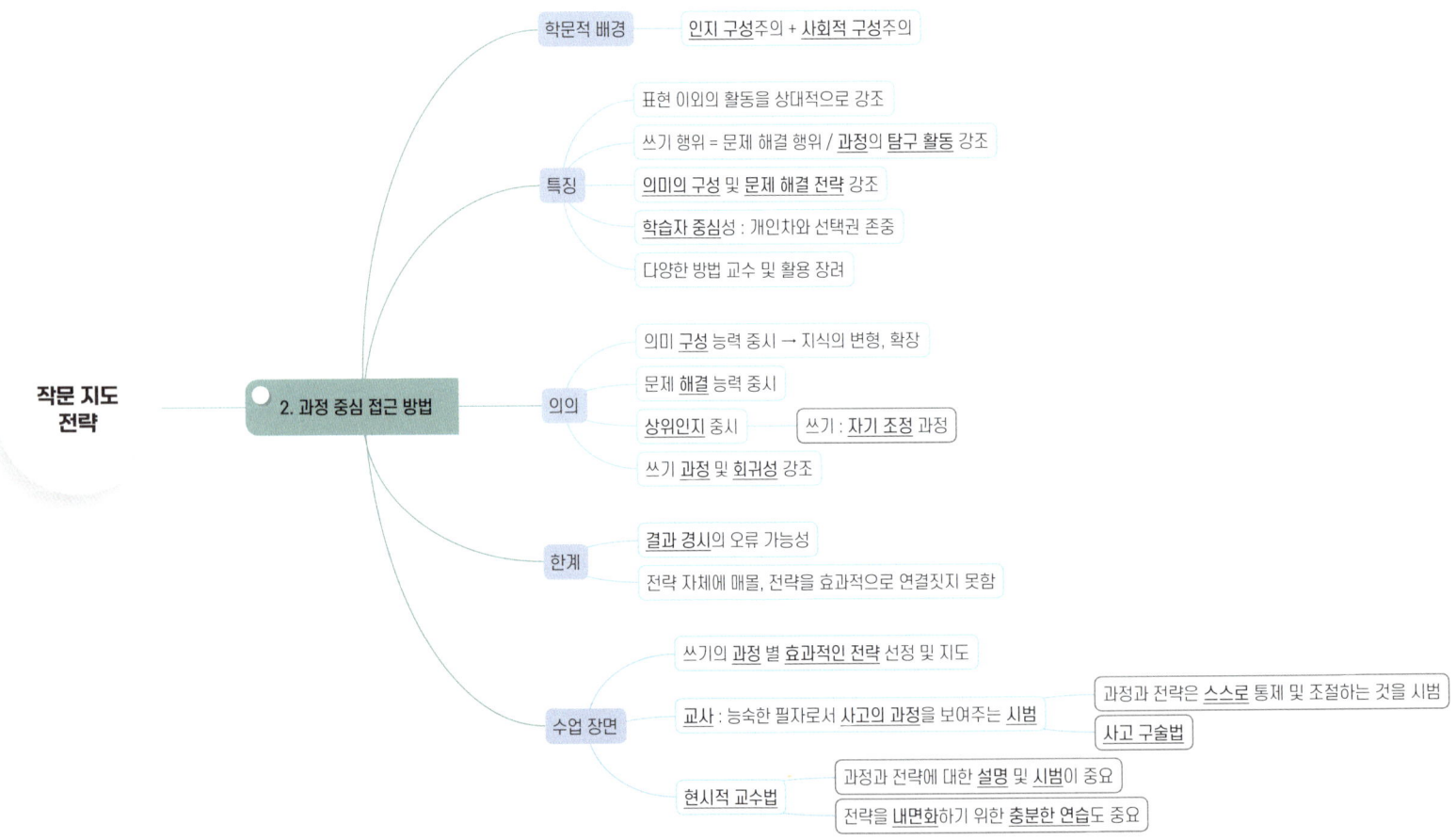

46 지도 전략 (3)

작문 지도 전략   장르 중심 접근 방법

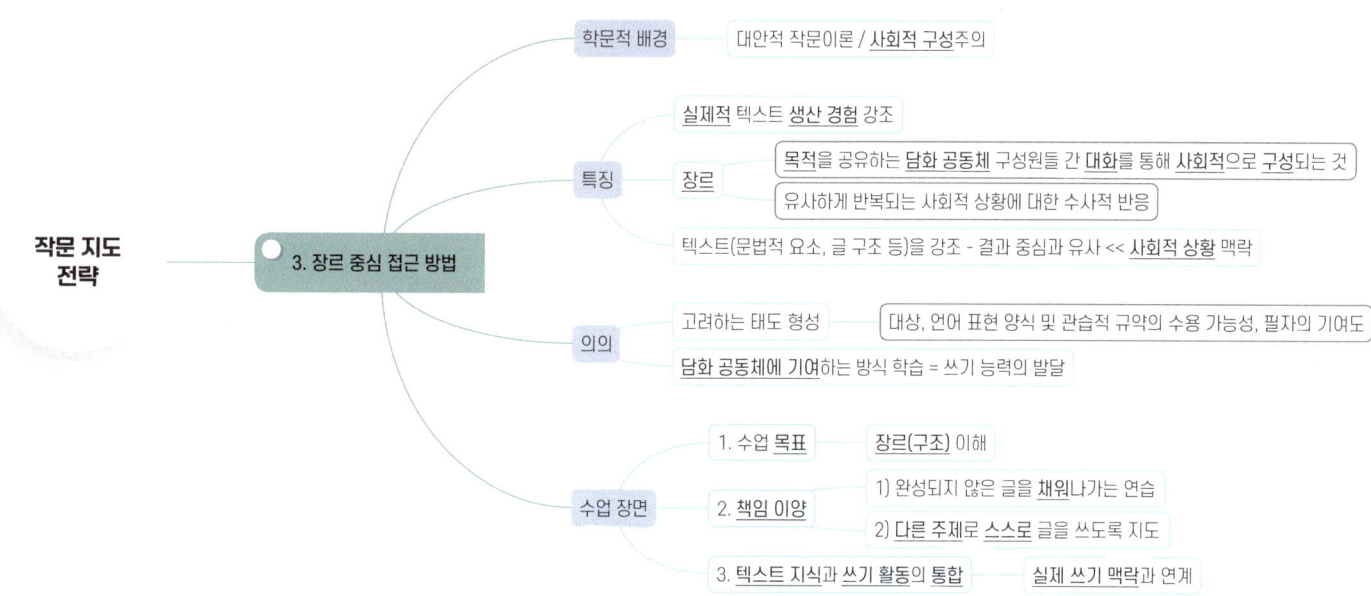

47 지도 전략 (4)

작문 지도 전략 　맥락 중심 접근 방법

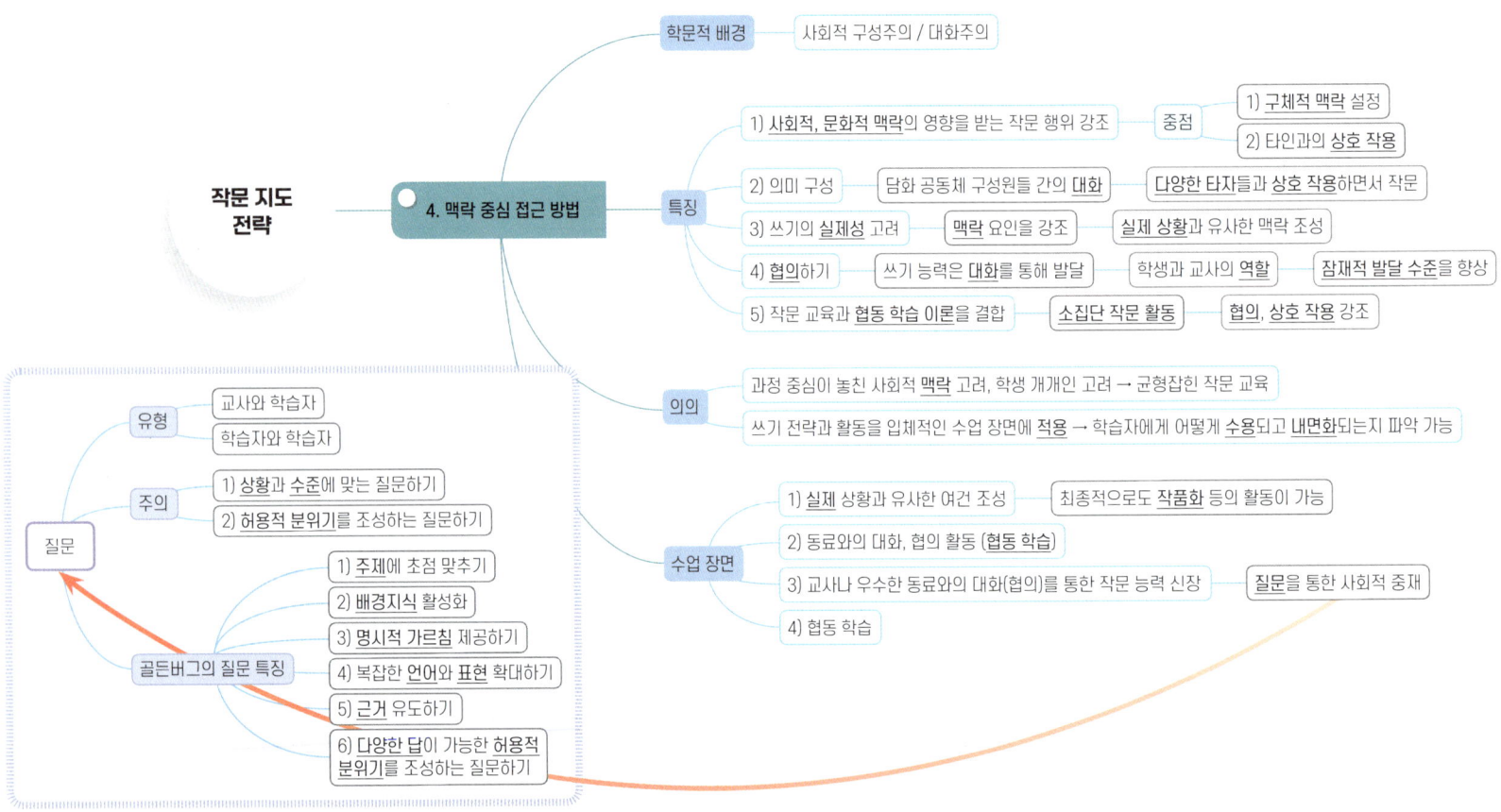

48 교수·학습 모형 (1)

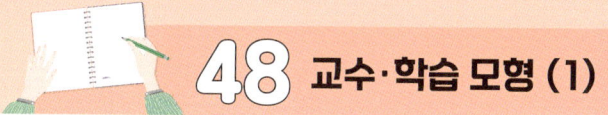

작문 교수 학습 모형 (직접 교수법)

[2015] [고등2] 5. 교수·학습 방법
- 나. 교수·학습운용
- (다) 학습 목표와 내용, 교실 상황, 학습자의 특성을 감안하여 다양한 유형의 교수·학습 모형 또는 방법을 적용하되 설명식 지도법, 직접 교수법, 토의·토론 학습법, 문제해결 학습법 등을 적용한다.

작문의 교수·학습 모형

1. 직접 교수법

특징

- 전략과 기능 중심 지도 — 세분화된 전략, 기능 지도
- 교사 역할
  1) 이해하기 쉽게 설명과 시범 제공
  2) 구조화되고 점진적인 연습 제공
  3) 사고 구술법을 시범 보이기 단계에서 적용하기
- 환경 — 정보통신 기술이 가능한 환경에서 쓰기 과정을 매체로 보여주기 — 빔 프로젝트, 컴퓨터 등
- 준비 사항
  1) 자료 채택 및 준비 — 목표, 흥미, 수준을 고려하여 채택
  2) 활동 — 관습, 전략, 기능 등을 점진적으로 연습할 수 있는 구조화된 활동지 준비
     - 직접 많이 쓰게 하기
     - 다양한 글 많이 읽어 보게 하기

절차

1. 설명하기 — 기능, 전략, 필요성, 활용 방법, 유의점 등을 설명
2. 시범 보이기 — 사고 구술법 활용 — 교사의 수행을 통해 학생들에게 예시
3. 교사 안내에 따른 연습 — 안내가 제공되는 가운데 학생들이 기능이나 전략을 적용
4. 학생 독립적인 활동 — 교사의 도움 없이 학생이 스스로 적용

49 교수·학습 모형 (2)

작문 교수 학습 모형 (직접 교수법)

[2015] [고등2] 5. 교수·학습 방법
- 나. 교수·학습운용
- (다) 학습 목표와 내용, 교실 상황, 학습자의 특성을 감안하여 다양한 유형의 교수·학습 모형 또는 방법을 적용하되 설명식 지도법, 직접 교수법, 토의·토론 학습법, 문제해결 학습법 등을 적용한다.

작문의 교수·학습 모형

1. 직접 교수법 — 유의점

1. 세분화된 전략, 기능 지도
   1) 전략, 기능의 <u>의미</u>와 <u>유용성</u> 설명하기
   2) 언제, 어떻게 사용되는지 <u>예</u>를 들어 설명하기
   3) 학습 내용에 대해 <u>질문</u>, 확인하며 <u>연습하게</u> 하기
   4) <u>점진적</u>으로 <u>연습</u> 진행하기

2. <u>책임 이양</u>의 원리 고려
   - 도입 단계: 미숙한 필자를 위해 교사 주도하에 <u>구조화된 지식의 형태</u>로 설명, 시범
   - 의의: 실제적 쓰기 수행에 필요한 <u>구체적인 방법</u>을 <u>쉽게</u> 지도 가능
   - 학습자들은 <u>모방</u>, <u>내면화</u> 과정을 거치며 <u>독자적</u>으로 과제 수행
   - 주의점: 사고를 특정 방향으로 편향되게 규정하거나 제약할 수 있다.

3. 안내 사항
   1) 주의 집중 — 인지적 부담이 큰 활동이므로 주의 집중 필요
   2) 완성 경험 — 능력 성장이 바로 눈에 보이지 않기 때문에 짧아도 글을 완성하는 습관을 통해 <u>긍정적 정서</u>, <u>태도</u> 형성

4. <u>방법</u>
   1) <u>매체</u> 활용 수업
   2) <u>협동</u> 학습 — 과정과 결과를 비교

50 교수·학습 모형 (3)

상황별 쓰기 과정 모형 쓰기 과정 모형 비교

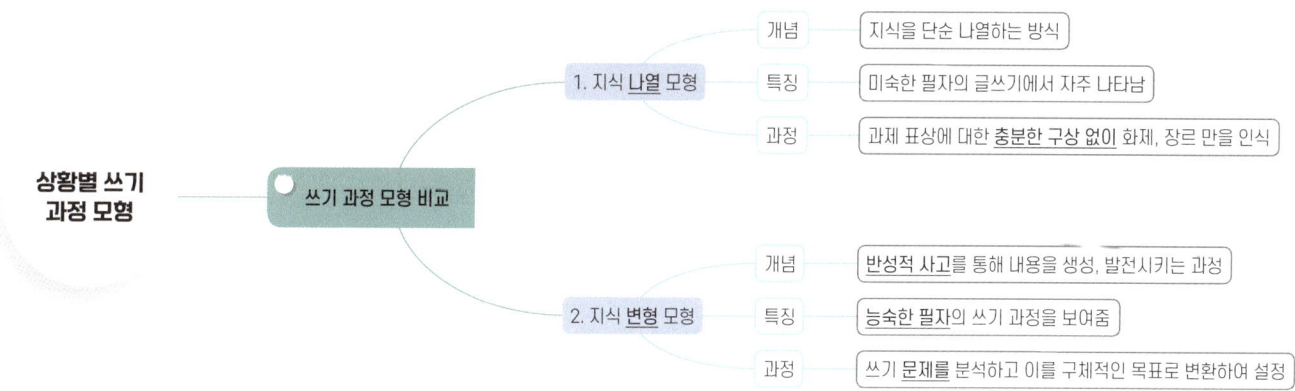

- 상황별 쓰기 과정 모형 — 쓰기 과정 모형 비교
  - 1. 지식 **나열** 모형
    - 개념: 지식을 단순 나열하는 방식
    - 특징: 미숙한 필자의 글쓰기에서 자주 나타남
    - 과정: 과제 표상에 대한 **충분한 구상 없이** 화제, 장르 만을 인식
  - 2. 지식 **변형** 모형
    - 개념: 반성적 사고를 통해 내용을 생성, 발전시키는 과정
    - 특징: 능숙한 필자의 쓰기 과정을 보여줌
    - 과정: 쓰기 **문제를** 분석하고 이를 구체적인 목표로 변환하여 설정

51 교수·학습 모형 (4)

상황별 쓰기 과정 모형 — 작문 워크샵

상황별 쓰기 과정 모형 — 작문 워크샵

- **개념**: 교사의 도움을 받아 **협력적** 활동을 중심으로 해결하는 교수 학습 방법

- **특징**
  1) **과정** 중심 쓰기 접근법
  2) **협력적** 활동

- **성격**
  - **단계**
    1) 미니 레슨
    2) 쓰기
       - 대부분의 시간을 할애하는 단계
       - 과정을 거쳐 진행
    3) 협의
       - 아이디어를 **구상**하거나 **초고**, **수정**을 위해
       - 교사의 역할 — **순회**하며 **협의** 진행
    4) 공유
       - 반 전체가 모여 글을 함께 나누는 것
       - 학생 역할
         - **질문**과 **제안** 등의 반응 보이기
         - 교실은 담화 공동체이므로 공유 시간은 **필자 감각**을 기르기 위함

  - **운영 원리**
    1) **실제적** 교수 학습 환경의 구성 원리 — **자기 주도적**, **목표 지향적**으로 참여하기
    2) **다양한 접점**에서의 쓰기 경험 원리 — **여러 유형**의 독자들과 **다양한 반응**을 경험
    3) **과정**과 **결과**의 균형성 원리 — 과정을 통해 완성도 높은 결과물로 **출판**
    4) **책임 이양**의 원리
       - 원리나 방법은 간단히 **설명**하고 스스로 곧바로 **과제**를 **해결**하도록 지도
       - 적절한 **비계** 제공
    5) **상호 작용**의 원리
       - 쓰기 행위는 담화 공동체 안에서 상호 작용을 바탕으로 하는 **사회적 행위** — 구체적인 상황 **맥락** 고려
       - 교사나 동료에게 **비계**를 제공 받으며 문제 해결 능력 배양 — **공유**, **협의**, **피드백**을 통해 **반성적** 시각으로 접근
       - 자기주도적 쓰기 능력 신장
       - 자기 중심성을 극복하여 **독자**를 인식하는 기회 획득

52 교수·학습 모형 (5)

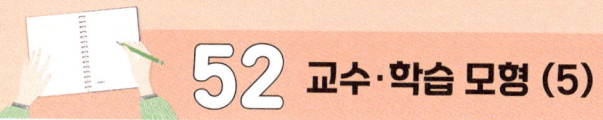

상황별 쓰기 과정 모형 — 작문 워크샵

상황별 쓰기 과정 모형

- **작문 워크샵**
  - **절차**
    - **1. 도입 단계**
      - 1) 생태학적 쓰기 교수 학습 환경 조성
      - 2) 목표, 과제 등을 인식
    - **2. 전개 단계**
      - 1) 쓰기 전 단계
        - 주제, 방향, 윤곽 결정 — 스스로 과제를 선택함으로써 자기 주도적 책무성 함양
        - 상황 분석, 내용 생성, 내용 조직
        - 미니 레슨 — 명시적 설명, 시범을 통해 비계 제공
      - 2) 초고 쓰기 단계
        - 내용 자체에만 집중에서 빠른 속도로 쓰기
        - 일련의 과정을 거쳐 완성하도록 지도
      - 3) 고쳐 쓰기 단계
        - 내용 측면을 중심으로 고치기
        - 공유하기, 작가석 등 → 피드백을 경험
          - 작가로써의 경험 — 쓰기가 독자를 전제함을 인식 / 자신의 글을 객관화
          - 비계 제공
      - 4) 편집하기 단계
        - 형식적 측면에서의 오류 수정
        - 의의
          - 과정과 결과의 균형성 원리에 중요
          - 교사의 편집 시범을 통해 독자들에게 편히 읽히기 위함임을 인식
    - **3. 정리 단계**
      - 1) 출판하기
        - 실제적 독자와 글을 공유할 수 있게 함
        - 작가로 써의 경험 획득
      - 2) 평가하기
        - 포트폴리오 평가 — 필자로서 성장해가는 수행을 중심
        - 다양한 평가주체 설정

53 작문 평가의 원리와 기준 (1)

작문 평가

[2015] [고등2] (라) 평가 방법 및 유의 사항
- 학습자의 실제 삶에서 활용될 수 있는 쓰기 능력을 평가하는 데 주안점을 두되, 작문 지식을 묻는 선택형 시험 등의 간접 평가보다는 한 편의 글을 실제로 써 보게 하는 직접 평가를 활용한다.
- 한 편의 완성된 글을 평가할 때에는 평가 목적이나 상황에 따라 분석적 평가, 총체적 평가, 주요 특질 평가 방법을 적절히 선택하여 활용한다.

작문 평가의 원리와 기준

원리

- **주안점**: 실제 담화 또는 글을 생산하는 능력 & 인지적·정의적 요소 고려
  - 인지적 요소 — 지식, 사고력, 기능, 전략 등
  - 정의적 요소 — 태도, 흥미, 관심, 제재가 지닌 가치의 내면화 등
- **목적**: 교수·학습의 개선 — 학생의 실제 화법과 작문 능력의 정확한 파악 후, 교수·학습 개선에 활용
- **중점**: 과정과 결과 모두 중시 — 과정 평가 방법: 자기 평가, 상호 평가, 연구 보고서법, 포트폴리오, 관찰법, 면접법 등
- **교수·학습과 평가의 연계** — 시기와 내용의 통합 → 타당도 향상
- **실제성을 고려한 영역 통합 평가**
  - 실제 언어생활과 연관된 상황 설정 후 평가
  - 듣기·말하기, 읽기, 쓰기, 문법, 문학의 영역 통합
- **학습 과정으로서의 평가** — 학습자에게 평가의 상황, 방법, 기준 미리 알려 주기

유의점

- **다양한 평가 목적 고려** — 분류 및 선발, 교육 목표 도달도 파악, 학습자의 발달 정도 판단, 교수·학습 방법과 자료의 효과 및 장단점 파악 등
- **평가 목표** — 교육과정의 성취 기준의 종합적 고려
- **평가 내용** — 성취 기준의 내용 요소(지식, 기능, 태도) 고려
- **평가 방법**
  - 지식 평가: 선택형, 단답형
  - 실제 기능 평가: 실기형, 자료철(포트폴리오)
  - 태도 평가: 관찰법, 점검표(체크리스트)
  - 주체 다양화: 교사 / 상호 / 자기

기준

- **필요성** — 작문 능력 발달의 여러 사항을 종합적으로 고려해야 하므로 객관적 평가 기준 필요 → 타당도와 신뢰도 확보
- **의의** — 학습자의 성취도 증진을 위해 교사, 학생, 학부모가 제공해야 할 역할에 대한 인식의 기반 제공
- **요건**
  - 교수·학습 목표 및 평가 목표와 부합
  - 신뢰 & 유의미 - 교사, 학생, 학부모
  - 평가 내역과 기준의 명확한 전달
  - 현재 학생의 성취 정도를 발달 단계에 맞게 적절히 반영

54 작문 평가의 원리와 기준 (2)

작문 평가

[2015] [고등2] (라) 평가 방법 및 유의 사항
- 학습자의 실제 삶에서 활용될 수 있는 쓰기 능력을 평가하는 데 주안점을 두되, 작문 지식을 묻는 선택형 시험 등의 간접 평가보다는 한 편의 글을 실제로 써 보게 하는 직접 평가를 활용한다.
- 한 편의 완성된 글을 평가할 때에는 평가 목적이나 상황에 따라 분석적 평가, 총체적 평가, 주요 특질 평가 방법을 적절히 선택하여 활용한다.

작문 평가의 원리와 기준

평가 도구
- **성격**: 평가 도구 = 문항지, 시험지, 설문지, 평가 기준표
- **타당도**
  - '측정하려고 의도하는 것을 어느 정도 충실히 측정하느냐'
  - 평가의 목적 실현을 위해 확보해야 함
- **확보 방안**
  - 적절한 작문 과제 구성
  - 분석적 판단 - 다른 동료 교사와 협의하거나 검토 진행
- **신뢰도**
  - '얼마나 정확하게, 오차 없이 측정하고 있느냐'
  - 일관성 있는 평가 결과를 위해 확보해야 함 — 평가자내 신뢰도 / 평가자간 신뢰도
- **확보 방안**
  - 구체적인 평가 기준 설정 및 제시
  - 체계적인 평가자 훈련 실시 — 동료 교사의 협력 평가

보고 방법
- 형식: 여러 교육 주체가 이해하고 해석하도록 체계화, 다양화 — 서술식으로 구체적 정보 제공
- 내용: 양적 정보와 질적 정보를 관련지어 구성 — 누적된 프로파일 동시 제공 → 학습자의 변화를 파악
- 평가 결과, 성취 기준, 평가 기준의 동시 제공

평가 활용
- **교사 - 교수·학습의 질 개선**
  - 학습자의 성취 수준, 국어 능력의 발달 정도 판단 → 분석적 정보 제공
  - 교수·학습 방법의 실질적 개선 → 교수·학습 자료나 평가 도구의 개선
- **학생, 학부모와 공유**
  - 각자의 위치에서 학습자의 국어 능력 향상을 위한 구체적인 정보 제공
  - 학생 - 작문 활동과 관련한 자신의 장점과 단점을 명료하게 인식

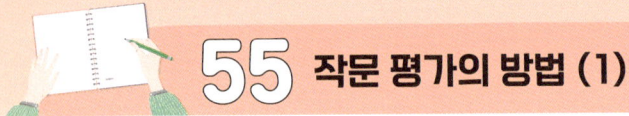

55 작문 평가의 방법 (1)

작문 평가

[2015] [고등2] (라) 평가 방법 및 유의 사항
- 학습자의 실제 삶에서 활용될 수 있는 쓰기 능력을 평가하는 데 주안점을 두되, 작문 지식을 묻는 선택형 시험 등의 간접 평가보다는 한 편의 글을 실제로 써 보게 하는 직접 평가를 활용한다.
- 한 편의 완성된 글을 평가할 때에는 평가 목적이나 상황에 따라 분석적 평가, 총체적 평가, 주요 특질 평가 방법을 적절히 선택하여 활용한다.

작문 평가의 방법 → **유형 구분**

- **무엇**
  - 능력 평가
  - 태도 평가
- **어떻게**
  - 직접 평가 — 과제 부여, 말하기나 쓰기의 관찰 → 학습자의 경험 중시
  - 간접 평가 — 지식 평가를 토대로 태도와 능력 평가에 접근
- **학습자의 반응 제한 여부**
  - 지필 평가 — 글로 써서 평가 / 결과 평가로 활용
  - 수행 평가 — 다양한 수행을 통한 평가 / 과정 평가로 활용
- **중점**
  - 양적 평가 — 수량화한 평가 → 상대적 서열 결정 용이
  - 질적 평가 — 특징을 서술하는 평가 (수행평가) → 학습자의 특징 파악 유리
- **계획성**
  - 형식적 평가 — 수업과 구분된 시기와 방법, 엄격한 절차로 진행 (동시, 대규모) → 선발, 배치
  - 비형식적 평가 — 교실 중심, 교사 중심의 자유로운 평가 → 교수·학습의 개선
- **누가**
  - 교사 평가 — 교사 = 평가 주체 (평가 도구 제작, 평가 시행, 결과 활용)
  - 학생 자기 평가
    - 학습자가 자신의 과정과 결과를 스스로 점검
    - 학습 준비도, 학습 동기, 성실성, 만족도, 다른 학습자와의 관계, 성취 수준 등에 대한 반성적 성찰
  - 학생 상호 평가
    - 평가 기준에 의거하여 상대방을 서로 평가. 조언과 상호 발전에 초점
    - 의의 : 고등 사고력 향상, 자기중심성 극복, 작문 경험 공유, 동기 강화, 다양한 언어 기능 발달
    - 교사 : 평가 기준 마련 및 계획, 소집단 편성 후 채점 방식 설명 / 허용적 분위기 조성
    - 학생 : 객관적, 중립적 견해 제시 및 보완에 대한 의견 제시 / 긍정적 수용

56 작문 평가의 방법 (2)

작문 평가

2015 고등2 (라) 평가 방법 및 유의 사항
- 학습자의 실제 삶에서 활용될 수 있는 쓰기 능력을 평가하는 데 주안점을 두되, 작문 지식을 묻는 선택형 시험 등의 간접 평가보다는 한 편의 글을 실제로 써 보게 하는 직접 평가를 활용한다.
- 한 편의 완성된 글을 평가할 때에는 평가 목적이나 상황에 따라 분석적 평가, 총체적 평가, 주요 특질 평가 방법을 적절히 선택하여 활용한다.

작문 평가의 방법 — 유형 구분 — 언제

결과 평가

총체적 평가
- **개념**: 전체적이고 통합적인 관점에서 일괄적으로 평가
- **특징**: 높은 타당도와 효율성 (시간, 노력 절감), 작문 주요 오소 집중적 지도 가능, 평가 기준의 피드백 자료 기능
- **한계**: 평가자 간 신뢰도가 떨어짐
- **유형**:
  - 주요 특질 평가 : 과제 지향적 / 과제 별 핵심 요소 중심
  - 보편적 양상 평가 : 평가자의 전문가적 안목 중심
- **방법의 정교화** : 성취 수준 = 평가 기준 / 점수나 등급으로 판단
- **절차** : 평가자 간 협의 > 평가 기준 공유와 내면화 > 평가 > 답안 선별, 예시 답안 선정 > 의견 교환을 통한 등급 판정

분석적 평가
- **개념**: 글의 구성 요소를 분리하여 분절 척도로 평가
- **특징**: 교사와 학생에게 진단적 정보를 제공하여 구체적이고 상세한 피드백 유리
- **한계**: 실제로 텍스트나 언어 기능이 분리되어 존재하지 않고 경계가 뚜렷하지 않음
- **절차**: 질적 요소 설정 (내용, 구성, 표현) > 점수 척도 부여 > 평가 수행 > 점수 합산

과정 평가

관찰법
- 학습자의 작문 활동이나 행동을 교사가 눈으로 판단
- 높은 현장 적용성과 유용성
- 신뢰성 향상 방안 : 평가 기준의 내면화, 반복된 관찰, 학생과 면담 및 결과물 보충

시고구술법 / 프로토콜
- 글을 쓰는 과정의 사고를 말하게 하여 과정을 분석적으로 평가
- 높은 타당도, 의미 구성 과정 추적, 적합한 진단과 교육적 처치 가능

반성적 텍스트
- 완성된 글에 대해 완성의 과정을 주제로 다시 글 쓰는 평가
- 완성된 결과 텍스트와 학습자의 작문 과정에 대한 의미있는 정보 제공

포트폴리오법
- 작문 과정 중 생성된 모든 결과물이나 자료를 축적하여 평가
- 학습자의 발달적 수행을 최우선적 가치로 중시 → 필자로서의 학습자 / 학생의 자기 평가적 반성 가능
- 모두 모은 작업용 포트폴리오에서 반성과 선택 후 제출용 포트폴리오 제출

전공국어 국어교육론 개념 - 구조도　　　　　　　　　　　　　　　ISBN 979-11-93234-40-2

. . . .

발행일 2023년 9월 4일 초판 1쇄
저 자 송원영·양재혁
발행인 이용중
발행처 (주)배움출판사 ㅣ 서울 영등포구 영등포로 400 신성빌딩 2층 (신길동)
주문 및 배본처 Tel 02) 813-5334 ㅣ Fax 02) 814-5334

본서는 저작권법 보호대상으로 무단복제(복사, 스캔), 배포, 2차 저작물 작성에 의한 저작권 침해를 금합니다. 또한 저작권법 제136조에 따라 5년 이하의 징역 또는 5천만 원 이하의 벌금에 처하거나 이를 병과할 수 있으며, 저작권법 제125조에 따라 1억 원 이상의 손해배상책임이 발생할 수 있습니다.

저작권 침해 제보 이메일 baeoom1@hanmail.net 전화 02) 813-5334

정가 15,000원